21世纪经济管理新形态教材·数字经济系列

数字经济导论

孙 早　杨秀云　◎ 主　编
王　乐　戴小勇　郭　磊　◎ 副主编
林　颖　千茜倩

清华大学出版社
北京

本书封面贴有清华大学出版社防伪标签，无标签者不得销售。
版权所有，侵权必究。举报：010-62782989，beiqinquan@tup.tsinghua.edu.cn。

图书在版编目（CIP）数据

数字经济导论 / 孙早, 杨秀云主编. -- 北京：清华大学出版社, 2025.4.
(21 世纪经济管理新形态教材). -- ISBN 978-7-302-68844-0
Ⅰ. F49
中国国家版本馆 CIP 数据核字第 2025UY4679 号

责任编辑：付潭蛟
封面设计：汉风唐韵
责任校对：王荣静
责任印制：曹婉颖
出版发行：清华大学出版社
    网　　址：https://www.tup.com.cn, https://www.wqxuetang.com
    地　　址：北京清华大学学研大厦 A 座　　　　邮　　编：100084
    社 总 机：010-83470000　　　　　　　　　　邮　　购：010-62786544
    投稿与读者服务：010-62776969, c-service@tup.tsinghua.edu.cn
    质 量 反 馈：010-62772015, zhiliang@tup.tsinghua.edu.cn
    课 件 下 载：https://www.tup.com.cn, 010-83470332
印 装 者：北京同文印刷有限责任公司
经　　销：全国新华书店
开　　本：185mm×260mm　　　　印　张：15.75　　　　字　数：345 千字
版　　次：2025 年 5 月第 1 版　　　　　　　　　　　　印　次：2025 年 5 月第 1 次印刷
定　　价：55.00 元

产品编号：099248-01

前言

数字经济是新一轮国际竞争的焦点。数字经济催生了新的生产要素和生产关系,是新质生产力发展的重要推动力量。数字经济下,数据要素逐渐从信息载体演变为具有实际经济价值的数据资产,使传统生产结构得到了优化升级、传统消费市场提高了资源配置效率。数字经济不仅是一种新的经济形态,更是推动社会进步和经济发展的重要力量。数字经济为传统产业的转型升级提供了新动能,也为新兴产业的涌现提供了机遇。

对数字经济基本概念的梳理是培养数字人才的基础。本书是一本聚焦于数字经济基础理论和数字经济现象解释的入门教材。写作初衷是帮助读者形成对经济问题的系统性思考体系、对数字现象的经济分析意识。本书着重讨论数字经济的内涵、特征、基本原理和测算,不仅帮助读者快速建立直观的数字经济知识体系,也锻炼了读者的思辨能力。

为提升本书的实用性与前沿性,我们不仅借鉴了国内外数字经济的相关高水平教材与科研成果,更广泛征询并融入了来自政府、企业和相关科研机构的数字经济从业人员的经验和观点,致力于提供丰富多元的教学资源。

本书的目标读者为经济学、管理学和社会学相关专业的本科生,同样也适用于数字经济产业的从业人员以及对数字经济感兴趣的读者。本书介绍了数字经济的现有成果,做到了理论与实践的深度融合,内容通俗易懂,从理论或实践层面均可找到阅读的切入点,是一本数字经济学科的入门通识教材。当今数字经济与实体经济的融合程度之深要求我们尽快拆解数字经济赋能实体经济的"机制黑箱"。希望本书能够带领读者探索数字经济中的未知领域,能够引起读者对某一经济现象的兴趣,能够为我国数字经济人才的培养贡献绵薄之力。

在本书的编写过程中,陈红、侯雯珊、李佳业、李琬宁、刘金、吕爽、秦洁、王梦琪、张奇、张希、张雨琪、张悦、曾绪彬、曾钰桐等研究生对本书的数据收集、文字校对和资料整理做出了大量工作,保障了本书的顺利完成。感谢清华大学出版社相关编辑的专注与敬业,帮助本书不断精进。最后,感谢各位读者的信任,也热切地希望各界人士批评指正,提出宝贵意见。

感谢所有为本书的编写、出版贡献力量的各界人士!

孙 早

2024 年 4 月于西安

第1章 数字经济的内涵与特征 ·············· 1

1.1 数字经济的概念和内涵 ·············· 2
1.2 数字经济的特征 ·············· 5
1.3 数字经济的演化 ·············· 11
1.4 数字经济的机遇与挑战 ·············· 15
思考题 ·············· 18
即测即练 ·············· 18

第2章 数字经济的基本原理 ·············· 19

2.1 数字经济的需求侧特征 ·············· 20
2.2 数字经济的供给侧特征 ·············· 22
2.3 数字经济与产品差异化 ·············· 27
2.4 数字经济与价格歧视 ·············· 32
2.5 数字经济的福利效应 ·············· 36
思考题 ·············· 40
即测即练 ·············· 41

第3章 数字经济发展的技术基础 ·············· 42

3.1 数字技术的特性 ·············· 43
3.2 数字技术的主要类型 ·············· 47
3.3 数字技术驱动的创新 ·············· 52
思考题 ·············· 56
即测即练 ·············· 56

第4章 数字产业化 ·············· 57

4.1 数字产业化的内涵 ·············· 58
4.2 数字产品制造业 ·············· 60
4.3 数字产品服务业 ·············· 76

4.4 数字技术应用业 · 80
4.5 数字要素驱动业 · 91
思考题 · 101
即测即练 · 101

第 5 章 产业数字化 · 102
5.1 产业数字化的内涵 · 102
5.2 工业数字化转型 · 109
5.3 服务业数字化转型 · 111
5.4 农业数字化转型 · 116
思考题 · 122
即测即练 · 122

第 6 章 企业数字化转型 · 123
6.1 企业数字化转型的基本内涵 · 124
6.2 企业数字化转型的影响因素 · 127
6.3 企业数字化转型过程 · 130
6.4 企业数字化转型模式 · 131
6.5 企业数字化转型结果 · 135
思考题 · 140
即测即练 · 141

第 7 章 数字经济统计与测算 · 142
7.1 数字经济统计的挑战 · 142
7.2 数字经济卫星账户 · 148
7.3 数字经济增加值测算 · 153
7.4 数字经济测度的指标体系 · 157
思考题 · 169
即测即练 · 170

第 8 章 数据要素的隐私与安全防范 · 171
8.1 数据要素流动中的数据安全与个人隐私泄露 · 172
8.2 数据要素隐私保护面临的制约及应对之策 · 182
8.3 数据安全监管体系的构建 · 190
思考题 · 197

  即测即练 ··· 197

第9章　发展数字经济的政策体系 ·· 198

  9.1　国际组织关于数字经济发展的愿景 ······································· 198

  9.2　世界主要国家的数字经济发展政策 ······································· 205

  9.3　中国发展数字经济的政策 ··· 217

  思考题 ··· 232

  即测即练 ··· 232

本书参考文献 ··· 233

第1章 数字经济的内涵与特征

【本章学习目标】

1. 理解数字经济的基本内涵；
2. 熟悉和掌握数字经济的特征；
3. 了解数字经济的演化阶段；
4. 掌握数字经济的机遇与挑战。

 引导案例

党的二十大报告指出，加快发展数字经济，促进数字经济和实体经济深度融合。中央经济工作会议也提出，要大力发展数字经济，提升常态化监管水平，支持平台企业在引领发展、创造就业、国际竞争中大显身手，做强做优做大数字经济。

在数字经济浪潮之下，国内各大运营商纷纷争渡数字经济蓝海、抢占 5G 发展高地。在 2022 天翼数字科技生态大会上，中国电信董事长柯瑞文表示，未来，中国电信将以翼支付新消费平台为基础，进一步加大数字科技研发投入，提升平台规模和科技能力，转型升级为产业数据运营平台，成为国家数据要素流转、数字技术应用创新的重要基础设施。中国电信总经理邵广禄表示，中国电信将积极推动数字经济和实体经济深度融合发展，聚焦工业视觉、生产现场监测、远程设备控制、厂区智能物流等 20 个 5G 行业应用场景。在 2022 中国联通合作伙伴大会上，中国联通董事长刘烈宏表示，中国联通将以 5G 全连接工厂为着力点，2023 年全面启动"5G 点亮千座工厂"计划。在中国移动 2022 全球合作伙伴大会上，中国移动董事长杨杰强调，中国移动将系统打造以 5G、算力网络、能力中台等为重点的新型信息基础设施，筑牢信息高效流动的底座。

数字经济为运营商的第二曲线提供了一个非常重要的基础，围绕产业数字化、数字产业化，以及以人工智能为代表的数字智能化等，运营商大有可为，有望成为推动产业数字化的主力军，助力我国数字经济高质量发展。

资料来源：杜峰. 数字经济大潮奔涌 运营商弄潮新蓝海[N]. 通信信息报，2023-01-04(002).

中国正处于经济结构转型升级与新一轮全球科技革命和产业变革的历史交汇期，经济发展依靠人口红利、投资驱动的模式已不可持续，创新驱动高质量发展已渐成共识。突如其来的新冠疫情也已然深刻改变经济社会增长方式乃至全球政治与经济秩序，导致全球经济系统性风险上升，贸易保护主义甚嚣尘上。面对世界百年未有之大变局，抓住数字经济发展机遇、实现换道超车，既是我国当前应对经济下行压力与国际格局重塑挑战的关键，也是长远实现中华民族伟大复兴的必然要求。本章将厘清数字经济内涵与发展特征，概括数字经济的演化发展阶段，探讨数字经济发展伴随的机遇与挑战。

1.1 数字经济的概念和内涵

1.1.1 数字经济的概念

数字经济是继农业经济、工业经济之后的新型经济发展形态。数字经济（digital economy）一词被1994年美国《圣迭戈联合论坛报》首次提及，但数字经济这一概念的正式定义则来自唐·泰普史考特1996年的著作《数字经济：网络智能时代的前景与风险》，其中描述了互联网将如何改变世界各类事物的运行模式，并引发若干新的经济形势和活动，将数字经济定义为一个广泛运用信息通信技术的经济系统。时至今日，数字经济的发展内核远超过固有技术本身，数字经济的概念涵盖数字技术的运用与创新、数字化生产与消费、数字化的经济结构与社会效应等，形成了全新综合的经济系统。

数字经济的概念随着数字经济的发展而不断深化。早期数字经济的概念侧重于强调固有技术的应用，例如尼古拉·尼葛洛庞帝在《数字化生存》（1996年）一书中指出，数字经济是"利用比特而非原子"的经济形式，强调数字经济时代的发展载体是虚拟的比特而非实体的原子。随后，美国政府发布了《浮现中的数字经济》（1998年）等研究报告，认为数字经济是"电子商务和使电子商务成为可能的信息技术产业"，并在此基础上进一步提出了数字经济的概念和内涵，包括基础设施建设、电子化企业、电子商务、计算机网络等，主要围绕数字技术在生产部门的应用展开。随着数字技术的广泛应用，数字经济的概念也从单一生产部门扩展到分配、消费及社会化应用层面。英国研究委员会在《数字经济法》（2010年）中认为，数字经济是"通过人、过程和技术发展复杂关系而创造社会经济效益的经济形态"，将电视广播、移动通信、视频游戏等形式均列入数字经济的范围中。经合组织（OECD）劳工咨询委员会发布的文件《关于数字经济的讨论报告》（2016年）中指出，数字经济包括两方面内容：其一是数字产品和服务的生产与分配；其二是数字技术与经济部门的深度融合。2018年，美国商务部经济分析局就数字经济的构成对数字经济的内涵进行阐述，在《数字经济的定义和衡量》中，将数字经济定义为：计算机网络存在和运行所需的数字基础设施、通过该系统发生的数字交易（电子商务）、数字经济用户创造和访问的内容。

《G20数字经济发展与合作协议》（2016年）将数字经济定义为：以使用数字化的知识和信息作为关键生产要素、以现代信息网络作为重要载体、以信息通信技术的有效使用作为效率提升和经济结构优化的重要推动力的一系列经济活动。中国信通院在《中国数字经济发展白皮书》中指出，数字经济是以数字化的知识和信息为关键生产要素，以数字技术创新为核心驱动力，以现代信息网络为重要载体，通过数字技术与实体经济深度融合，不断提高传统产业数字化、智能化水平,加速重构经济发展与政府治理模式的新型经济形态。

1.1.2　数字经济的内涵

数字经济本质上是由数字技术向经济发展范式的跃迁,是云计算、大数据、物联网及人工智能等新兴数字技术与社会经济活动不断融合的结果。基于数字经济概念的界定,本节尝试从以下方面理解数字经济的内涵。

1. 数字基础设施建设是数字经济产生和发展的基本动力

数字基础设施是由大数据、云计算、AI 技术等新兴信息技术组成,并进行技术融合、迭代,最终形成的基础设施体系。如图 1-1 所示,数字基础设施的基本构成包括四个层级。其中,基础层提供数据处理的底层服务,汇聚了网络设备、存储及服务器等数字化基础设施,对数据进行传输、存储、分析和处理,如集成电路、传感器、光纤网、5G 基站、数据中心、网络终端等。技术层指数字基础设施所依托的新一代数字技术,如机器学习、知识图谱、语音语义识别、数据挖掘算法模型、区块链等。应用层是指实现技术落地的具体场景,如智能制造、智慧园区、智慧交通、智能网联、智慧医疗等。区域创新创业生态层是指数字驱动型区域创新生态系统,以市场化为基点,重新架构和完善区域创新体系,创设新的数字基础设施体系,从而促进区域创新发展,如城市数据湖等。

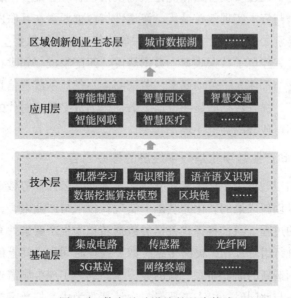

图 1-1　数字基础设施的基本构成

建设和完善数字基础设施不仅可以推动新技术不断创新发展,为更好实现技术产业化创造需求动力,也可以为数据的存储、传输、计算管理和应用开发提供底层支撑,为市场上产品与服务的创新提供技术支持。数字基础设施建设将激发和释放数据要素价值,为实现经济高质量发展打造创新基础设施和创新高地。

2. 数据是数字经济的核心生产要素

数据是以文字、数字、图形、影音等来描述或记录事物的标识符号，这些标记可以转化为相关的格式存储到计算机，实现数字化。虽然数据存在于人类社会发展的各个阶段，但随着信息技术的发展与数字基础设施建设，数据得以成为生产过程中的核心要素。在数据的生成方面，随着移动互联网、物联网、大数据等技术的渗透和赋能，在生产端与消费端都产生了海量数据，数据量呈现爆发式的增长；在数据的流通方面，互联网技术的发展使数据可以通过网络载体实现更加便捷、更加快速、更大范围的流动，极大降低了数据的获取和使用成本；在数据的应用方面，云计算、深度学习、算力、算法技术的发展使对海量数据进行更加快速、更加复杂、更加深入的处理和挖掘成为可能。对数据的深度挖掘可以及时捕捉到市场潜在的需求和机会，有效识别潜在的风险，在降低生产成本、提高资源利用效率、制定市场战略等方面起到巨大作用。

与传统的生产要素不同，数据作为生产要素具有多元性、依赖性、渗透性的特征。多元性指数据要素形式多样、数量庞大、来源广泛且其对于不同的主体具有不同的价值，例如，政府所拥有的数据包括人口库、法人库、交通数据库、地理信息库、宏观经济库等，这些数据涉及面广、信息密度高、来源和获取方式多样；依赖性指数据要素无法单独创造价值，其创造价值的过程需要技术、资本等其他生产要素的参与，例如，数据要素赋能资本要素，利用数据分析调整投资方向和优化投资决策，合理分配资本在生产要素中的投入比例，通过结合数据与资本实现效益最优；渗透性指数据要素在互联网络流动的过程中可以渗透到其他生产要素之中，产生协同作用，并最终将其影响扩散到生产生活的各个环节。例如，数据的生产过程经历了数据收集、数据清洗、匹配集成、归类存储等多个环节，数据生产者在每一个环节都注入了劳动要素。劳动要素不仅让承载着信息的数据得以生成，还放大了数据的规模，提升数据的最终价值。数据作为数字经济时代的核心要素，已成为数字市场构建发展不可或缺的关键一环。

3. 数字产业化和产业数字化是数字经济的核心内容

数字产业化是指以数据为生产要素，并将人工智能、云计算等数字技术进行市场化应用推广，在数字技术创新成果的转化的基础上实现新技术与产业融合，最终形成数字技术产业链、产业集群的过程。通过将各式各样的数据转化为生产要素并充分发挥其特性，可以对现有生产要素进行组合优化，突破传统生产要素在时间和空间上的限制，向市场提供新产品、新服务，创造新的商业模式、新的经济业态，为实现市场需求扩大、高效供需匹配创造了优势条件；与此同时，以人工智能、云计算等为代表的数字技术创新也随着数字产业化进程的推进不断进行融合发展，推动形成数字产业化集群，为解决传统工业、金融、医疗等各个领域的重难点问题提供了数字化的解决路径和方案，为技术创新转化落地提供良好场景和环境，为经济社会持续健康发展提供动力。产业数字化是利用数字技术对企业业务进行转换升级，进而提升企业运行各环节质量和效率的过程。通过引入数字技术，传统行业不仅可以实现其原有业务的数字化转型，还能将新技术与自身业务和行业赛道进行融合创新，创造新的业务形态，培育新的业务与需求增长点，加快行业转型升级的进程，为经济增长提供新的动力支撑。产业数字化在生产端表现为以数据要素以及智能制造设备投入为主要特征的要素投入数字化；在生产过程中表现为以智能机器人、企业云等的使用带来的制造过程和业务流程数字化；在产出环节主要体现为以互联网平台为代表的产品和服务数字化。

4. 数字化治理是数字经济发展的根本保障

经济的发展离不开政府治理和相关制度的支持和保障。在数字经济时代，需要推进数字政府以及数字经济法律体系建设，以确保数字经济的持续健康发展。新兴数字技术的发展和广泛使用不仅推动了经济发展的转型，也不断推动国家和社会治理的转型。一方面，新技术极大提高了社会经济运转的效率，为适应经济转型的需要，政府应当提高为经济社会和人民群众服务的能力和效率，积极进行治理模式升级；另一方面，新技术的使用也带来了新的风险暴露与新的治理需求，极大增加了政府治理的复杂性，这也使政府需要加快治理转型的步伐。数字政府是以现代计算机网络等为代表的新技术作为支撑的全新政府运行模式，有利于促进政府深化改革开放、改善经济环境，从而全面推动经济社会的高质量发展。通过推进数字化转型建设，政府可以更加精准地把握经济社会运行规律，全面提升其政策制定和决策水平，增强政务部门的现代化、技术化、一体化服务能力，为数字经济发展提供有力的保障。新技术的发展也同样给社会生活带来了更多风险，如电信诈骗、"信息茧房"、个人信息泄露、自动驾驶安全等。这些问题对政府治理能力提出了更高要求，同时也需要更加健全的道德规范和法律法规体系。完善的法律、监管和道德体系可以规范新技术的使用，避免行业朝着错误的方向发展，比如，规避因人脸识别、无人驾驶等新技术带来的技术伦理问题。

1.2 数字经济的特征

1.2.1 数据要素的特征

数字经济的蓬勃发展离不开数据的基础支撑。数据作为可被利用的"新能源"，可与劳动力、资本、技术等生产要素交互融合，并渗透至各个行业，为生产、流通、消费过程的高效运行赋能。相比传统生产过程中投入的要素，数据作为一种独特的新型生产要素，在生产活动中体现出了多种不同特性。

1. 非稀缺性是数据要素的重要特征

自然资源和劳动力都不是无限可得的，平衡有限资源与人的无限欲望，以最小的投入获得最大的产出，是社会生产的根本目标（蔡继明等，2022）。然而，数据要素有所不同，数据要素的非稀缺性主要包含两个方面的含义：一是数据不会像传统资本如生产机器、建筑物或自然资源等那样，在参与生产过程中产生磨损和消耗。数据要素在多次循环使用过程中，可实现数据量的逐步增加。例如，消费者在使用互联网服务时会产生浏览记录、交易信息等个人数据；企业生产设备、管理系统、营销系统等内含丰富智能技术的装置设备在运行过程中会产生多种关于其状态、产能、维修等的生产经营数据；政府在为社会提供公共服务过程中会产生交通、电力、气象等公共数据。值得注意的是，即使目前从数量上来看数据是取之不尽的，但事实上数据要素要受存储数据的物理设备约束（李三希等，2023）。二是数据要素以比特形式运行，可以无限复制和使用。传统生产活动中投入的生产要素（如土地、资本和劳动）都具有在单位时间内仅可有限次使用的特点，又称不可再生性。但数据要素的可复制性使数据的边际成本很低，几乎接近于零。因此，不同企业可以在原始数据的基础上进行无限复制，并在数据清洗和加工后将其应用于多场景，实现"一次性生产，无限次复用"。例如，气象数据可用于发电企业的能源精准化调度，还可用于智慧农业以提升生产效率，以及为天气指数保险等金融产品提供支撑等。

2. 数据要素具有部分排他性

排他性是指排斥他人使用的可能性，即当某主体在使用某产品时其他主体就不能使用（田杰棠等，2020）。如一个企业若购买了原油、矿山或石油的使用权或独家开发权，其他企业就不能同时使用。数据要素具有易于复制与易于传播的特征，与资本要素和劳动要素明显的排他性不同，其具有非排他性（谭洪波、耿志超，2023）。因缺乏明确规章的制约，该特性的存在使大量数据可在市场上无摩擦地多次交易、反复出售。另外，为了保障数据的经济价值不受损害，数据持有企业具有强烈的动机"窖藏"数据而非分享数据。当企业建立某些制度或使用加密技术时，部分用户可能被排除在数据要素的使用范围之外，使数据要素具有部分排他性。数据要素的排他性可激发企业挖掘数据价值的积极性，非排他性则可营造多主体对数据公平使用的氛围，因此要权衡两者以确保数据的公平利用和价值创造。以数据挖掘为例，虽然机器学习模型的算法是开源的，但投入到大模型中进行训练的数据却具有较强的保密性。对于企业而言，为了确保数据隐私不被泄露，其有动机自行搜集数据，形成独特的数据集合投入到智能化模型中进行反复的训练，以获得一定的市场竞争力（徐翔等，2021）。通过向他方售卖数据使用权，且规定仅购买方自行使用的方式，商业化数据库可通过数据要素的排他性特点获得大量经济利润。

3. 数据要素具有非竞争性

非竞争性是指一个使用者对某产品的消费，并不减少其对其他使用者的供应（徐翔等，2021）。换言之，多个主体在同一时间使用数据要素时，其他现存数据使用者的效用并不会因使用者的增加而减少。强竞争性通常体现在传统生产过程需投入的要素中，该特性限定了这些要素只能被单一主体所使用，且要素价值呈现边际递减的特性。然而，数据的本质是一种信息的表现形式，具有无限分享的特性。得益于数据存储、数据传输的发展，数据能够以低成本传播给多个主体，如电影、音乐、书籍等数字内容的共享。同时，数据要素的使用价值不会在应用过程中衰减，反而会因使用主体的增加而得到增值（谭洪波、耿志超，2023）。数据要素的公平性还体现在，无论是在竞争中具有优势的大规模市场主体，还是不具优势的中小微规模市场主体，数据要素都赋予其利用数据投入生产过程进行多元化分析的权利。这不仅进一步维护了公平竞争的市场程序，过程中产生的新知识还可以在当期和未来无限期重复使用，为经济增长带来规模效应。

4. 数据要素具有规模经济与范围经济的特征

规模经济是指在给定技术的条件下，随着生产规模的不断扩大，产品或服务的平均成本不断降低。数据要素的非竞争性进一步产生了规模经济（潘家栋、肖文，2022）。数据的复用增效将一组数据多次融合、重组和复用，不断挖掘新价值。数据的规模越大，数据使用者越多，产生的数据价值就越高，而每增加一单位数据所需的成本可以忽略不计。在长期均衡状态下，随着数据规模的扩大，平均成本不断地减少，最终体现为规模报酬递增。范围经济是指在相同的投入下，借助推广多元化产品和服务的模式不断扩张企业经营范围，大大减少了单位成本。例如，数字平台凭借共享性、便捷性、智能化等优势，获得了大规模的长期顾客资源，若向这些客户推荐使用平台其余的非主营业务，也会在一定范围内增加产品和服务的数量，大幅度降低单位成本以实现范围经济（谭洪波、耿志超，2023）。

5. 数据要素具有外部性

外部性体现为，数据要素被单一主体使用时会对与该主体有联系的其余外部主体产生福利的递增或递减效应。数据的正外部性与负外部性共存。数据要素的正外部性表现在优化用户体验、提升搜索效率等方面。例如，宝马公司根据内测用户试驾反馈数据，在新车型推出之前进行优化改进，以满足用户需求和提高客户满意度（Kshetri，2014）。用户搜索数据的体量可显著改进搜索引擎的质量。当大量搜索引擎的使用者重复搜索同一个关键词时，网页后台会收集所有关于该词汇的反馈结果。通过统计使用者对反馈结果的点击次数，引擎后台可分析出特定使用者的不同偏好，以便使用者再次利用引擎搜索时为其提供更完美的结果，从而降低用户搜索成本，大幅度提升搜索质量。企业对用户数据分析以满足用户需求和提升用户体验，是属于数据要素正外部性的范畴。然而，如果企业凭借数据垄断地位侵犯用户隐私，会给使用个体带来严重的隐私泄露、信息盗窃、网络暴力等问题，造成经济上的严重损失，甚至会对用户的安全产生负面影响，这属于数据要素负外部性的范畴（谭洪波、耿志超，2023）。另外，用户还可能遭受企业"大数据杀熟"价格歧视、榨取剩余价值。

6. 数据要素具有协同性

数据要素是虚拟的，无法以独立形态出现，需要与其他生产要素协同才能发挥作用。数据可通过与其他生产要素的融合，突破传统生产要素发挥作用的瓶颈，发挥倍增的价值创造作用。例如，通过将数据与劳动相结合，催生数字劳动，可大幅度提升劳动力的生产率和生产效率，进一步优化企业技能结构，使企业节约雇佣成本、扩张规模；将数据与资本相结合，可形成基于数据的智能投资决策，实现资本的最优流动，将资本配置在收益最大化的模块中，提升企业绩效；将数据与技术相结合，可最大限度地释放数字优势，不仅能使传统的生产工艺实现飞跃性的创新,还能进一步优化业务流程,助力企业数字化转型(李海舰、赵丽,2021)。数据与传统生产要素的不断协同,可发挥数据要素的乘数效应和倍增效应,释放数据红利。数据使用主体的处理技术越先进、挖掘能力越强,数据要素与传统要素之间越协同,数据产生的价值和释放的潜力越大(谭洪波、耿志超,2023)。

1.2.2　数字经济的高度融合性

数字经济正在引领新一轮科技革命与产业变革(赵涛等,2020)。数字技术作为数字经济建设发展的核心,嵌入了产业链各生产活动,并与经济社会各领域开展了深度融合。数字经济实现了产业结构的高端化,孕育了一系列新经济形态,构建了数字驱动的生产、生活、治理方式,为经济增长提供了新动能。

第一,数字经济可赋能传统产业发展,重构产业生产模式,驱动产业实现转型升级(肖旭、戚聿东,2019)。我国产业数字化规模逐渐扩大(图1-2),是数字经济融合性与渗透性的重要体现。大数据、云计算、人工智能等数字技术在传统行业中应用场景的深化,推动了行业生产效率的提升,建立了产业内与产业间完备的数据链条,促进了数据在产业链中的高效流通,使传统行业在组织、生产、管理上实现了突破性的变革(郭金花、朱承亮,2024)。智能生产设备的大规模引入极大提高了行业生产效率,使生产趋于柔性化、精细化与灵活化。例如,上汽大通的"智能工厂"的大规模个性化的智能定制模式,实现了消费者与厂商之间的双向互动,使汽车产品的各个生产环节都能满足个性化的定制需求。第二,数字经济与传统实体经济的深度融合使新经济模式与新业态不断涌现(任保平,2023)。技术革命与经济革命具有协同性,能够对"旧经济"进行系统性的改造,催生出一系列新经济形态。在数字化、网络化、智能化的加持下,实体经济在数字经济背景下产生新优势。表1-1呈现了数字经济时代的十大新经济形态及其具体特征(李海舰、李真真,2023)。例如,体验经济主要体现在消费者与生产者的角色融合方面,是数字经济时代生产与消费边界融合的产物。从供给端来看,企业将消费者当作"员工",以更低的边际成本实现超额利润;从需求端来看,消费者从参与企业生产逐渐过渡到引领企业,借助"生产者之手"满

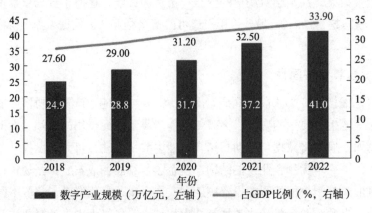

图 1-2　中国数字产业规模及占 GDP 比例

表 1-1　数字经济衍生经济形态类别及其特征

新经济形态	特　征
数字经济	产品形态去物质化；产品过程去物质化；产品免费成为常态
体验经济	消费过程与生产过程合一；消费者生产者合一
零工经济	在职员工到在线员工；一人一职到一人多职；个体成为经济主体
共享经济	共享资产；共享部门；共享员工；共享客户
智能经济	智能产品；智能生产；智能服务；智能组织
尾部经济	尾部产品；尾部客户；尾部市场
空间经济	地下经济；飞地经济；陆海空域一体发展；实体虚拟空间一体发展
平台经济	精准经济效应；速度经济效应；网络经济效应；协同经济效应
生态经济	生态链；生态圈；生态群

资料来源：李海舰，李真真. 数字经济促进共同富裕：理论机理与策略选择[J]. 改革，2023(12): 12-27.

足自身个性化的需求。零工经济是数字经济带来的企业用工模式的变革，智能网络和数字平台的参与，打破了传统意义上的劳动力雇佣形式，使就业逐渐成为一种基于"使用权"而非"所有权"的新形态。零工经济下，劳动者摆脱了时间、空间和企业的限制，可以灵活自主地选择工作内容与工作场景，极大提高了工作获得感与满意度，同时，零工经济还赋予劳动者从事多种工作的权利，进而实现了收入的提升与更大价值的创造（李海舰、李燕，2020）。

1.2.3　数字平台

数字平台是将不同主体与资源聚集在一起，并基于外部供应商与消费者之间的价值创造进行互动的典型组织形式（邢小强等，2021）。数据产品和数据服务必须依托数字平台，才能形成高效的经济生态与庞大的社会价值。数字平台逐步整合了生产、流通、服务和消费等各个环节，推动了线上线下资源有机结合，促进了数字经济的开放融通与互惠共享。

第一，数字平台促进资源的开放与流动，为不同组织开展协作和跨界融合提供机会。在数字平台的影响下，企业内部会构建起更加多元化、开放化的组织营销模式，与多方平台使用者进行合作，进一步创造超额收益。随着数字平台参与者的增加，其正反馈效应与网络效应增加的趋势也会越发明显（Evans and Gawer，2016）。在这个过程中，作为构建数字平台提供产品和服务的微观主体，平台企业会利用大数据和智能化算法来逐步提高对数据的控制与整合能力。通过"平台包络"策略的实施，平台企业将延伸业务至其他相关及非相关市场中，进一步支持更广泛的用户群体融入其中，同时提供更多元化的产品和服务，逐渐发展为规模化的数字平台生态系统（Helfat and Raubitschek，2018）。数字平台还实现了数字化的虚拟空间和现实物理空间的联通，使多方用户在数字平台上构建了价值创造共同体。例如，公共数据开放平台的政府数据，涉及社会经济、民生服务、公共安全等各个领域，政府可与企业建立合作以开展智慧城市建设、政务智能决策、网络舆情分析等活动。

另外，数字平台的互容性允许不同的开发及使用人员进行联系和沟通，以此增加用户的使用价值。例如，在移动通信行业，设计良好的数字平台可促进应用程序的升级更新，为用户添加功能。

第二，数据或数字技术在平台上的共享，可吸引更多的用户或组织加入，提高合作效率，使数字经济形成"人人参与、共建共享"的普惠格局。云计算就是代表之一，其应用使个体与企业不用自行花费资金购买价格高昂的数字产品和网络设备，而能以很低的边际成本获得其需要的运算、存储能力和网络资源。双边市场是数字平台的鲜明特征（王春英等，2021），其意味着两个或多个需求呈现正相关的市场主体均可以参与到平台活动中，且随着平台的数字复制品的规模逐渐扩张、复制效率不断提高，其边际成本逐渐降低，规模报酬不断递增，从而使市场多方在合作中互惠受益。

1.2.4　创新型数字技术

数据的井喷式增加与运算模型复杂度的提升使各类产业不再满足于传统算力提供的功能，只有不断地进行数字技术创新，才能为数字经济构建感知、传输、计算、交换融为一体的数字网络。数字经济的出现与成熟源自高频率、颠覆性的创新成果，由数字技术加速释放的创新活力，是数字经济增长的强劲动力。

第一，创新型数字技术的更新频率高。在传统的产业与经济形态中，支撑其经济活动的技术体系都趋于成熟，创新成果多以渐进性创新为主，突破性创新较为少见（谢莉娟等，2020）。即使出现了突破性、颠覆性的创新成果，在这种技术成为产业主导的技术后，该产业仍会进入较长一段时间的创新空窗期。例如，在智能手机成为主流之后，十余年来手机的技术路线一直保持稳定，创新多体现在工艺的改进和产品性能的提升上。在数字经济领域，为保持数字经济的活力，需要源源不断的创新型数字技术的涌入，持续地使新型数字技术成熟化并进入商业化阶段，形成新产品，拓展新的商业模式，催生实体经济产业发展新领域。

第二，创新型数字技术的成果影响大。以云计算、大数据、人工智能、虚拟现实、区块链为代表的创新型数字技术是典型的通用目的技术（Vial，2019），具有应用广泛、技术持续进步、创新促进效应强等特征。创新型数字技术不仅能直接应用在多个产业领域，还能够使其他产业的产品形态、生产过程、组织方式、运营模式、治理结构等方面产生颠覆性、革命性的变化（Nambisan et al.，2017）。例如，以 ChatGPT 为代表的生成式 AI 在产业端的应用，可以整合生产流程的多个步骤，直接越过人类决策输出结果，大幅度推动了产业自动化、数字化进程。

第三，创新型数字技术的覆盖范围广。创新型数字技术的溢出作用较强，覆盖了医疗、教育、金融、交通等多个领域与行业。各行业企业可通过开发新型数字工具、智能化系统和网络平台，改变传统组织过程，以创造新型发展动能，大幅提高效率和生产力（Acemoglu and Restrepo，2019）。另外，企业不仅面临同行业内部颠覆性创新成果的竞争，也会面临超越行业边界的跨界竞争。新型数字技术的不断涌现也会使行业龙头企业的地位受到挑战，倒逼企业进一步加强数字技术领域的应用和研发力度，以占领技术精准创新的制高点。

1.3 数字经济的演化

随着信息化技术、互联网、大数据、人工智能等数字技术的不断发展，数字经济的演化可以分为3个阶段（图1-3）。第一阶段为数字经济的发端，以通用电子计算机与IT/ICT为代表的互联网信息网络的诞生为标志；第二阶段为数字经济的兴起，数字经济的潜力在这一阶段被不断发现，各国围绕数字经济制定一系列相关规划；第三阶段为数字经济的发展，数字技术在这一阶段实现飞跃，大数据、人工智能等产业的兴起带动了新经济、新业态的蓬勃发展，数字技术与全球经济社会实现深度融合。

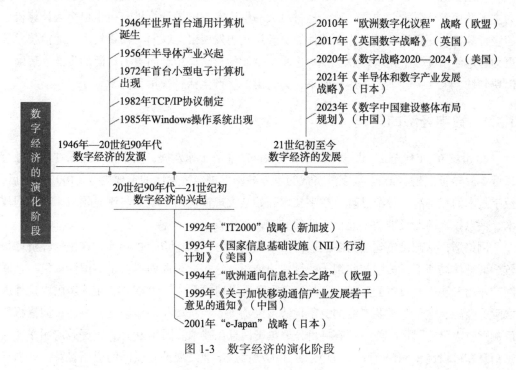

图1-3 数字经济的演化阶段

1.3.1 数字经济的发端

1946年，世界首台通用计算机"ENIAC"在美国宾夕法尼亚大学问世，这标志着数字信息时代的发端。20世纪60年代，半导体产业不断发展，集成电路制造工艺为单位面积电路上大规模集成元器件提供了可能。大规模集成电路的出现进一步缩小了电子计算机的体积，第一台小型电子计算机由此诞生。随后，苹果、Radio Shack等公司陆续推出可供非专业人员使用的商用小型计算机。1976年第一代个人计算机苹果Ⅰ上市，由此引发了个人计算机行业的竞争热潮。短短数年间，商用鼠标、商用便携式个人计算机、手写输入计算

第1章 数字经济的内涵与特征

机相继出现，个人计算机技术为世界经济带来了巨大冲击。与此同时，适用于电子计算机的软件与信息服务业也逐步兴起。20世纪70年代，微软公司成立并推出了MS-DOS操作系统，1985年Windows操作系统出现，同年Commodore公司开发了世界第一种多媒体处理软件Amiga，从此数字化编辑音视频成为可能。数字经济的孕育与互联网的建立息息相关。1969年，美国国防部建立阿帕网（ARPANET），目的是用于军事领域计算。但阿帕网的网络协议存在局限性，并不能充分支持更广泛的网络互联，因此，美国国防局和ARPA共同为阿帕网制定了传输控制协议（TCP）和网际协议（IP），即TCP/IP协议，实现了不同网络间的跨越通信，为互联网的诞生奠定了重要基础。互联网的出现，让人与人、人与物、物与物之间实现了数字化实时连接。20世纪70年代至90年代，IT技术实现了与传统产业的深度融合，由此推动IT相关的软件开发与硬件制造为主体的ICT产业的快速发展。

在这一阶段，数字技术主要以芯片等硬件的生产和制造、计算机操作系统及软件开发为主，并逐渐从质量以吨数计算、耗材巨大的科研专用电子计算机，衍生出个人计算机、超级计算机、网络计算机，并在硬件的更新迭代中发展出互联网、计算技术、通信技术等更为普遍使用的数字技术。数字技术逐步从专业的科研应用转向更为广泛的生产、运输、消费领域，大大提升了经济运行效率，为人类的生产生活带来重大变革。

1.3.2　数字经济的兴起

20世纪90年代至21世纪初，随着互联网产业的迅速发展，数字技术逐渐在经济社会领域大放异彩，信息经济、数字经济成为世界各国促进经济发展的重要内容。1995年前后，数字技术的经济潜力逐渐显现，数字技术开始被大规模应用于生产与流通领域。互联网技术、信息技术的发展推动了通信行业的基础设施建设。

网络通信基础设施建设为各国经济带来了新动力。20世纪90年代，在全球经济增长较缓的整体局面下，美国却实现了持续快速增长。这一增长局面得益于美国计算机与互联网产业的发展，也归功于美国政府对信息化发展规划的重视。1993年，正值美国内忧外患之际，金融、电子等重要产业的竞争优势逐渐消失，经济增长动能缺乏，叠加长期累积的巨额财政赤字等问题，美国政府将目光聚焦于信息化技术。同年9月，美国政府颁布《国家信息基础设施（NII）行动计划》，旨在推动信息产业发展及互联网的应用普及。计划于1995—2000年初步建成国家信息基础设施，并于2013年前建成。国家信息基础设施则是由庞大数据资源和通信网络、计算机、数据库、日用电子产品等软硬件设施组成的完备网络系统，旨在为互联网用户提供广泛信息，其最终目标是使所有用户都能够经由"信息高速公路"进行联机通信，实现远程工作、远程教育、远程医疗及数字经济各方面内容，从而将个体、企业、机构和政府各级各界紧密连接并为之提供各种服务。《国家信息基础设施（NII）行动计划》的颁布标志着美国"信息高速公路"真正意义上由理论走向实践，"信息高速公路"成为一个开放交互式的网络系统，为美国数字经济的进一步发展提供了技术支持，同时也在世界范围内掀起了"信息基础设施"热潮。1994年，美国政府提出"全球信息基础设施行动计划",再次为数字基础设施建设提供政策支持。1998年,美国发布《浮现中的数字经济》报告,系统阐述了美国官方的数字经济理论,将数字经济首次纳入美国官方统计,是美国数字经济历史上里程碑式的重要文献,正式开启了美国数字经济的发展之路。此后,美国劳动生产率逐年提高、产业结构升级加快,还涌现了诸如IBM、Intel、雅虎(Yahoo)等一大批互联网公司,开启了互联网经济的繁荣时代,极大地稳定并促进了美国经济发展。

数字经济的兴起改变了商品生产、流通与交易方式,各国针对数字经济发展制定了众多相关发展规划与政策。欧盟于1994年制定了"欧洲通向信息社会之路"行动计划,随后提出了建设信息社会的具体行动方案,并针对基础设施建设、信息高速公路建设等方面提出了具体意见。日本政府制定了"e-Japan"战略、"u-Japan"战略、"i-Japan"战略等一系列数字经济相关发展战略,从建设超高速互联网、制定电子商务交易规则、实现电子政府、重点培养数字经济人才、提升公民数字专业技能等方面为数字经济发展提供战略规划。韩国在20世纪80年代启动了国家基础信息系统工程,20世纪90年代中期启动信息高速公路计划,出台了《促进信息化基本法》,加大力度发展数字基础设施。新加坡成立国家计算机委员会(NCB),旨在发展和推动全社会计算机化发展。随后,新加坡启动"IT2000"战略、"新加坡一号"工程等一系列发展规划,旨在广泛利用信息技术提升经济质量与公民生活质量。

在这一时期,我国也在信息技术与基础设施建设方面取得了阶段性进展。随着1994年中国正式接入国际互联网,实现与国际互联网的全功能连接,中国数字经济进入萌芽期。20世纪90年代初,美国互联网企业,尤其是雅虎的飞速发展和成功,在大洋彼岸的中国掀起了一阵巨浪。1998年始,搜狐、网易和新浪三大门户网站相继创立,阿里巴巴、京东等电子商务网站进入初创阶段,百度、腾讯等搜索引擎也得到空前发展,以互联网企业龙头相继成立为主要特征,中国数字经济发展的萌芽破土而出。我国政府也密切关注我国数字经济的发展,国务院于1999年1月颁发我国首份数字经济相关政策文件——国务院办公厅转发信息产业部、国家计委《关于加快移动通信产业发展若干意见的通知》,旨在促进我国移动通信产业的协调发展、加快移动通信产品制造业发展。此后,国务院接连颁布《关于促进我国国家空间信息基础设施建设和应用若干意见的通知》和《关于振兴软件产业行动纲要的通知》,针对我国空间信息基础设施建设和软件产业存在的问题,提出一系列改进措施和发展要求,为我国数字经济相关产业发展创造了条件。

20世纪90年代至21世纪初,随着信息技术的普及与广泛应用,以互联网产业、电子商务为代表的数字经济实现了快速兴起,与此同时,数字经济的内涵也在发展中逐渐深化,为未来数字经济的全面发展奠定了坚实基础。

1.3.3 数字经济的发展

随着以云计算、大数据、人工智能等为代表的数字技术的发展,数字经济从以电子商务、信息经济为主的互联网经济形态，逐步发展成为以数据收集应用为生产手段、以互联网为发展载体、以数字技术创新为核心动力的新型经济形态。数字消费、数字商务、数字政府、数字社会等新业态与新型发展模式蓬勃发展，宣告数字经济全面发展的时代已经到来。

数字经济的发展已为各国政府所广泛重视。美国政府相继出台了《数据科学战略计划》《美国先进制造业领导力战略》《数字战略 2020—2024》等一系列数字经济相关政策，提出要在"促进美国繁荣"的前提下，提升在数字技术与数字经济上的优势，促进国内先进制造业发展，建立充满活力与弹性的数字经济。英国政府先后发布了《2013 信息经济战略》《2015—2018 年数字经济战略》《英国数字战略》《国家数据战略》等数字经济发展战略，为英国在全新阶段数字经济的发展提供了政策指导。欧盟在 2010 年推出了"欧洲数字化议程"，旨在利用数字技术连接欧洲市场，建立具有较高包容度、安全可靠的、创新的高速互联网连接，并提出了"欧洲工业数字化战略""工业 5.0"战略等具有针对性的数字化产业发展战略。日本政府相继出台了《集成创新战略》《第 2 期战略性创新推进计划（SIP）》《综合创新战略》《半导体和数字产业发展战略》《AI 战略 2022》和《量子未来社会愿景（草案）》，关注人工智能、量子技术、半导体技术等前沿数字技术的创新发展。为促进电子支付、数字交易发展，2016 年，印度国家支付委员会在全国推行统一支付界面（UPI），次年则推出数字支付计划，并推动商品与服务税（GST）改革，建立了全方位的数字交易平台，大力推进印度与世界各国的数字贸易合作。

近年来，我国数字经济构建了新的发展格局，这不仅得益于百度、科大讯飞、阿里巴巴等代表性公司在人工智能、数字医疗等数字技术领域的成就，也归功于我国政府对数字经济发展的高度重视。自 2015 年起，中国政府先后发布《中国制造 2025 战略规划》《国务院关于积极推进"互联网+"行动的指导意见》《国家信息化发展战略纲要》《"十四五"数字经济发展规划》等一系列相关文件，重点关注智能制造、人工智能、"互联网+"、信息化等领域发展。为全面部署我国新时期数字经济建设，中共中央和国务院于 2023 年 2 月颁布了《数字中国建设整体布局规划》，提出到 2025 年数字中国建设取得重要进展的发展目标，强调巩固数字基础设施和数据资源体系两大基础，推动数字技术与经济、政治、文化、社会、生态文明建设五大领域实现深度融合，为未来数字中国发展指明了发展方向。中国信通院研究报告数据显示，2022 年我国数字经济依然稳步发展，总体规模已达 50.2 万亿元，增长速度连续 11 年超过同期名义 GDP，数字经济在 GDP 中的占比已达 41.5%（中国信通院，2023）。我国在移动支付、共享出行、电子商务、线上沟通等领域开始引领世界数字经济发展，数字经济已成为中国经济与社会发展的全新驱动力。

在这一时期，全球数字经济发展实现了质的飞跃，从互联网经济转变成为全新的数字经济发展模式。数字经济占国民生产总值的比例不断增加，数字技术渗入企业生产、消费娱乐、社会生活的方方面面，数字战略、数字政策、数字法律正在不断出台与完善，数字经济进入了高速发展的全新阶段。

1.4 数字经济的机遇与挑战

数字经济既能带来提升生产效率与韧性、促进数字产业化和产业数字化、实现"换道超车"及加速经济全球化等机遇，也面临企业数字化转型困难、数字统计困难、数字经济发展不均衡、数字监管法律缺失等方面的挑战。只有充分利用机遇、勇于面对挑战，才能实现数字经济的健康稳步发展。

1.4.1 数字经济的机遇

1. 提升企业效率与韧性

数字经济为企业发展注入了新的动力。首先，数字化推动了企业生产绩效的提升。以人工智能、大数据、云计算等为代表的数字化的生产设施与生产模式，在一定程度上促进了企业生产效率的提升，缩短了企业生产、运输和销售周期，使企业有条件扩大生产规模，推动企业生产效率不断提升。其次，数字经济促进了企业管理效率的提升。企业通过运用数字技术，实现信息共享与数据互通，保障企业内部信息交流通畅，提升经营效率；依托数字技术，员工可以实现异地办公、在家办公等多种工作形式；弹性多样的用工方式增强了企业在不确定性冲击下抵御风险的能力、提升了管理效率。最后，数字经济降低了企业的交易成本，扩展了交易平台。数字化技术极大地缓解了市场交易双方之间的信息不对称问题。通过网络化、数字化的交易平台，交易对象可以去中介化，实现直接沟通，减少搜寻信息与交易执行成本。

2. 数字化转型升级

伴随着新产业、新业态的不断涌现，数字经济发展推动传统产业数字化转型升级。一方面，数字经济发展伴随着新产业的形成与发展。从产业类型来看，数字产业化包括数字产品制造业、数字产品服务业、数字技术应用业、数字要素驱动业等。数字产品制造业是数字新兴产业发展的基础，包含数字技术相关硬件设备制造等相关产业；数字产品服务业是数字产品的销售和售后活动，涉及数字产品的批发、零售、租赁及维修等，对于提高数字产品流通效率、降低交易成本等具有重要作用；数字技术应用业包括数字技术软件开发、互联网、电信、广播等相关产业及服务，可以有效提升企业效率、优化资源配置；数字要素驱动业涉及互联网相关产业建设，包括线上平台及基础设施建设、线上批发零售、线上金融、数据资源和产权交易等。这些新兴产业极大地促进了数字技术的普及与应用，组成了数字经济的生产、运输、销售、消费的完整环节，共同促进了数字经济发展。另一方面，新业态的涌现，改变了传统的商业经济模式。平台经济、共享经济等交易形式的发展，有效降低了交易成本，促进消费者与企业直接对接，从而推进交易模式由传统的 B2C 模式向 C2B 模式转变，即从先由企业主导的生产、后向消费者销售商品的方式，转变为由消费者对企业提出需求、而后企业根据需求进行生产的交易模式。

3. 数字经济领域的"换道超车"

在数字经济时代,发展中国家可能实现数字经济领域的跨越式发展。根据梅特卡夫法则,互联网的价值与其节点的平方成正比,发展中国家庞大的人口正是互联网消费的潜在人群,具有巨大的消费潜力。大规模的市场和多样化的市场需求将为数字经济发展提供创新激励,促进新业态、新产业的形成,同时也促进数字经济不断发展。发展中国家庞大的数字经济消费市场,将倒逼数字基础设施建设,推动数字经济快速发展。数字技术所具有的普惠性质与跨越式发展特点,使发展中国家能够学习发达国家的技术,实现数字技术的跨越式发展。数字经济的长尾效应克服了发展中国家创新的不确定性。长尾效应在数字化时代更加明显,这是因为供应与需求的距离被缩短,市场变得更加个性化、多样化。发展中国家庞大的数字经济市场,可能为其在数字经济领域提供"换道超车"的机会。

4. 经济全球化与新发展格局

经济数字化转型正在成为经济全球化的加速器。首先,数字基础设施合作是促进数字经济国际合作的重要基础。数字基础设施合作能够促进国内外数字技术交流,推进数字技术创新,加速技术、人才、信息等生产要素的国际流动。数字基础设施合作有利于缩短发展中国家与发达国家间的"数字鸿沟",促进国际数字贸易的顺畅发展,降低数字贸易成本,促进国际数字贸易与数字交流。其次,数字贸易能够加速经济全球化进程。数据是数字经济的核心生产要素,全球数字经济的蓬勃发展意味着数据要素在全球的流动更加自由,数据所具有的实时性与流动性使信息的价值被进一步放大。商品与生产要素的跨国流动更加自由迅速,贸易空间更广、贸易时间更短、贸易效率更高、贸易成本更低,这将极大地推进贸易与经济全球化进程。数字技术能够促进国际产业链、上下游企业的融合;跨境电子商务、远程跨国办公等新兴工作模式,将会促进国际数字贸易的发展,推动国际数字合作发展与全球数字化进程。最后,数字治理合作推进世界数字经济共同繁荣。国家间的数字治理合作有利于减少国家间治理理念的分歧与摩擦,从而促进各国政治互信与经贸合作,形成求同存异、安全有序、合作共赢的国际合作环境,推动形成世界数字经济发展新格局。

1.4.2 数字经济的挑战

1. 企业数字化转型困难

为适应数字经济的发展,企业需要提升数字化水平、进行数字化转型,但面对愈加复杂的市场形势与日新月异的技术革新,企业数字化转型面临"不会转""不能转""不敢转""不善转""不愿转"等困难(国家信息中心,2020)。企业数字化转型能力不足,以中小企业表现更为突出。一方面,企业自身存在数字化专业度低、核心数字技术不足、产业链协同难等问题,在没有外界支持的情况下,较难实现自身数字化转型;另一方面,当前,数字化转型平台市场上产品趋同性高,难以完全满足企业数字化转型的个性化需求,导致企业陷入"不会转"的困境。企业数字化改造成本偏高，传统企业面临生存压力，导致数字化转型的投入不足，不能实现数字化转型，出现企业"不能转"难题。数字化转型需要数字化技术、数字化管理等多方面人才，但存在数字化人才稀缺、培养周期长、难度大、外部招聘定位模糊等问题，导致企业数字化转型长期缺乏人才支持，导致企业"不敢转"。企业数字化转型战略不清，导致企业"不善转"。数字化转型需要明晰的发展目标与顶层设计，并制定具有整体性、协同性、规范且可操作的战略规划，然而大多数企业的数字化转型目的不明确，缺乏系统性思考，仅从数字化设施或软件等局部角度入手，短期看不到成果就打退堂鼓，导致转型失败。

2. 数字经济统计面临挑战

数字经济的发展给现行的统计体系带来巨大挑战，表现为数字经济界定不统一、传统数字经济核算方法难以适应、数字经济参与者身份模糊、数字经济非正式交易、产品价值与交易物量难以核算等问题。首先，数字经济界定难以统一。数字经济的划分包括广义、狭义、核心定义，或是将数字经济分为数字产业化与产业数字化等。由于对数字经济的界定不统一，不同国家与组织的测算结果也各不相同，难以进行国际比较，导致各国数字经济发展水平难以准确评估。其次，传统数字经济核算方法难以适应数字经济时代的经济活动。传统的国民经济统计方法主要关注实物量和价值量的统计，但在数字经济时代，许多商品和服务是"免费"的、"无形"的，导致传统核算方法难以捕捉其价值；由于大数据不规则和杂乱无章、难以捕捉的特性，传统的测算方法无法通过统计指标直接显示数据特征。再次，数字经济参与者身份模糊。在数字经济中，不只是专门生产部门，家庭也能参与到生产性活动中，消费者和生产者的身份可能随时互换，而家庭创造的价值难以捕捉，这导致传统经济核算体系中设置不同账户进行核算的方法不适用，导致价值核算困难。最后，数字经济非正式交易、产品价值、交易物量难以核算。数字经济催生了更多非正式交易形式，如短期租赁、分销服务、商业与交通运输和金融中介服务等，在现有核算体系下难以被估量。高流动的数字跨境交易、数字技术的价格和物量差异、免费产品的价值核算等问题，均给传统的统计体系带来了挑战。

3. 数字经济发展不平衡

全球数字经济快速发展的同时也伴随着"数字鸿沟"问题，数字经济发展不均衡问题正逐步凸显。数字经济的发展过程中，发达国家往往拥有先进的技术、能够制定行业规则标准，如果后发国家不能实现技术突破，则国家间的"数字鸿沟"将不断加深。2023年中国信通院的统计数据显示，全球4G以上移动网络人口覆盖率已达到88%，但在低收入国家仅为34%，非洲国家仍有一半以上人口无法接入4G网络；发达国家的数字服务出口占全球出口总量的3/4以上，而发展中国家仅有1/4份额。群体间的数字技能差异也将导致"数字鸿沟"与不平衡问题。数字技能指的是个体利用数字设备和应用进行生产生活、有效参与社会活动的能力，随着互联网的深化发展，群体间数字技能差异也进一步凸显。数字技能差异也成为人们获取数字化转型福利的重要阻碍。《联合国电子政务调查报告》数据显示，不同性别、不同年龄间的数字技能掌握程度存在明显差距。随着数字设备和应用的复杂化，个人隐私、数据泄露、虚拟诈骗等问题可能导致群体间"数字鸿沟"问题更加复杂。

4. 数字监管体系和法律制度面临挑战

数据安全、个人隐私等问题越来越突出，但与之匹配的数字监管体系和相关法律制度的建设仍然滞后。首先，数据权属界定不清导致数据难以实现其价值。目前的监管体系和法律制度尚未对数据归属权做出明确界定，这导致对于侵害用户隐私、数据垄断等不正常竞争现象也没有明确的制度规定，为数字经济的长远发展带来负面影响。其次，数据交易和数据保护之间存在矛盾。目前的数据监管缺乏统一标准，各平台的规则不同，监管规则存在差异。如果数据保护程度过低，可能出现数据泄露、利用数据诈骗等安全问题，导致数据交易市场混乱；如果数据保护程度过高，则数据流通性大大降低，出现数据供需双方不匹配的问题，导致数据垄断，无法充分发挥数据价值。最后，数字安全的认知意识薄弱，制度落后于市场发展。个人作为数据要素的生产与提供者，数据数量越大、价值越大，数据泄露的风险越大、后果也越严重。许多公民对于个人信息保护处于无意识或是意识薄弱的状态，这导致不法分子有机可乘，利用大数据的特性和技术的差异性对数据进行盗窃、利用数据诈骗等，形成安全隐患。政府的制度规范落后于市场发展，并不能针对数字经济的新业态、新模式制定新的监管制度和法律规范，大量数字经济活动游离于法律监管之外，导致执法者无法可依。

拓展阅读

[1] 裴长洪，倪江飞，李越. 数字经济的政治经济学分析[J]. 财贸经济，2018, 39(9): 5-22.
[2] Bukht R, Heeks R. Defining, conceptualizing and measuring the digital economy[J]. Development Informatics working paper, 2017(68): 1-20.

1. 如何理解数字经济的概念与内涵？
2. 数字经济具有哪些特征？
3. 简述数字经济的发展趋势。
4. 从企业角度谈谈如何面对数字经济时代的机遇与挑战。

扫描此码
自学自测

第2章 数字经济的基本原理

【本章学习目标】

1. 从消费产品、消费场景、产权属性、交易主权等维度全面理解数字经济的需求侧特征;
2. 从供给主体、供给产品、供给方式及供给质量和效率等维度全面理解数字经济的供给侧特征;
3. 掌握产品差异化的内涵和来源,理解最优产品种类的决定,从搜寻成本和运输成本两个角度理解数字经济对产品差异化的影响;
4. 理解数字经济下的价格歧视策略;
5. 掌握消费者剩余理论,理解数字经济影响消费者福利的路径机制。

直播带货作为近年来迅速发展的一种新型电商销售形式,为乡村产业振兴注入了强劲活力,使农民从传统的生产者转型为现代经营者:直播成为新农活,手机成为新农具,数据成为新农资。

湖北省秭归县积极把握机遇,依托"数商兴农"点燃乡村振兴"新引擎"。借助"四季鲜橙"的独特优势、农产品出村的电商通道与"电商+直播+短视频"的线上营销新模式,历经十载沧桑,秭归县从曾经的国家级贫困县蝶变为"中国脐橙之乡"。如今,该县柑橘种植面积40万亩,社会产能突破100万吨,全产业链综合产值接近200亿元,涌现出12个亿元村,带动26万人稳定增收,以特色产业带动乡村振兴的"秭归路径"逐渐清晰。

与此同时,互联网也在拉近城乡之间的距离,通过直达农村的物流系统,一件件商品"飞"进农家,使农户切实享受优质、便捷的产品与服务。浙江省宁海县积极打造集士驿站城乡客货邮场景应用,在8个乡镇建成30个集士驿站。在这些集士驿站,除了收寄快递,村民还能购买新鲜蔬菜水果、查社保、存取款、申请个体户开户……畅通乡村产品服务"最后一公里"。

一网跨重山,消费品下沉乡村,农产品上行城市。2022年,全国已累计培育快递服务现代农业年业务量超千万件,金牌项目117个、邮政农特产品出村"一市一品"项目822个,有力服务乡村振兴。"快递进村"工程深入推进,累计建成27.8万个村级快递服务站点,全国95%的建制村实现快递服务覆盖。

资料来源：
1. 李思远，俞俭. 湖北秭归：电商助力小脐橙长成大产业[N]. 新华每日电讯，2023-02-28(006).
2. 甘皙. 我国建成世界规模最大邮政快递网络[N]. 工人日报，2023-01-18(004).

2.1 数字经济的需求侧特征

自我国经济发展进入新常态以来，需求动力结构转型加快，消费在经济增长中贡献作用逐渐增强，具体表现为：社会消费品零售总额逐年上升，消费市场规模稳步扩大，消费持续发挥经济"压舱石"的作用。国家统计局数据表明，2023上半年，我国最终消费支出对经济增长的贡献率达到77.2%，且已连续7年占GDP比例超50%。即便2020年受新冠疫情影响，我国经济发展、社会生产遭受重大冲击，当年最终消费支出占GDP的比例仍达到54.3%，这与数字经济在疫情防控期间展现出强大发展活力密切相关。中国消费者协会报告显示，新冠疫情期间，得益于数字经济的发展，消费者日常生活类消费线上化发展加速、消费场景拓宽、消费模式与消费习惯改变。

与此同时，数字技术广泛应用，新兴业态不断涌现，生鲜电商、在线教育、互联网医疗、线上办公等走入寻常百姓家，正在深刻改变着消费的各个环节，使需求侧呈现出了不同于以往工业经济时代的特征。把握数字经济时代需求侧的特点，对于思考如何打通国内大循环、拉动内需、促进经济高质量发展具有重要意义。因此，本节探讨数字经济时代下消费者需求的显著特征。

2.1.1 消费产品满足差异化需求

从农业经济、工业经济到当下的数字经济，我国社会生产力水平和经济发展效益不断提高，消费者的需求呈现出多样化、个性化和差异化的特征。马斯洛需求层次理论指出：人的需求分为生理、安全、社交、尊重及自我实现五个层次的需求。人的需求将会随着物质财富的日益丰富，逐步由低阶的物质需求转向高阶的精神需求。特别是在数字经济时代，信息通信技术的高速发展使信息交互传输更为便捷，开放的互联网更是为广大消费者提供了信息交流的平台，消费者接触到的信息愈加多样与丰富，一定程度上激发了消费者的个体化意识与多样化需求。同时，从供给侧来看，大数据等技术的发展也使消费者多样化、个性化、差异化的需求得以实现。

以当前的内容消费为例，第一，内容传播形态多样，包括文字、图片、音频、视频等；第二，内容涵盖类型更为广泛，知识、影视、游戏、音乐、舞蹈、美食等细分垂直类快速发展。从市场上各类平台来看，图文领域的小红书，音频领域的网易云音乐以及QQ音乐，视频领域的爱奇艺、优酷等各类平台涌现，满足了当下用户的内容消费多样性需求。同时，不同用户的内容偏好存在极大差异，以主打推荐算法的抖音平台为例，该平台依据其强大的流量分发机制，精准地为用户推荐可能感兴趣的内容，实现真正的"千人千面"，以满足用户的差异化、个性化需求。

2.1.2 消费场景催生数字新业态

工业经济时代，消费场景会极大地受到地域、时间的限制；而在数字经济时代，由于信息技术的发展以及社会基础设施的升级改造，经济活动的生产组织和交易不再囿于地域和时间，原本无法实现的远程交易变得可行。据中国互联网络信息中心报告，2023 年中国网上零售额 15.43 万亿元，比上年增长 11.0%；截至 2023 年 12 月，网络购物用户规模达 9.15 亿人。

消费线上化不断发展的同时，随着 AR/VR、大数据等新技术的发展，线下购物也在逐渐升级，线上线下融合发展成为新趋势。例如，盒马一直坚持线上线下共同发展，形成对传统零售全新重构的新零售业态。盒马将各种类型的商品汇集于线上平台，用户线上下单，由线下门店负责配送。同时，线下门店转变为"超市+餐饮+仓储"三位一体化经营。永辉超市依托互联网，积极推进线上线下融合发展。一方面，永辉超市通过加大对永辉生活 App、永辉到家和永辉买菜等自营电商平台的投入，同时与京东等传统电商平台进行合作，对线上平台精耕细作；另一方面，永辉超市通过对线下门店进行升级改造，借助红标店、绿标店、Bravo 精标店、会员店等多种业态进行线下实体店布局，贴近不同市场需求消费者的生活圈。线上线下融合发展增强了永辉超市在细分领域的市场竞争力，展示了传统零售企业进行数字化转型的可行性。

2.1.3 产品所有权与使用权相对分离

长期以来，所有权是市场的核心，决定着市场中交换的关系、方式与价值；而数字经济时代的共享模式弱化了所有权，强化了使用权。凯文·凯利在《失控》一书中提到，未来"使用"会变得越来越重要，拥有物品的定义将转变为：消费者使用而并非拥有这个物品。数字经济时代的共享特征体现了非排他性与合作，本质上反映着"按需经济"的价值。在这种趋势下，产品的形式以及消费的路径都发生了变化，产品呈现数字化、虚拟化、云端化的特征，消费的路径从"购买才能拥有"转变为"订阅即可使用"。比如，在爱奇艺等视频平台上，消费者只需要订阅会员服务，就可以收看平台上的影视节目；在 QQ 音乐上，消费者无须购买单曲，只需开通会员服务便可以听歌。

2.1.4 消费者交易主权凸显

传统市场上，交易主权由商家主导，主要表现为：消费者同商家之间的信息不对称、售后服务烦琐及买方无法对卖方形成强有力的制约等情形。在数字经济时代，互联网消费模式的创新以及数字技术的发展使汇聚消费者需求成为可能，交易主权开始向消费者转移。消费者可以通过社交媒体/购物平台等渠道，在购物前获得商品信息。例如，在网购平台上买家可以公开发表评价，消费者会参考买家评价判断商家信誉和商品品质；买家可以通过比价网站（如"值得买"）找到最低价格的同类商品，价格更为透明；团购平台聚合消费者需求，提高了买方势力，能够以更低的价格获得商品。

2.1.5　消费释放数据要素副产品

工业经济时代，企业能够通过跟踪客户数据进行决策分析，但存在很大的局限性：收集客户数据的流程复杂，且大多依赖人力（问卷、电话回访等）。为平衡数据的价值与收集的成本，企业往往会将数据收集重心放在重点用户群体（如 VIP 等）上，很难覆盖普通消费者；效率以及准确度难以保障。

随着云计算、大数据等技术的发展，对于企业而言，消费者的需求更容易被获取且具有较高的商业价值。全球数据总量猛增的一个重要原因在于智能手机的普及，据研究机构 Strategy Analytics 统计，全球约 40 亿人使用智能手机，生活娱乐以及消费等逐步转移至移动互联网上。随着移动互联网快速发展，各类互联网消费平台应运而生，伴随消费者行为产生的大量数据可以被记录和收集，这里将数据称为消费者行为的副产品。无论是对于消费者还是企业，消费者行为的数据化都意味着低成本和便利性。

一方面，消费者行为的数据化能够使消费者需求更易表达，使消费者能够与企业进行更频繁的沟通。消费者行为产生的海量数据，使平台在算法的作用下甚至可以做到比消费者更了解其偏好。

另一方面，消费者行为的数据化程度提高，使企业与消费者有效连接成为可能。消费者在平台上的浏览、购买、评论等数据能够被完整地记录、跟踪，消费者的日常行为被便利、低成本地转化为企业可以利用的数据资源，企业可以据此有效地对消费需求进行分析，为企业经营决策提供关键数据支撑。

2.2　数字经济的供给侧特征

当前，我国经济高质量发展面临的主要矛盾是供给和需求错配的结构问题，具体表现为供给难以满足消费者不断提高的差异化需求。坚持供给侧结构性改革，促使供给结构更好适应需求结构的变化，对推动经济高质量发展具有重要意义。

数字经济催生着各类新产品、新业态、新模式、新组织、新产业，进而创造了大量新的供给，社会生产生活加速变革，经济体系中的生产、流通、交换等正在被全方位重构，数字经济成为推进供给侧结构性改革的重要抓手。因此，对于数字经济条件下供给的分析不能停留在简单的产品供给角度，需要从多个角度综合分析。本节从供给侧主体的变化、供给产品、供给方式的创新、供给质量和效率提升四个角度全面分析数字经济时代供给侧的显著特征。

2.2.1 供给侧主体的变化

1. 市场供给主体增加

数字经济时代需求侧呈现出对于产品多样化的需求,带动了整个市场产品产量和种类的增长,为创业活动的开展提供了良好基础。数字经济能够为创业者提供便捷的信息获取和交流平台,从前期对商机的把握、市场调研到后期获得投资、项目落地,各类平台和工具都能够服务于创业者整个创业过程。同时,市场上产品种类的增多以及规模的扩大使供需关系更为复杂,互联网、云计算、大数据等新兴技术能够优化产品的匹配和交易。Audretsch等(2015)研究发现,在德国,互联网的发展正向促进创业活动;赵涛等(2020)的研究也发现,数字经济可以提升创业活跃度。数字经济时代的创业活动更为活跃,这会带来市场上供给主体的增加,各种新业态、新模式层出不穷,催生大量中小企业,包括电商、外卖、直播等新兴行业。以直播领域为例,企查查数据显示,中国直播电商企业呈现井喷式上升态势,截至2023年12月,注册数量达到8.35万家。

2. 数字化企业成为趋势

数字经济时代,各行各业寻求数字化转型,数字化企业成为发展必然趋势,也是市场上重要的供给力量。数字化企业是指利用数字信息技术改进内部管理、生产及销售等重要环节的企业,不仅涉及企业经营活动中客户管理、供应商管理及员工管理等诸多商业关系,还可以通过数字化系统实现生产和业务流程的连接与沟通。

数字化企业具有两大典型特征:一是产品、服务在线化。例如,在线生活服务平台(美团、饿了么等)使用户可以在线查看周围的餐馆、娱乐场所、旅游景点等相关信息,享受在线点外卖、预订门票等服务;传统的企业在数字化的过程中,可以通过网络平台在线展示产品以及服务,连接消费者与企业,实现供需匹配,最后由消费者线上支付或者线下支付,完成交易。如果企业建立自有平台,也能够缩短供应链,减少中间成本,拉近与消费者的距离。二是业务管理在线化。一系列端到端流程是支撑企业经营有效运作的关键要素。以往,缺少端到端理念的业务流程往往容易造成内部沟通成本高、资源错配等限制效率的问题。因此,企业为了实现业务管理在线化,一般会利用数字化技术打通业务断点,建立业务从开始到结束的整个完整流程,同时利用数字化技术为业务流程赋能,将原有一些重复性的工作实现自动化,释放生产力到更具价值的环节中。以移动办公平台为例,此类平台可以通过企业运转过程中多方面的在线化来提升管理效率。在飞书平台上,除了最基本的企业内部员工实时在线沟通、文档协作、会议召开等功能,还可以赋能企业人事管理、绩效考核、合同审批等。例如,飞书审批通过流程在线审批、催办、提醒等功能设置,有效节省审批时间,提升业务决策效率。字节跳动每天内部产生的审批量高达12万条,这一功能的上线使公司平均审批时长从44小时下降至21小时。此外,飞书合同功能可以利用OCR技术快速扫描全文、智能对比合同并给出风险预警等,帮助企业提高管理效率。

2.2.2 供给产品:数字产品

数字经济时代,各类数字技术的发展、应用及商业模式的创新,使很多实物产品及销售转化为数字产品,数字产品是数字经济时代的典型产品类型,并且已经渗透到人们生活的方方面面。理解数字产品,是把握数字经济供给侧特征的起点。

1. 数字产品的定义

数字产品指包含数字化格式的交换物,主要包括有形的数字产品和虚拟的数字产品两种。有形的数字产品是指依托于数字技术的电子产品,此类产品有物质载体,如光盘等;无形的数字产品也称为数字化产品,此类产品能够被数字化,同时也可以通过网络进行传输,如计算机软件、游戏、远程教育、远程医疗等。无形数字产品(数字化产品)依据其用途,可以分为3类,如表2-1所示。

表2-1 数字化产品分类

类型	定义	举例
内容性产品	表达一定内容的数字产品	文字:电子书、电子资讯 图片:照片、电子海报 音频:数字音乐、电台 视频:电影、电视剧、短视频
象征、符号和概念	代表某种契约的数字产品	数字门票:景点门票、电影票、电子机票等 财务工具:电子货币、发票等
数字过程和服务	数字化的交互行为	远程教育、远程医疗、网络游戏、电子邮件、电子政务等

2. 数字产品的特征

1)强网络外部性

与传统商品相比,数字产品的一个典型特征是具有较强的网络外部性。网络外部性是指每个用户感知到的网络价值与网络中其他用户的数量呈指数型增长,可理解为单个消费者使用产品所得到的效用会随着消费同一产品的其他消费者数量的增长而增加。消费者购买数字产品后获得的价值可分为自有价值和协同价值。自有价值代表产品自身的价值,如产品本身的用途等;协同价值代表平台上的用户不断增长时用户所获得的除产品自有价值之外的价值,也就是网络外部性。以通信领域为例,新用户往往更愿意选择已有用户较多的电话网络,因为这意味着可通信的对象更多。如今,微信几乎是手机必备应用,2024年腾讯第一季度财报显示,截至2024年3月,微信及WeChat合并月活账户数达13.59亿。米聊、子弹短信等产品都曾尝试进入即时通信领域,均以失败告终,根本原因在于当用户需要一款即时通信软件时,他们会更倾向于选择已有用户较多的平台,这意味着可交流的对象越多,产品能够给消费者带来更大的价值,也就是说当一款即时通信产品在早期已经占据主导地位时,其他同类产品很难再带给用户同样的效用。

2）特殊的成本结构

在传统经济学中，随着产量的增加，每多生产一单位的商品所增加的成本越来越小，即边际成本递减（规模效应）。但对于一般商品而言，递减是有范围的，即超过一定数值，生产一单位商品的边际成本将上升。数字产品具有共享性和可复制性的特征，这与其特殊的成本结构密切相关：数字产品前期需投入大量研发成本，而后续进行大规模推广时的成本却十分低甚至为零，即高固定成本、低边际成本甚至零边际成本。以软件开发为例，软件系统 Windows 95 前期研发费用高达 2.5 亿美元，而第二张和第三张复制光盘的成本仅有几美分。纵观文字通信工具的发展，从电报通信按字收费，到中国电信、中国移动等运营商通过铺设大规模光纤与基站建设，连通了千家万户，即便前期固定投入巨大，但是边际成本很低，每条短信的费用为 0.1 元；再到如今各类在线通信平台，如 QQ/微信，前期研发、营销费用高昂（初始成本），之后用户使用这些产品，只需下载即可，下载一千万次或者两千万次，这些平台也几乎无须再承担额外的成本，边际成本趋近于零。

3）数字产品定价

数字产品具有高固定成本、低边际成本甚至零边际成本的特性，因此，厂商不能再采用传统的边际成本定价策略对数字产品定价。相比于传统的产品，数字产品带给消费者的效用往往由消费者的偏好决定，这是因为消费者更关注数字产品所包含的内容，但由于消费者个人背景等特性的差异，对于数字产品的价值判断会存在较大不同，因此，数字产品应当以消费者感受到的效用为基础来进行定价，厂商可以通过判断消费者的边际支付意愿来确定产品价格。一般而言，各厂商通常实行以下差异化定价策略。

（1）价格歧视。

数字经济时代，平台可以获取用户的消费行为数据，通过对数据的追踪与分析来区分消费者特性，进而对消费者群体进行细分。同一款产品，针对需求弹性较小、黏性比较大的消费者收取相对较高的价格，对需求弹性较大的消费者制定相对较低的价格。例如，有用户反映在美团外卖平台上，选购同一家店铺的同款商品到同一地点，老用户的价格要高于使用频率很低的用户，会员的价格高于非会员，此即"大数据杀熟"现象。

（2）产品差异化定价。

产品差异化是指针对同类数字产品，可以依据消费者的偏好进行区分，在市场上提供不同的版本，以满足消费者差别化的偏好。例如，当前一些 App 除普通版本外，也会推出极速版本（一般占用内存较小）。爱奇艺视频极速版与普通版本相比，仅有 39 MB，占用手机内存更小，运行速度更快，同时增加了看广告赚金币提现的功能，适合消费水平较低、低配手机和使用需求频次少的用户，其会员价格较低（18 元/月，权限相对于普通版较少）；爱奇艺普通版 79 MB，功能更全面、内容更丰富，适合对功能需求较高的用户选择使用，会员价格更高（30 元/月）。

（3）捆绑销售。

对于数字产品而言，捆绑销售的策略更易推行。原因在于数字产品的成本大多集中在前期的高研发成本上，到后期，厂商向市场提供单个产品和多种产品的组合在成本上并不会有太大差异，这会激发厂商将不同产品和服务进行捆绑销售的意愿，进而实现自身利润最大化。例如，微软将 Windows 10 操作系统、Office365 办公软件及一些面向移动设备的安全软件打包组合为微软 365（Microsoft 365）软件包，使有需求的企业付费订阅一次便可获得全套微软旗舰企业软件。

（4）交叉补贴定价。

交叉补贴定价是一种基于产品互补性的定价，以较低的价格销售一类产品，进而带动销售更多高利润率的产品，以实现盈利。以小米的盈利模式为例。小米以低利润扩大用户规模，手机业务毛利在 10% 以下，但其能够通过手机 MIUI 系统、云服务、金融、小米有品等互联网服务，以及与手机互联互通的米家等 IoT 相关产品实现盈利。

2.2.3 供给方式的创新

1. 以消费者价值主张为核心

数字技术的创新与发展赋予企业接近消费者价值主张的能力，主要体现在以下三个方面。

第一，更精准地划分消费者群体。以往缺少数字技术的赋能时，企业只能粗略地对消费者群体进行分类，主要基于性别、地域、年龄等人口学特征。随着数字技术的发展，企业可以依据更多的指标对消费者进行更进一步的分类，包括个人兴趣、价值观、消费偏好/习惯等。以中意人寿为例，大数据工程师和行业专家结合保单数据、客户数据等，利用不同的模型和算法，生成客户多样化标签，据此对客户进行分组，以帮助业务人员区分客户的重要程度和购买力。

第二，深刻理解消费者内在的真实需求。消费者的真实需求往往具有模糊性、不确定性及易变性等特征，能否把握消费者的真实需求决定了企业是否具备核心竞争力。一直以来，企业洞察消费者需求往往依托于市场调查，需要依赖客户数据以及大量的问卷调查。数字化技术尚未大规模运用时，一方面，企业无法获取所有消费者的数据；另一方面，在进行问卷调查时，区域和样本会受到极大限制，因此最终的结论对于业务策略的正确导向性受限。而在数据爆发的数字经济时代，各类 AI、大数据技术的发展，使企业能够快速获取消费者大量的数据，并且能够进行动态的、多维度的分析，进而更接近消费者的真实需求。

第三，低成本、精准化匹配消费者的需求。数字化技术在帮助企业细分消费者群体、洞察消费者真实需求后，最终的价值体现在能够通过多维度的数据分析与模型预测等手段提升满足消费者需求的能力。在电商平台上，从消费者的搜索记录，到浏览的商品页面，再到最终的购买行为（包括购买的产品的特性、价格等），都会被转化为企业可用的数据。通过对数据进行挖掘与分析，可以得到较为准确的消费者偏好以及预算约束等信息，企业可以据此精准地匹配消费者的需求。例如，淘宝的推荐页面依据消费者过往的数据为其推荐感兴趣且可以负担的商品，能够以低成本促进购物转化。

2. 大规模定制化供给

工业经济时代，企业会批量生产标准化的产品，以实现快速的大规模生产，发挥规模效应，但是这破坏了产品的稀缺性，而且产品一般提供给需求相同的消费群体。数字经济时代，多样化、个性化成为消费者需求的新特征，"智能制造"（本质上属于生产流程的数字化创新）可以结合数据分析与生产制造，形成智能化解决方案，不仅满足消费者的个性化需求，同时也实现了产品的规模化生产。

例如，西门子提供了汽车行业解决方案，使汽车制造企业能够根据消费者希望的汽车样式（颜色、发动机、车型等）进行批量定制生产。对于不同车型，系统能够从仓库调出所需的动力总成托盘以及其他配件，自动排成相应的生产序列，最终实现一条生产线同时生产多种不同车型。

2.2.4 供给质量和效率提升

数字经济呈现创新性高、渗透性强、覆盖范围广的特性，能够驱动实体经济体系重构，提升供给质量和供给效率。随着大数据等数字技术的应用及各类互联网基础设施的全面加强，企业提供产品或服务的形式转变为线上，同时，各类数字经济平台的出现，使交易不再受时间、空间的限制，降低了供给方和需求方的信息搜寻成本，一定程度上缓解了传统交易中几乎不可避免的信息不对称问题，提升了供需匹配效率。市场上海量的交易数据能够反哺机器学习、人工智能和大数据等技术，通过不断的模型训练，使平台经济能够更精确地匹配交易的供需方，强化市场的资源配置功能，提升供需匹配效率。此外，数字技术的发展与应用以及企业的数字化转型都使企业大规模定制化成为可能，能够满足消费者差异化的需求，适应供给侧结构性改革和消费升级的趋势。

2.3 数字经济与产品差异化

产品差异化是企业塑造产品个性、建立特定客户群、获取市场势力的重要战略。在现实生活中，我们难以找到两种可完全替代的产品，不同产品之间或多或少都存在着某些异质的特征。部分消费者出于对特定品牌的钟爱，或是对优质售后服务的追求，或是对发货时效的要求，宁愿承担稍高的价格，也要选择购买某一产品。在数字经济时代，随着信息技术的完善，数据存储、复制、计算、传播的成本大幅降低，且效率大幅提高，这对产品差异化产生了重大影响。尤其是数字技术驱动的电子商务等新型商业模式，提升市场上买卖双方的匹配效率，进一步丰富了产品种类。

2.3.1 产品差异化的概念

消费者的认知是产品差异化界定的标准。也就是说，当消费者笃定两种产品不尽相同、不可替代时，无论在客观上是否存在实质性区别，我们都认为这两种产品存在产品差异化（product differentiation）。

以瓶装水为例。尽管在传统上，水被大多数人视为不存在差异化的产品，但企业通过精妙的品牌塑造与广告营销，说服消费者相信不同品牌的瓶装水之间存在差异。从表 2-2 中不难发现，市场中的水在销售主题、细分子市场与价格上都存在较大区别，因此在销量上的表现也各不相同。

表 2-2　瓶装水市场中不同品牌产品的销售主题与市场表现

品　牌	细分子市场	价格/元	销　售　主　题	2018 年 1 月销售量/t
农夫山泉	天然饮用水	2（550 mL 装）	农夫山泉有点甜	65 331.45
怡宝	纯净水	2（555 mL 装）	你我的怡宝	34 411.66
百岁山	天然矿泉水	3（570 mL 装）	水中贵族	18 752.37
康师傅	纯净水	2（550 mL 装）	选安心，选健康	16 555.84
娃哈哈	纯净水	2（596 mL 装）	让水回归纯粹	9 583.08
昆仑山	天然矿泉水	4（550 mL 装）	水的质量决定生命的质量	362.49

2.3.2　产品差异化的来源

产品差异化主要从两个方面产生：一是产品自身的客观特征区别，如颜色、形状、大小、材质、交易形式、售后服务等；二是消费者的主观认知区别，如口味、习惯、心理因素等。即便是相同产品，不同消费者对其主观认知也可能相去甚远，造成这种现象的重要原因之一在于信息不完全。当消费者面对种类繁多、技术复杂的产品时，由于时间、精力与认知水平的局限性，其通常无法对产品信息进行广泛收集与充分解读，这导致消费者的购买决策往往建立在不完全信息的前提条件下，从而使不同消费者对相同产品持有不同认知与评价。这样，当某一商品采取降价促销行为时，只会吸引一部分关注到其价格信息的消费者，而其他没有接收到价格信号的消费者的购买决策并不会发生改变。因此，源于主观认知的产品差异与源于客观特征的产品差异在结果表现上是一致的。

此外，转换成本（switching cost）的存在，也是导致不同消费者对相同产品产生认知分歧的重要原因。在很多情况下，消费者需要承担更换供货商的代价。比如，一个熟悉 iOS 系统的消费者需要更换一部配置 Android 操作系统的手机时，还需要付出适应新操作系统的学习成本，并需要为重新购买能够适配新操作系统的软件支付成本。前面的分析对转换成本同样适用：当某一商品降价时，如果降价的幅度无法覆盖转换成本，消费者仍然不会改变其购买决策。

2.3.3　均衡产品种类

对于市场中产品种类的均衡的决定，我们将借助张伯伦（Chamberlin，1933）提出的垄断竞争（monopolistic competition）模型，从产品差异化的角度予以讨论。

假设市场中存在着大量企业，且企业所服务的消费者均为同质的，即消费者选购产品的范围是全部企业，因此，任何企业的价格变动对其他企业的需求所产生的影响都是微乎其微的，各企业均面临一条从左上方到右下方的需求曲线。同时假定，企业可以不受限地进出市场，也就是说，固定成本或进入成本是企业进入市场时需要付出的唯一代价。值得强调的是，在这样的前提条件下，获得超额利润与产生亏损的企业都是不会出现的，每个企业均在零利润上达到长期均衡。其原因在于，一旦市场中在位企业取得了超额利润，便会吸引新的企业进入市场，压缩在位企业面临的需求空间，从而使利润降低直至为零。

需要注意的是，假设中所提到的：一家企业的价格变化只能对其他企业的需求造成微乎其微的影响，在现实中几乎不可能满足。因为这意味着，各企业所生产的产品彼此间无法替代，不构成竞争关系。但在这里，我们可以基于产品差异化的角度重新对垄断竞争模型进行解读：当市场中的产品间彼此不可替代时，我们可以将模型探讨的重点放在垄断竞争市场中产品种类的决定问题上。

在社会最优产品种类决定的问题上，存在着这样的质疑：与社会福利最大化时的最优产品种类相比，垄断竞争意味着市场上存在过多的企业（即产品种类），此时单个企业存在过剩生产能力。在图 2-1 中，AC 代表企业 i 的平均成本曲线，描绘了企业 i 以产量 Q_i 生产时所需的平均成本。D 代表企业 i 面临的剩余需求曲线（residual demand curve），该曲线由市场中其他企业的定价 P_{-i} 与企业 i 的定价 P_i 共同决定。由于企业可以自由进出市场，因此企业的利润为零，也就是说，企业 i 会在剩余需求曲线与平均成本曲线相切的点 (P_i^E, Q_i^E) 处生产。但从图中可以看到，实际生产点 (P_i^E, Q_i^E) 与平均成本最小化生产点 (P_i^*, Q_i^*) 相比，生产数量较少且成本更高，也就是说，这样的生产并没有穷尽规模生产的经济效益。

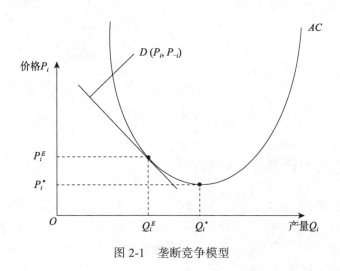

图 2-1　垄断竞争模型

但是，这一观点并不完备，仅锚定于规模经济效益进行论证是片面的。对消费者而言，

若企业 i 的产品进入市场能够丰富现有产品种类，创造新的产品差异，让消费者享有前所未有的体验，也是增进消费者福利的方式。

对于最优产品多样化的决定，Carlton 等（1990）给我们提供了这样的一种分析思路：假定产品种类 n 完全反映了产品差异化带来的价值，即产品种类的数量与消费者福利呈正相关关系。并且，所有产品按照相同的生产函数进行生产且面临相同的需求曲线，那么在均衡时每种产品的产出量 q 也将相同。

在图 2-2 中，PPF 表示生产可能性边界（production possibility frontier），即在固定投入水平下，社会所能产出的产品种类与产量的可行组合 (n,q)。而图中的无差异曲线概括了社会对于产品种类与产量间选择的偏好。无差异曲线与 PPF 在点 $D(n^*,q^*)$ 相切，该点为社会最优的产出——多样化组合。所有位于 D 点所处无差异曲线下方的无差异曲线上的点，所代表的社会境况都要更糟糕；所有位于 D 点所处无差异曲线上方的无差异曲线上的点，均超出了社会生产可能性边界，因此无法被生产。点 A 和点 B 均代表着合理存在的垄断竞争均衡，其中，A 点拥有着较多的产品产量与较少的产品种类，而 B 点恰好与此相反，拥有着较多的产品种类与较少的产品产量。经济的偏好与生产函数决定最终垄断竞争均衡将处于 A 点、B 点还是 D 点。

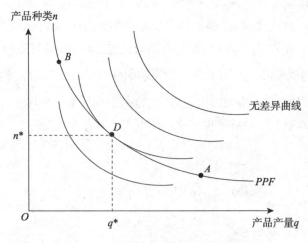

图 2-2 社会最优与垄断竞争均衡

2.3.4 数字经济对产品差异化的影响

随着数字经济的兴起，传统的市场交易形式得以革新，这给经济社会带来了巨大效益，特别是电子商务的飞速发展，使市场在匹配交易双方时突破了时空限制。数字技术优化了数据存储、计算、复制与传播的效率，同时降低了所需耗费的成本，而成本对于经济行为的作用效果极为显著。因此，在数字经济时代，产品的多样性将会发生一定变化。

在一场交易的最初阶段，消费者需要获取所需商品的厂商、价格、质量、服务等信息，无论是线下挑选还是线上搜索，只要是涉及搜集信息的活动，都需要耗费成本，这就是搜寻成本（search cost）。自斯蒂格勒（1961）首次提出搜寻成本理论之后，学者对搜寻成本的解读主要分化为两类：一是认为搜寻成本源于消费者为消除信息不对称而搜寻产品相关资讯的行为，从而将搜寻成本划分在交易成本之中；二是将搜寻成本看作一种协调成本，是消费者为获取详细的商品信息而作出的购买前投资。尽管对搜寻成本的定义存在一定争议，但其所传达的核心观点都是：寻找信息需要耗费成本。

数字经济背景下，电子商务、搜索引擎、网络论坛等互联网平台聚合了数不胜数的信息，并为使用者提供了便捷的查找、筛选和排序工具，因而，消费者能够更轻松地寻找与比较意向交易商品的信息，这大幅降低了搜寻成本。

此外，根据中国物流与采购联合会发布的数据，2023 年，中国社会物流总费用占 GDP 比率约为 14.4%，高出欧盟平均水平 5%，特别是制造业企业，其生产成本中有 30%~40%被物流成本占据，远高于主要发达国家的 10%~15%。可以得出，削减企业生产成本、提升经济运行效率可以从降低运输成本（transport cost）的途径入手。

在数字经济时代，随着数字化物流管理平台的广泛应用，企业能够基于需求规划配送方案，在保证时效的同时最大化降低运输成本。不同的分销商还能通过一致的物流体系将产品送达周边区域的消费者手中，从而实现范围经济，有效降低运输成本，进一步推动企业生产力的发展。

在低搜寻成本与低运输成本的驱动下，市场中的产品多样性得以提高。在传统市场中，大约 80%的产品销量仅由 20%种类的产品所贡献，这一现象符合"二八定律"。其中，生产量和销售量名列前茅的少数主流产品为明星产品（popular product）；其他种类丰富但应用场景单一的产品为利基产品（niche product）。在以往的线下市场中，企业由于生产成本与信息传递渠道的限制，无法支付匹配较小目标客户群体所耗费的高昂费用，因而将生产的目标集中在多数消费者需要的明星产品上，而少数消费者需要的商品将会被放弃。但在数字经济时代，随着搜寻成本和运输成本的降低，少数明星产品主导销量水平的现象受到颠覆，大量原本冷门的利基产品销量不断攀升，形成了凭借多样化优势在销量总和上超越明星产品的长尾效应（long tail effect）。

Anderson（2006）提出长尾效应，认为电子商务促进了利基产品的销售，且增加了市场中的产品多样性从而提升消费者剩余。他采用"长尾理论"对此进行解读：对商家而言，数字化降低了产品的储存与运输成本，电子商务平台提供了产品展示与销售的渠道。当产品的生产成本和销售成本大幅下降，以致个人都有能力进行生产售卖时，以往被忽略的冷门产品也能形成利润。与此同时，这些销量不高的产品所占据的共同市场份额却格外可观，甚至超越了明星产品，这促使商家更有动力去满足消费者多样的需求。对消费者而言，数字化降低了搜寻成本，使消费者能够关注到冷门产品信息进而达成交易。在两者共同作用下，市场中的产品种类得以拓宽，销售趋势逐渐向利基产品偏移，汇集成了一条"长尾"。

我们以亚马逊电商平台和传统大型实体商店为例。从表 2-3 中可以直观看出：亚马逊电商平台能够为消费者提供 180 万种不同的书籍，而传统实体商店仅有 10 万种不同的书籍。

表 2-3　电商与实体渠道产品多样性比较　　　　　　　单位：种

产品类别	亚马逊平台	传统实体商店
书籍	1 800 000	40 000～100 000
CD	250 000	5 000～15 000
DVD	18 000	500～1 500
数码相机	213	36
MP3 播放器	128	16
扫描仪	171	13

这表明，电子商务极大丰富了产品多样性，消费者能够在电商平台寻找与比较在实体商店中无法购买的上百万种书籍。此外，音乐、电影与消费电子产品也在产品种类上存在着巨大差异。

2.4　数字经济与价格歧视

数字经济下的市场环境有别于传统市场环境。伴随着数字技术的发展与交易环境的变化，企业获取和使用信息的能力不断提升，这为企业的产品定价策略选择与实施提供了更广阔的空间，因而价格歧视的表现形式也更加丰富。

2.4.1　追踪成本与价格歧视

追踪成本指获取、记录与追踪用户的搜索、交易等行为信息所需的成本。数字化的交易环境能够将用户的活动信息以"比特"形式记录与存储，从而使追踪活动的成本大幅降低。低追踪成本使企业能够记录更为完备的用户行为信息，这为个性化服务与一对一市场的发展提供了更大可能。通过追踪用户行为，企业得以实现对用户消费偏好与支付能力的精准画像，进而推断出用户的需求弹性，通过价格歧视的手段实现利润最大化。

价格歧视（price discrimination）被庇古（Pigou，1920）划分为以下三个级别。

一级价格歧视即完全价格歧视，是指垄断企业对每个消费者关于每单位产品的最大意愿支付货币量充分了解，并将其确定为价格，以攫取消费者的全部消费剩余。其中的典型例子就是拍卖。

二级价格歧视是指垄断企业依据消费者的需求曲线划分区段，产品价格因购买数量而异，消费者的部分消费剩余被垄断企业获得。数量折扣和数量补贴就是其中的代表。

三级价格歧视是指垄断企业根据市场划分消费者群体，并索取不同的价格，超额利润在高价市场上实现。例如，公园对成人票、儿童票、老人票和学生票收取不同的票价，就属于三级价格歧视。

一般来说，价格歧视的成功实施至少需要满足三个条件：一是企业拥有将价格制定在边际成本之上的市场势力。也就是说，企业面临的需求曲线向下倾斜，当价格提高时，还会拥有部分消费者。二是需求曲线显性，企业对消费者的意愿价格具有完全信息。三是企业能够限制消费者间的转卖与套利活动，将市场进行分离。结合以上条件可以发现，在数字经济时代，企业能够以较低的成本推断出消费者对每一产品不同价位的支付意愿，这为价格歧视的成功实施提供了更大的可能。

2.4.2 数字经济下的价格歧视策略

1. 个性化定价

自 2018 年以来，不断有消费者反映自己被大数据"杀熟"，如通过某旅行服务网站订购同一酒店的相同房型，自己账号上显示的价格为 380 元，而朋友的账号上为 300 元。某些视频网站还会根据手机品牌制定不同的收费标准，使用苹果手机的用户购买会员的价格将高于其他用户 5~35 元。北京市消协的一项调查显示：在对常用 App 的 57 组模拟消费体验中，40%的样本对新老账户的报价存在差异。

直观地说，大数据"杀熟"本质上对应的是个性化定价，相当于一级价格歧视。早在 2013 年，英国公平交易署便对个性化定价给出了定义，即企业以消费者的特征与行为信息为基础来推断消费者的购买能力，最终对每一消费者实施差异化的收费标准。对于企业而言，老用户积累着更多的浏览痕迹、交易记录甚至是活动轨迹等数据，因此能够更精确地定位用户特征，进而推算出其保留价格（reservation price）并以此进行个性化定价，此即所谓大数据"杀熟"。

2. 版本划分

版本划分（versioning）则是设定不同价格与配置的同一产品系列，让消费者自行选择所需版本，相当于二级价格歧视。版本划分是信息产品常用的差别定价手段，信息产品是指可以被数字化并能实现在线交易的产品，分为信息服务（门户网站、原创内容平台、咨询交流平台等）与信息商品（软件、出版物、音/视频等）两类。在数字经济时代，信息产品的存在与传播方式逐渐转化为数字形式，且其规模经济性被进一步放大。信息产品的成本结构有别于其他产品，成本主要由生产成本贡献，复制成本几乎为 0。技术水平的提升进一步降低了信息产品的边际成本，使产品的规模经济特征得以强化。

企业通常采用以下 3 种方式对信息产品进行版本划分。

（1）基于功能的版本划分，即企业通过限制部分功能制造产品的版本差异。例如，Adobe 向用户提供不同功能的应用软件，用户可以根据自己的需求订购一个（如 Photoshop）、一系列（如摄影套组）甚至是全部的应用软件。如此实行版本划分的优势在于，企业在不影响具有完整功能需求的消费者群体的购买决策的前提下，还可以从需要使用部分功能但对价格较为敏感的消费者群体中获取部分收益。

如图 2-3 所示，仅需要部分功能的消费者的需求曲线位于需要完整功能的消费者的需求曲线下方，两者并不相交。因此，基于功能的版本划分方式并不会影响需要完整功能的消费者的需求，并以提供部分功能的形式囊括了新的消费者群体。但需要注意的是，削减产品的功能需要支付额外的成本，甚至还会非常高昂，从而造成部分社会福利的损失。

（2）基于性能的版本划分。有别于基于功能的划分，该方式对不同版本的产品均保留了完整功能，仅在性能水平上体现差异。例如，在线视频媒体平台为相同影片提供无须付费即可观看的低画质版本和需要购买会员观看的高清版本。

如图 2-4 所示，基于性能的版本划分方式一经有效运用，就有更大的可能改变用户支付意愿、激发用户升级及吸引新的消费者入场，以攫取更多利润。

（3）基于时间的版本划分。该方式与基于性能进行划分的区别在于：产品在性能上保持完全一致，企业依靠对传送时间的把控进行版本划分（图 2-5）。例如，Quote 向用户提供研究报告，若用户迫切希望获得最新的行业信息，就需要向企业支付更高昂的费用。

合理的版本划分能够有效地激发消费者的自选择行为，从而区分不同需求的用户群体，最终实现价格歧视。

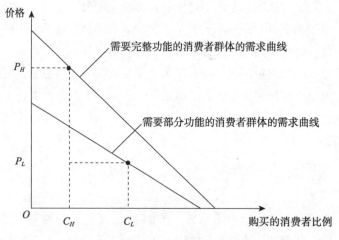

图 2-3　基于功能的版本划分

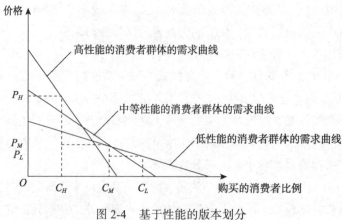

图 2-4　基于性能的版本划分

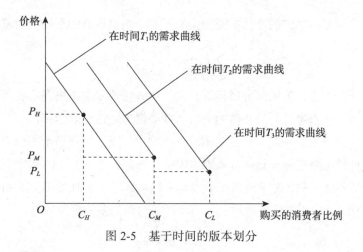

图 2-5 基于时间的版本划分

3. 捆绑销售

企业将不同的产品组合在一起一同出售,便可称为捆绑销售(bundling),这是一种典型的准价格歧视形式。相较于传统产品,具有低边际成本特征的信息产品更适用于捆绑销售。在数字经济的背景下,企业对信息产品进行组合的运作成本也极其低廉,这进一步激励了企业实施捆绑销售策略。

捆绑销售能够为企业带来诸多好处:第一,同一企业对多个产品的联合生产往往能够实现范围经济。第二,捆绑销售能够使企业在商业竞争中占据优势,例如,企业可以将新产品与市场占有率较高的产品进行捆绑,从而迅速占领市场。此外,捆绑销售是实行价格歧视的有力工具,尤其当被捆绑的商品为非替代品时,捆绑销售能够帮助企业获取更多的消费者剩余。

捆绑销售策略创造更多收益的途径在于:捆绑销售能够聚集消费者的支付意愿。当不同的消费者对不同产品有差别较大的支付意愿时,企业难以对每个产品实现精准定价,这将导致产品价格要么位于较低支付意愿水平,要么企业直接放弃部分消费者群体。如果对产品采用捆绑销售,那么对某一产品具有过高或过低支付意愿的消费者将会被平均化,从而使企业能够以平均支付意愿出售产品,从而获得更高利润。

接下来,我们基于 Bakos-Brynjolfsson 模型,对其进行详细解释。

假设有 n 个信息产品,厂商生产信息产品的边际成本为 0,消费者对每个产品的需求均为 0 或 1 单位,且产品不允许被转售。同时,假定消费者对各产品的支付意愿 V_{ni} 独立,且在 [0,1] 的区间内均匀分布。那么,由中心极限定理可知,全体消费者对产品 m 的支付意愿 V_m 将服从正态分布。我们假定支付意愿的均值为 μ,方差为 σ^2,有

$$V_m \sim N(\mu, \sigma^2)$$

此时,若将两件产品进行捆绑销售,则消费者的平均支付意愿为

$$\frac{V_1 + V_2}{2} \sim N\left(\mu, \frac{\sigma^2}{2}\right)$$

进一步地,如果将捆绑的产品扩充到全部产品,则消费者的平均支付意愿为

$$\frac{1}{n}\sum_{m=1}^{n}V_m \sim N\left(\mu, \frac{\sigma^2}{n}\right)$$

由图 2-6 可以看出,采用捆绑销售后,在均值 μ 附近聚集了更多消费者对产品的支付意愿,也就是说,消费者对产品估值的分散程度被捆绑销售有效削减。

最后,将用户数量归一化,产品的需求曲线则由一条线性逆需求曲线 $P=1-Q$ 表示。将两种具有线性需求曲线的产品进行捆绑销售后,将会形成一条"S"形的需求曲线。随着捆绑商品数量的不断增加,需求曲线将会趋向于"方形"。厂商能够从需求曲线下方提取更多的利润,如图 2-7 中阴影区域所示,同时将产品推向更多的消费者。

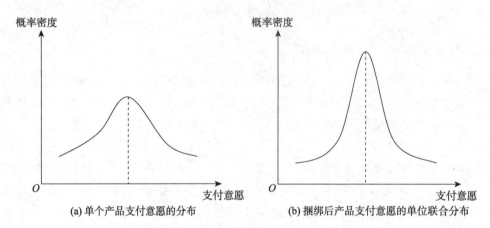

图 2-6 捆绑策略实施前后消费者的支付意愿分布

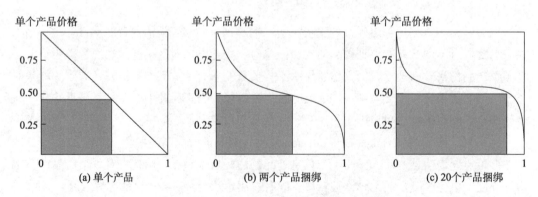

图 2-7 单个、两个与 20 个产品捆绑的需求情况

2.5 数字经济的福利效应

回看人类历史上的重大通用技术变革,从蒸汽机技术到电力技术再到信息技术和数字技术,每一次技术变革都实现了资源重新配置与优化。以数字技术为核心的数字经济蓬勃

发展，改变了传统的生产方式和管理模式。新技术、新业态、新模式屡见不鲜，极大地改变着人们的生活方式，这些在本质上都是各种生产要素的重新配置，必然会影响社会福利。在全球经济都在经历数字化变革的大背景下，如何理解数字经济对社会福利的影响是一个重要课题。

经济学中，社会福利包含生产者福利与消费者福利，数字经济对生产者剩余的影响可以通过量化数字产品和服务的生产及其对 GDP 的贡献（如美国经济分析局的数字经济测度以及中国信息通信研究院构建的数字经济指数）来衡量，即当前对于数字经济的测度在一定程度上能够体现生产者剩余的变化。豪斯曼认为，消费者福利很大程度上决定社会福利。本节主要从消费者剩余视角探讨数字经济对社会福利的影响。

2.5.1 消费者剩余理论

消费者剩余又称买方剩余，是衡量消费者超额收益的经济指标，通常使用消费者愿意为某种产品支付的价格与其实际支付的价格（即市场均衡价格）之间的差额来计算。如图 2-8 所示，消费者剩余可以用需求曲线以下、市场价格线以上的面积来标识，即阴影部分面积表示消费者剩余。消费者剩余理论的假设前提为消费者效用可测量。由于每增加一个商品单位所产生的效用通常会随着购买数量的增加而减少（边际效用递减），商品的价格只反映最后购买单位的效用而不是所有单位的效用，因此，总效用将超过总市场价值，消费者得到了"剩余"。

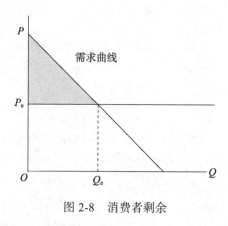

图 2-8 消费者剩余

2.5.2 数字经济发展对消费者福利的积极影响

我们从数字经济发展对消费者福利影响最显著的三个角度来进行分析：第一，企业的数字化带来规模效应，有可能实现产品价格的降低，消费者的福利将因此增加；第二，免费的数字产品和服务取代了过去很多需要付费的产品，消费者的福利由于免费而增加；第三，商品和服务的在线化能够以更低的价格供给消费者产品，同时，提供给消费者的产品类型更加丰富，消费者的福利因此增加。

1. 企业数字化降低产品价格，增加消费者福利

数字技术在企业生产和管理等环节中的应用能够帮助企业达到降本增效的目的。各类数字技术在产品生产以及制造过程中的应用，能够帮助企业实现流程的自动化以及全过程的智能化，进而帮助企业在减少生产及制造成本的同时提升效率；在产品营销环节，企业利用大数据技术，通过对消费者数据动态地、多维度地分析，能够实现精准营销，降低销售等环节的成本；在产品交易环节，企业通过各类线上交易平台，能够低成本地实现产销结合、供需的高效匹配，降低企业的仓储成本。数字技术在企业生产等环节的渗透有助于降低边际成本，形成规模效应。此时，产品价格的降低才更有可能实现（产品降价的空间更大）。而当产品价格降低时，消费者福利会相应增加（如图 2-9 所示，当产品的价格由 P_1 下降到 P_2 时，消费者剩余增加，增加的部分为阴影部分 B）。

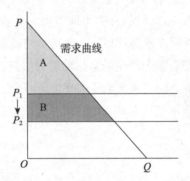

图 2-9　商品价格降低增加消费者剩余

2. 免费的数字产品和服务增加消费者福利

数字经济时代存在一个普遍现象：得益于网络以及各类数字技术的迅速发展与普及，以及互联网公司在商业模式上的创新（大多互联网平台不直接向用户收费，而是以广告模式进行盈利。比如，百度百科、抖音的普通用户无须付费便可以享受平台的内容服务，而平台通过帮助企业进行广告投放获取主要收入），以往需要消费者支付一定金额的商品或服务转变为免费的数字商品和服务。

以大英百科全书与维基百科为例。曾经，大英百科全书的售价高达上千美元，维基百科则免费提供给消费者，并且维基百科上的信息数量和质量都远超大英百科全书。通过图 2-10 可以看到，当维基百科取代了大英百科全书（百科全书类产品转变为在线百科）时，消费者能够获得大量的消费者剩余：消费者剩余由左图的阴影部分 A 增加到了右图阴影部分，即消费者剩余增加的部分为"B+C"。Brynjolfsson 等（2018）在研究美国消费者时指出，针对维基百科所提供的服务，消费者给定的估值中位数约为 150 美元/年，但实际上支付的价格为零，由此可见，免费的数字产品能够使消费者从中获得大量的消费者福利。同样地，

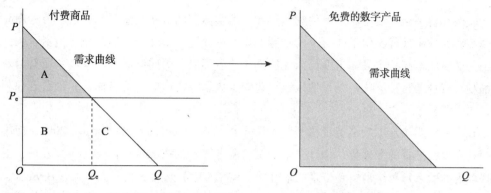

图 2-10 免费的数字产品和服务带来消费者福利增加

过去人们如果需要进行文字交流，只能以发短信的形式进行，每条短信 0.1 元左右，而如今各类移动社交平台（微信、QQ 等）都能够让人们免费进行实时在线交流，消费者从中获取的消费者剩余增加。

3. 线上销售渠道带来的消费者福利增加

伴随着信息技术、电子网络的发展，很多产品和服务在互联网上交易成为可能。互联网零售商能够使消费者通过各种智能终端（计算机、平板、手机等）浏览商品信息并且线上完成交易。与传统的实体零售商相比，互联网零售商更为显著的特征在于拥有几乎无限的"虚拟货架"，无限扩充了商品 SKU，便捷地提供给消费者更多的产品选择。消费者即便是通过手机浏览，一块 6 英寸的手机屏幕也能够"放得下"成千上万种商品。在线销售对于消费者福利的总效应可以分为两部分：现有产品价格变化产生的价格效应和产品种类增加产生的品种效应（Brynjolfsson et al.，2003）。

1）价格效应：现有产品价格降低

线上渠道的价格效应本质上是企业交易环节的数字化引致产品价格降低带来的消费者福利增加。线上零售渠道具有运营效率更高的特点。同线下门店相比，线上零售无须支付高昂的门店租金、水电费用，同时也省去了批发商、经销商等中间环节，运营成本更低。产品价格与线下相比，定价更低的可能性更大。Brynjolfsson 和 Smith（2000）计算得出，同线下零售商相比，互联网上产品的价格会低 6%～16%。Brynjolfsson 等（2003）也对价格降低带来的消费者剩余进行了估算：由于互联网上所有书籍价格低 6%～16%而增加的消费者剩余在 8 000 万美元至 1.5 亿美元之间。

2）品种效应：可选产品种类增加

以淘宝为例，书籍类卖家（单店）能够在线发布的商品数量的上限为 30 万件（可以发布 30 万种书籍），而近年来备受年轻人欢迎的西西弗书店平均一家店的书籍种类约为 2.3 万种，在线书店与线下门店相比，可展示给消费者的种类更多。Brynjolfsson 等（2003）对比了亚马逊与一家典型的大型实体零售超市提供的商品数量（表 2-3），发现亚马逊与传统超市在书籍、音乐、电影和消费电子产品等产品种类的提供上存在巨大差异。消费者能够通过互联网零售平台在线搜寻、评估和购买在当地实体店的货架无法买到的数百万种商品。在线零售商的出现就类似于在每个购物者的桌面上放置了一个专卖店，允许消费者购买此前因为交易成本高、产品知名度低而无法购买或者不愿购买的产品，这提高了所有消费者的福利，特别是对于居住在偏远地区、周边缺少大型零售店的消费者而言，消费者福利提升会更为明显。

在产品种类增加影响消费者福利的实证研究方面，Goolsbee 和 Petrin（2001）使用个人消费者电视选择的数据集，估计了电视交付服务需求的离散选择模型。研究发现，卫星直播电视的引入每年给消费者带来的福利收益在 4.5 亿美元到 5 亿美元之间。Brynjolfsson 等（2003）以"无名的书籍"（可理解为小众的书籍）为例，估算产品种类增加带给消费者的价值，研究结果显示，在 2000 年，线上交易市场引入"小众"书籍（新种类），使消费者福利增加了 7.3 亿~10 亿美元。

2.5.3 数字经济发展对于消费者福利的负面影响

数字经济的发展取得了显著成效，其在促进消费者福利增加方面发挥的作用也有目共睹，然而数字经济发展中一些可能影响消费者福利的潜在问题也初现端倪。

1. 数据隐私和数据安全问题

数字经济的典型特征是把海量的、多维度的、实时的数据转化为"大数据"，基于"大数据"提供各类产品和服务，使消费者和商家都能从中获益，但是这也滋生了数据风险。消费者在互联网上产生的行为数据掌握在互联网企业手中，互联网企业能够根据消费者偏好和购物特征，进行价格歧视（大数据"杀熟"）。同时，对于消费者数据的广泛收集也增加了个人隐私泄露的风险，一旦网络安全环境不到位，造成消费者的个人信息泄露，还会引发网络诈骗等诸多问题，影响消费者福利。

2. 市场集中和垄断

因为规模经济、范围经济及强网络效应的存在，数字经济往往容易带来市场集中度的提升。当平台积累了大量的初始用户数据时，平台就可以利用这一先发优势获得更多的市场份额甚至形成寡头垄断。这种市场上的高集中度和垄断现象可能会影响消费者获得产品和服务的质量和价格，限制消费者自由选择权和公平交易权，减少消费者福利。

1. 简述数字化企业的典型特征。
2. 简述实施价格歧视需要满足的基本条件。
3. 简述数字经济促进利基产品销量增长的主要原因。
4. 简述数字经济发展对消费者福利可能存在的负面影响。

扫描此码

自学自测

第3章 数字经济发展的技术基础

【本章学习目标】

1. 了解什么是数字技术，掌握数字技术的特性；
2. 掌握"ABCD+IoT"技术的概念及其应用；
3. 理解数字创新的含义和特性；
4. 结合相关案例，掌握数字创新的类型。

海纳云的数字技术创新

物联网：软硬一体的云边物联产品体系

在物联网领域，海纳云 IoT 物联网平台由"1"个基于标准物模型的核心框架＋"4"大开放服务＋"N"个应用模块组成，实现城市全域物联感知设备的统一接入、管理、支撑及数据共享等能力的整合。海纳云通过大量项目落地经验，识别物联网平台共性需求，抽象出通用平台能力，实现产品化封装。同时，对各类行业应用的个性化功能需求，采用插件化（接入）和模块化（应用）设计，实现80%以上的能力复用。目前已集成1 000＋种设备品类，接入终端设备1 200万＋，集成生态伙伴300+，并实现接入成本降低60%，开发周期缩短50%。

人工智能："场景算法"更精确、更实用

目前，"海纳云人工智能算法平台"已集成图像分类、目标检测、文本分析等9大类算法，针对城市应急、市政、城市治理、社区/园区等数字城市建设细分场景，打造了100＋种AI算法模型，支持算法算力调度、音视频智能解析、事件预测等服务。以智慧应急场景为例，海纳云在该领域自主研发了2大类共44种城市安全算法，赋能"青岛市安全风险综合监测预警平台"，并具备"云、边、端"快速部署模型能力。

数据分析：帮助城市思考、决策、运营

"海纳云数智平台"是一个多源海量数据服务平台，以业务应用为驱动，从对城市数据的全生命周期管理的角度，提出了包括海量存储（Storage）、高可扩展（Scalability）、安全（Security）和智能（Smart）的4S体系，重塑人—机—物新生态，让大数据真正驱动业务，帮助城市思考、决策与运营。

资料来源：海纳云入选中国信通院《高质量数字化转型产品及服务全景图（2023）》三大领域. 网易新闻，2023-07-31.

3.1 数字技术的特性

"科学技术是第一生产力"论断的提出,使全社会意识到了技术对于社会发展的重要作用。然而,技术并不是孤立自主的,技术形成于社会、发展于社会,是由社会主体创造的、能够在环境制约下实现特定需求的手段、方法和技能的总和,其本质是人的本质的体现。现实需求是技术演进的核心动力。随着消费者价值诉求不断提高,传统工业技术已无法实现与市场的快速对接,个性化、多元化的消费需求催生了数字技术的快速发展与普及应用。

凭借经济成本的广泛降低与资源配置的路径优化,数字技术已成为赋能社会经济发展的新动能,一系列依托数字技术的新产业、新业态、新产品不断涌现,"宅经济""非接触经济"全面提速,使中国市场仍能保持厚度与广度。本节将从数字技术的去物质性、渗透性与进步性三个维度探讨数字技术得以超越传统工业技术成为主流的原因。

3.1.1 数字技术的去物质性

传统经济时代的生产活动与交易活动都需要在规定的时间内、在特定的空间中进行。比如,公司、工厂有严格的上下班制度与工作地点要求,超市、书店有固定的营业时间与营业地点。对于生产部门来说,时间与空间的束缚加大了产品、工程全产业链全周期的管理难度。相较于生产活动,交易活动受物理时空约束的影响更大。第一,对于供给侧来说,即使店面选址在最繁华的路段,其辐射范围仍然有限,无法充分释放供给能力。大型商户尚且能够选择开设连锁店、分店以扩大供给范围,即使这种做法依然会遗漏部分潜在客户,然而小商户却难以承受巨大的成本投入,只能接受潜在市场的流失。第二,对于需求侧来说,固定的交易时间与交易地点表明,很大一部分交易的达成需要事先的出行安排。因此,至少两次的时间成本与机会成本的投入无形中降低了需求侧的消费意愿,阻碍了交易的形成。

数字技术构建出虚拟化的数字空间,使市场主体摆脱了物理时空的约束。生产活动中,数字孪生技术将现实世界映射至数字化空间,实现了现实物理系统向赛博空间数字化模型的反馈,赋能产品全生命周期管理、工程全生命周期管理、车间管控系统等工作场景,提升生产部门对系统功能与性能动态评估、实时监管的能力。产品的数字化生产划分为不同模块进行分包、众包,协作生产缩短了生产周期,提高了生产效率。交易活动中,交易达成前后各环节不再要求现实物质承载,交易场景由线下转为线上;挑选环节中,呈现图片、视频、文字详情的产品展示手段,汇集历史购买体验的声誉评价手段,参与直播的互动体验手段深化了消费者的身临其境之感;支付环节中,数字技术节约了信任达成的成本,陌生的交易双方在虚拟空间中通过技术建立的信任背书达成共识,进行了价值交换;收货环节中,消费者甚至不需要与供给方沟通即能通过可视化物流随时确认产品动态或自主进行产品的退换。线上交易过程中所有经济行为的发出时间不受限制，完成速度不断优化。网络购物越来越倾向于利用碎片化时间随时随地完成经济行为，最大限度地提高了供给方与需求方的灵活性。于供给方来说，成本的节约与线上的增益将逐步转化为生产多样化产品的激励；于需求方来说，时间颗粒度的缩短是个人价值提升的重要前提。

3.1.2 数字技术的渗透性

1. 数字技术在微观层面的渗透性

数字技术营造了一场前所未有的连接。通过以智能设备为载体的移动技术，获取人与人、人与物、物与物之间虚拟与实体的相互映射已经成为我们习以为常的生活方式。如我们一天的行程：清晨，人工智能助手呼唤我们起床，提醒我们今天的温度与适宜的衣物；穿戴完毕之后，我们打开网约车 App 发送出行订单；到达工作场所后，通过人脸识别系统验证身份；午休时间，登录外卖平台订购午餐、查看快递的物流信息、浏览社交平台的最新动态；下班后，购买一张附近影城的电影票并骑共享单车前往；电影结束后，登录生活服务类 App 寻找一家附近的好评餐厅；用餐中，机器人为你送来菜品；回家途中，在便利店买好明天的早饭并刷脸支付；回家后，在生活缴费平台缴纳水电费……这是我们最普通的生活。数字技术在人们的衣食住行中随处可见，满足着人民日益增长的美好生活需要。

然而，技术并不能脱离社会而独立发展，数字技术在为用户提供服务的同时也在记录着用户几乎全部的行为信息。除了用户主动交互产生的数据外，许多被动隐私数据也在不知不觉中被无感收集、内部分析。最简单的例子是电子商务平台的个性化推荐，我们惊诧于电子商务平台如此贴心，懂得我们的核心需求，却并未考虑到精准推送只是个人数据的再生产，数字技术为我们提供了低成本多维度的自我表达途径，平台仅是依托算力算法不断探寻消费者的个性化偏好，其实最懂你的还是你自己。

另外，数字技术实现个性化需求向标准化生产的渗透。随着生产力水平的不断提高，人类生理与安全的物质层面需求逐渐满足，精神需求已成为数字时代经济活动的重心。数字技术颠覆了由供给端向需求端传导的生产链条，赋能个体消费者参与消费品的个性化生产，突破了生产与消费之间的时滞，消费者亲自参与设计研发已成为企业数字化转型的常态。如小米开发小米社区，为用户交流玩机心得、向开发人员提出升级建议提供了开放环境。又如，耐克提供了用户个性化球鞋定制服务。颇具游戏化的个性服务功能激发了消费者的享乐动机与获益动机，调动了消费者广泛参与价值共创。

2. 数字技术在宏观层面的渗透性

生产要素与生产效率分布不均衡是我国经济飞跃发展的痛点。我国东西部劳动力吸纳能力、创业环境开放程度、居住环境等物理因素的共同制约，使地理位置成为影响经济发展的重要因素，造成了东西部经济发展的马太效应。数字技术作为更倾向于在虚拟空间创造价值的新技术，一定程度上缓解了由距离造成的经济差距，带来了相对普惠的经济发展。

对于消费者来说，数字技术为大部分地区的消费者提供了平等机会，医疗、政务、交通、物流等数字化服务正在快速扩大覆盖范围。《数字经济助力中国东西部经济平衡发展》的研究报告显示，2013—2018 年，"胡焕庸线"东西部两侧的电商数量比值下降了 28%；2014—2018 年，物流效率差距下降了 9.25%；2011—2018 年，移动支付差异下降了 39%，信贷服务使用差异缩小了 38%。缩小东西部差距的任务道阻且长，数字技术是为我们提供平等发展机会的重要抓手。对于生产者来说，数字技术的应用延伸了生产能力，激活了西部地区算力资源的比较优势。随着东部地区应用需求的增大，电力与能耗的成本压力激增，大数据中心向西部转移已是大势所趋。"东数西算"工程的开展不仅重新布局了西部地区的数据存储、数据计算产业，更作为新引擎拉动了制造业、服务业的快速增长。通过数据流引领带动资金、人才、技术等，不仅有助于打通中国东西部数字经济大动脉，也将为数字中国建设注入新动能。

3.1.3 数字技术的进步性

1. 数字技术对劳动力的替代效应

数字技术的进步性首先体现为，与传统工业技术相比，社会生产力得到解放，生产效率与生产规模不断提升。我国人口老龄化问题值得关注，改善劳动力的有效供给则是积极应对人口老龄化的重要举措。何谓"劳动力的有效供给"？即数量与质量两条路径的共同作用：一是劳动力供求均衡，二是劳动力质量提升。在我国人口红利逐渐消失的背景下，数字技术通过对人类器官、人类思维过程的智能模拟赋能传统产业，以"省人化"和智能化的人机关系带动新一轮技术革命。

我国世界工厂的地位一定程度上依赖于中低端产业中的密集劳动力。虽然对于"中国的世界工厂地位是否会被印度、越南取代"这一议题的观点不一，但我们需要认识到的是，面对低生育率与老龄化并行趋势，工厂模式吸引力不复存在，必然会导致劳动力价格上涨，中低端产业工人的剩余价值遭受挤压。截至 2022 年，中国工业机器人市场已连续八年保持全球首位，巨大的市场空间大幅降低了机器人的生产与运维成本，中低端产业中"机器换人"热潮兴起，浙江、广东、山东、安徽等地均在自身比较优势领域大力推行。数字技术脱离人工控制而自动完成搬运、装配、焊接等常规性的流水线工作，不仅带来了"省人化"的劳动力成本降低，而且能够避免重复性操作中的人为差异，降低失误概率，提高产品的标准化程度。

诺布尔提出，工业机器人有两种应用途径——"机器换人"和"人机协作"。有别于中低端产业，高端产业深耕于利用数字技术"延展工人的双臂"，以人工智能、大数据为代表的数字技术推动智能制造系统的建立，协助工人完成更复杂的系统性工作。在各生产环节之间建立的数字化连接实现了流程的可视化，管理人员可以随时通过实时数据掌握生产进度、安排资源调度、分析质检情况。可追溯的全流程监督能够显著降低人工问询、统计等冗余成本性支出，及时发现并纠正生产问题。在生产过程中，工人专注于价值更高的经济活动，主要负责智能设备的管理与产出品的复检，从而提高劳动生产率，产生规模效应。

然而，无论产业界或是学术界都充斥着正反两种声音：一种是数字技术的不断增智赋能加快劳动力自身进化的步伐，实现人类与智能系统交互协同的新文明；另一种是数字技术正在颠覆性地发展成为外在的异己力量，其对人公开或隐蔽的宰割使劳动力逐渐沦为智能系统的"附庸"。事实上，数字技术对劳动力就业的影响在不同社会发展阶段存在多种替代效应与补偿效应的对冲机制，区分不同阶段人机关系中的"人"究竟是具体的"人力"还是抽象的"人脑"或是意识形成的"人智"，是理性分析数字技术对劳动力市场影响的关键。

2. 数字技术提升市场多方参与程度

无论传统经济时代或是数字经济时代，信息搜集都是帮助市场主体进行决策的有效手段。假如你想租一套房子，怎样找到价格最经济、房型与位置最符合要求的房源呢？在数字技术出现以前，也许你需要先去到期望居住的地区寻找房产中介，阐述你的全部需求，根据中介人推荐走访多套房源。这种线下交易市场的寻找不仅费时费力，而且由于信息渠道的单一，并不一定能够找到最令你心仪的房源。甚至由于信息不对称，你可能并不会立即了解屋况全貌，需要承担在交易中处于不利地位的风险，导致交易难以达成。那么，假如你想出租一套房子，又如何尽快找到满意的租客呢？同样，在数字技术出现之前，你仍需要将房屋交付给房产中介，之后被动等待中介人带领租客上门。传统经济中的经济产品以不完整的甚至相互矛盾的形式分散在不同地方，因此受高昂的搜寻成本影响，参与市场程度并不高。通用产品尚且如此，稀缺产品的搜寻将会更加艰难，市场参与度也会更低。

然而，在数字技术出现以后，多个租房平台上线，信息渠道拓宽使用户的选择范围扩大，异地看房、AR 讲解、历史住户评价等信息提供服务改善了信息不对称现象，租户节省了许多时间和精力，信息获取成本有所降低；对于出租者来说，租房平台的出现降低了信息展示的成本。另外，通过数字技术不断对互联网新信息进行捕捉，所有者能够通过巧妙的关键词设定和及时的设施更新精准对接用户需求，提高房源被查看被问询的频率。租户与出租者因此进入更广阔的交易市场。

除了房地产行业之外，数字技术的不断涌现推动出行、餐饮、购物、零工等多领域企业入驻在线平台，进一步扩大了互联网对供给者与消费者的覆盖。线上市场的蓬勃发展增强了消费者获取信息的能力，激发了消费者对多样化产品的需求，打开了稀缺产品与利基产品的市场，赋予长尾市场中供给与需求存在的意义，如图 3-1 所示。此外，数字技术也提供了共享经济等新型消费形式，如爱彼迎、滴滴等平台。共享经济放松了商品所有权对成本的约束，深化了商品所有者与使用者的社会分工，二者在各取所需的同时规避了"中间商赚差价"的层层盘剥。社会闲置资源的激活带来了消费者剩余与生产者剩余的增加。

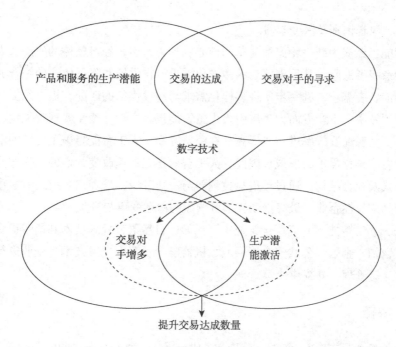

图 3-1 数字技术提高交易达成数量
资料来源：杨晓光. 数字经济的内在逻辑，2022-07-15。

3.2 数字技术的主要类型

党的十九大提出，要推动互联网、大数据、人工智能和实体经济深度融合，建设数字中国、智慧社会。数字技术、数字经济是世界科技革命和产业变革的先机，且正在成为改变世界竞争格局的重要力量。近年来，数字技术的加速创新正在重塑经济生活的各领域、全过程，发挥重要作用的数字技术包括"ABCD+IoT"技术（A 为人工智能，B 为区块链，C 为云计算，D 为大数据，IoT 为物联网）。其中，大数据是数字经济发展的基础要素；云计算是对数据进行处理的特殊手段和模式；区块链是解决数据集成、共享、协作问题的技术；人工智能是基于计算机技术模拟人的行为和思维模式并作出相应智能化决策的技术；物联网是数字经济时代的基础设施。数字技术与国民经济的不断融合，催生数字产业的进一步发展。

3.2.1 人工智能

人工智能（artificial intelligence，AI）是计算机科学的一个分支，本质是利用不断优化的算法模型对图像、语音、语义等海量数据进行识别并对人的思维过程进行模拟。通过对人类思维的模拟，科学家创造出一种能够做出人类反应的智能机器。人工智能技术发展日新月异，已经应用于经济社会生活的很多领域。相关技术包括机器学习、计算机视觉、自然语言处理、语音识别及深度学习。

人工智能已经成为新一轮产业变革的核心驱动力，引领经济整体的发展。人工智能在需求侧激发消费者意愿，满足消费者的多样化需求。在供给侧降低生产的综合成本，适应不断变化的消费者需求，进一步实现多样化需求与高效供给的匹配，极大地提升生产效率和经济运行的效率。生产方面，工厂引入人工智能技术之后，逐步实现智能化、可视化及高质量生产，资源配置效率进一步提高。在消费方面，人工智能打破了传统的消费边界，促进了消费者多样化需求的形成。因此，人工智能正在加速改变人们的工作方式、消费习惯、思维模式及社会结构，通过推进科技创新与产业升级，培养出一批具有颠覆性潜力的前沿技术和高成长性企业，最终推动社会各领域的深远变革与进步。

近年来，人工智能不断应用于企业中。比如，自然语言处理技术和语音识别技术被应用于客服、营销、金融、公共安全等领域，机器学习、深度学习技术为企业进行风险分析和控制、供应链管理，并提供决策管理。

3.2.2 区块链

比特币的概念是在2008年的一篇论文《比特币：一种点对点式的电子现金系统》中提出的，2009年，首个比特币软件发布，比特币金融系统正式启动。而比特币的底层技术便是区块链技术。区块链（Blockchain）由区块和链组成。区块链本质上是一个大型的数据库，区块是这个数据库中的存储单元，记录了参与点对点网络维护下所有的交易信息。而无数区块按照特定的管理方式像链条一样被串联起来，便是区块链。这种特定的管理方式就是哈希算法，也就是链入区块链的本质，它以一种密码学的方式把每一个区块关联了起来。由于其特殊的链式结构，决定了区块链中信息的不可篡改与可溯性的特点，从而使整个数据库更加安全与可信。因此，区块链通过信用共建完成对数据所有权的确权，解决了数据集成、共享、协作的问题，进而体现出数据的价值性、归属性及隐私性。区块链具有去中心化、开放性、安全性和时间戳这4个特征。

去中心化：采用分布式记账，整个系统没有命令下达等中心管理机构，每个节点都可以复制并保存一个分类账，且每个节点都可以进行独立更新。任何节点的增加或减少都不会影响区块链的正常运行，解决了信任成本问题，降低了对第三方的依赖程度，同时也解决了之前交易速度迟缓的问题。

开放性：公开记账，每个节点都有一本账，让所有数据都在这本账上记录，包括账上每笔数额的变化都会被准确地记录下来，全部数据都是公开透明的。这样一来，用户可以随时知悉自己的账户余额及明细，全网任意账号的余额及变化情况都会被清楚地呈现。

安全性：任何交易的发生都需要节点进行确认，节点可以对这些更新进行投票，以确保其符合大多数人的意见。这种投票又被称为共识，共识一旦达成，分布式分类账就会自行更新并被保存下来。所有的操作只有加密的过程，却不能逆向解密，保证了其数据的绝对安全，从根本上杜绝了被篡改的可能性。

时间戳：区块链是由在时间上有序的记录块组成的一根链条，具有链式结构的特征。区块链中每一个区块不仅储存着与交易有关的信息，还携带着真实的时间戳，这使信息作假的可能性几乎为零。

区块链技术是一种新的分布式基础设施和计算范式，利用分布式网络实现信息处理分散化，利用共识机制建立节点间的信任，利用特殊的链式结构实现数据信息的不可篡改和可追溯性。基于以上特征，区块链技术正在成为新一轮产业变革的关键技术。一方面，区块链技术降低了交易成本，改善了企业面临的外部环境；另一方面，区块链技术具有的去中心化、开放性等特点解决了传统交易过程中的信息不对称问题，提高了经济的运行效率。因此，区块链技术成为数字经济发展的核心要素，其应用已经延伸至实体经济多个领域。

目前，我国已有众多省市在探索数据要素的利用中提及区块链，全国首份数据要素市场化行动方案《广东省数据要素市场化配置改革行动方案》提出，运用可信身份认证、数据签名、接口鉴权、数据溯源等数据保护措施和区块链等新技术，提高数据安全保障能力。北京市政府也提出，超前布局区块链，实现大规模区块链算法性能关键技术突破，通过汇聚激活超大规模的数据要素资产。

由于区块链共性技术的体现，其需要与人工智能、物联网、大数据等其他技术相结合，利用协同效应形成一体化解决方案，发挥更大效能，目前已有"区块链＋工业互联网""区块链＋大数据"等融合应用出现，后续多技术融合趋势也将日益明显。近两年，在政策驱动下，各地政府均积极推动区块链在政务服务领域的运用，促进智慧政务转型，政务区块链项目落地纷至沓来，出现了"i深圳"统一政务服务App、武汉"城市大脑"、北京"海淀通"等一系列具有代表性的共性应用。

3.2.3 云计算

云计算（cloud computing）是分布式计算的类别之一，工作原理是把庞大的数据处理任务拆解为若干个任务程序，利用"云"端大量服务器协调执行计算与分析，最后将小程序的分析结果返回至用户端。也就是说，云计算通过对硬件、网络等算力资源的整合，为用户提供快速安全的数据服务。与传统网络应用模式相比，云计算在适应性、稳定性和成本效益等方面具有明显优势。

当前比较常见的云计算服务有三种：第一类是基础架构即服务（IaaS），第二类是平台即服务（PaaS），第三类是软件即服务（SaaS）。其中，基础架构即服务（IaaS）旨在为用户提供虚拟服务器、数据存储、通信通道和系统软件等计算机基础设施的支持。平台即服务（PaaS）是指云提供商向客户提供开发工具，并提供运营维护等服务。软件即服务（SaaS）是指用户通过购买厂商服务器中提供的软件服务，云计算提供商负责维护和管理软件，并且用户可以通过互联网使用软件和服务。

云计算服务的高智能化、高密度算力、高互动性和网络规模效应，能够通过数字化的服务方式，用更少的资源投入创造更大的价值，充分释放数据的潜在价值。云计算服务是现代化基础设施的关键支撑，也是建设智慧城市的技术基础。在金融领域，利用云计算，将金融产品、信息、服务分散到庞大分支机构构成的云网络中,能够提高金融机构解决问题的能力;在交通领域,云计算服务能够与交通管理结合以解决城市交通拥堵问题;在能源领域,云计算服务推动"双碳"目标达成,并且通过智能化的网络来管理能源,助力智慧能源。此外,云计算服务也是建设智慧城市的关键。云计算具有的高密度算力和可扩展性,可以存储、处理智慧城市产生的海量数据,进而满足智慧城市建设的需求。

3.2.4 大数据

根据维基百科的定义,大数据(big data)是指在一定时间范围内无法用传统数据处理软件工具处理的数据集合。这些数据集的价值难以被挖掘和利用。关于大数据的特征,目前被普遍认可的是"5V",即规模性(volume)、多样性(variety)、价值性(value)、高速性(velocity)和真实性(veracity)。

随着数字技术的快速发展,数据的形式由传统的单一结构化数据转变为半结构化数据以及非结构化数据。全球数据量也进入了高速增长的新时期,各种人类社会活动中的数据暴增。而大数据技术就是指分析结构化、半结构化及非结构化数据,发现关联性知识并获取数据价值的技术,包括大规模并行处理数据库、数据挖掘、分布式文件系统、分布式数据库及互联网和可扩展的存储系统。大数据技术通过对庞大数据的专业化处理,进而实现信息资产的增值。大数据技术作为数字技术中应用最为广泛的部分,为数字经济的发展提供了技术基础。目前,大数据技术已经与实体经济的各方面实现了有效融合,其中大数据技术与企业供应链管理的融合推动了企业的数字化进程。

利用大数据技术,供应链网络可以打破信息壁垒,提高数据传输的速度,并实现链上数据的共享共治。基于海量数据分析,大数据技术有助于企业充分释放营销、财务、人力等方面的业务能力,进而精准地分析市场环境以构建和维持自身竞争优势。一方面,企业利用智能算法、RFID 等数字技术,收集整合关于商品销售、仓储管理等方面的数据,通过数据分析优化有效降低成本;另一方面,大数据技术的应用有助于实现对消费者信息的数字化管理,处理供应链各环节遇到的复杂问题,并实现各环节的信息流通共享。

3.2.5 物联网

物联网(internet of things,IoT)即"万物相连的互联网"。物联网本质上仍建立在互联网技术之上,它是对现有网络架构的进一步延展与深化。物联网是按照约定的协议,通过传感器、射频识别、全球定位系统等技术,将人、机、物的联系逐步扩展到所有物品之间的一种网络,最终是为实现对物品的智能识别、定位、追踪、监控和管理。

相较于互联网,物联网具有以下新的特征:第一,广泛应用各类感知技术。物联网上遍布多种类型的传感器,每个类型的传感器用于搜集和捕获不同类型的信息。第二,是一种泛在网络。物联网实现设备间的高效互联与智能决策要依赖于传感器收集环境数据,通过无线或有线通信网络将数据传输到处理平台。而在这个过程中,数据流量极为庞大,物联网必须支持多样化的网络结构与加密、认证协议,以保障信息传输的安全性与精准性。第三,物联网也具有智能处理的能力,通过传感器获得海量信息,并对其进行加工和处理,以获得更加专业的信息,进而实现人和物的智能识别、定位、追踪、监控等功能,开辟新的应用领域和应用场景。

物联网具有的以上特点为其与实体经济的融合提供了技术基础,驱动了实体产业的创新,推动了产品设计智能化。在新产品中融入新的信息技术,使产品的功能得到了扩展,满足了数字经济时代下消费者产生的新的需求,如数码设计、虚拟空间设计、多媒体设计、远程设计需求等。此外,工厂利用物联网技术对不同生产阶段的产量、不同生产阶段产品的配送、产品个性化需求,以及生产过程中的异常信息进行可视化管理,实现减少设备故障、减少库存量及满足消费者的个性化可能。物联网技术还可以帮助工厂实时监控生产设备的运行情况,做到有故障实时报警并提醒后台工作人员,进而提升工厂的生产效率和产品质量。

物联网是数字经济时代的基础设施,与实体经济的融合提高了各行业的运行效率,降低了生产过程、流通过程等环节上的成本,目前已经广泛应用在各行各业。比如,物联网已在工业、农业、环境、交通、物流等基础设施领域广泛应用,实现了物联网与传统产业的有效结合,推动了行业资源的重新整合,推动了行业智能化的发展。此外,物联网也渗透到了日常生活中的方方面面,智慧城市、智慧医疗、智慧交通、智慧校园及智慧家居的出现,大大提高了人们日常生活的便利性,降低了生活成本。

未来数字科技下创新的五个特征

第一,大数据、云计算和人工智能的协同。创新存在成本高、风险高的困境,前文提到的颠覆式创新以及科学的创新都需要企业投入巨大的研发资源才能完成,但是数字化可以让企业大大减少无谓的探索。通过数字化手段,特别是大数据分析及相关的文本分析,去获得关键可靠有效的用户创新方案,对企业创新是很有成效的。因此,如何把大数据、云计算和人工智能用好对于企业来说意义重大。

第二,增强现实(augmented reality,AR)、虚拟现实(virtual reality,VR)或元宇宙发展迅速。法国哲学家列斐伏尔在《空间的生产》一书中提出人人具有进入城市的权利,城市和社区的舒适体以组合的方式共同创造独特的场景。上述场景则赋予城市生活的意义、体验和情感共鸣,这是多伦多大学社会学副教授西尔和芝加哥大学社会学教授克拉克的著作——《场景:空间品质如何塑造社会生活》所阐述的重要观点之一。法国哲学家列斐伏尔创造了三元辩证论,他的后续研究者埃尔登对列氏空间理论作了进一步的解读。埃尔登将空间分为感知、构思及体验空间三类。我们也可以把未来经济增长的发展空间定位成三类,即物理空间、人际空间和赛博空间(cyberspace)。赛博空间既是哲学领域的抽象概念，也是计算机技术构建的虚拟环境对现实世界的数字仿真。虚拟空间的边界已超越了传统的物理空间。由于赛博空间能够实现能源和资源的高度节约，因此赛博空间的建立也为可持续发展找到了新路径。在以仿真模拟为基础的元宇宙的发展背景下，仿真的创新受到了人们的高度重视，其在医学癌症研究、城市建设、新冠疫情防控等方面都具有重要应用前景。

第三，自动化技术与创新的关系日益密切。这两个词正在重塑世界上每一个行业。创新需要自动化的支撑，自动化释放了更多资源，使员工能够将注意力集中于创新之上。反过来，研究也表明，创新是流程的改进和采用新的工作方式，创新有助于实现自动化，使公司的生产运营变得更加灵活。例如，赫兹是汽车租赁行业的领先企业，也是率先采用甲骨文股份有限公司开发的自动化数据库的公司之一，以往赫兹需要数周的时间来批准、安装和调整一个新的数据库，这大大减慢了数据收集的速度，并且延长了客户的等待时间，而在采用自动化数据库后，这一切均得以改善。这充分说明，自动化技术的日益成熟将使"创新的自动化"成为常态。

第四，数字科技推动"科技向善"。物联网、人工智能、区块链等技术的发展，进一步影响了管理方式的变革，这种管理更加强调人与人之间的美好连接，形成以关爱为驱动、以尊重为导向的温情式管理。数字化用得好，会推动人的全面发展，甚至是文明的进步。因此，要让数字化提供更好的创造平台，管理创新显得尤为关键。

第五，数字化思想是开放、整合的思想，这恰恰与中国传统文化思维一脉相承。中华文化博大精深，其精髓正是开放和融合，重视社会关系之间的联络，只是在没有借助信息化技术的情况下，联络效率较低。相信在数字科技的支撑下，我国数字化发展必将如虎添翼。未来应进一步研究数字科技和创新的外延，扩大中国企业、中国产业创新发展的力度和深度，助力我国早日发展成为社会主义现代化强国。

资料来源：《数字创新评论》（第1辑），清华大学技术创新研究中心。

3.3 数字技术驱动的创新

3.3.1 数字创新的内涵

在新一代数字技术的推动下，全球加速迈进数字经济时代。数字技术作为驱动数字经济发展的关键，加速了生产要素之间的关联和重组，促进了原有生产要素的优化，改变了生产函数，并在此过程中对企业的产品架构、生产流程、组织方式等进行全面改革。因此，数字化创新是通过应用现代技术手段，如数据处理、智能算法和网络连接，推动新产品的设计与流程优化、企业架构重建和商业运作模式的迭代。数字创新既可以是数字技术本身的创新及其嵌入到实体经济而产生的新的经济形态（产品创新、商业模式创新），也可以指数字技术的应用改变了创新主体参与创新过程的方式（流程创新、组织创新）。

1. 数字创新的收敛性

随着数字经济时代的到来,数据作为一种新的生产要素正在驱动经济的发展。数字创新的收敛性是指数据这一生产要素和其他传统的生产要素形成新的要素组合,不断优化传统的要素组合,与实体经济进行深入融合,模糊了原有的产品边界、组织边界和产业边界。例如,盒马鲜生是阿里巴巴集团在数字经济时代进行的转型升级,突破了传统的零售模式。盒马鲜生利用大数据技术进行更精准的采购管理、上架管理、库存管理及广告投放和推送,将线上的购物体验搬到线下,消费者既可以到店消费,也可以进行线上消费,享受送货上门服务。因此,盒马鲜生是基于数字时代的一种全新的零售模式,通过数字化升级,形成了共享的价值链增值模式。

2. 数字创新的自生长性

由于数字技术具有渗透性和进步性,数字创新可以持续不断地改进和变化,具有自生长性。自生长性是指不同的创新主体主动将数字技术嵌入实体经济而创造新产品或新服务的能力,基于这一特性,数字创新的产品和服务反过来又会促进数字技术的改进,催生更多无边界的数字创新产品和服务,使数字创新具有快速迭代的特征。例如,智能手机的迅速普及使产品和服务的边界随着用户需求的多样性和数字技术的发展而不断扩展。用户需求的变化催生出新的无边界产品和服务,如手机地图、可穿戴设备等。其中,可穿戴设备就是智能手机使用习惯的延伸,用户无须使用手机即可实现收发短信消息、接打电话、健康监测等功能。

3.3.2 数字创新的类型

1. 数字技术驱动产品创新

数字技术的发展不仅催生出新的数字产品,还与非数字的实体产品融合形成颠覆性的创新产品。

(1) 将数字技术与传统产品结合,扩展产品的某些功能。利用数字技术赋能传统产品本质上就是用数字技术改造传统产品的生产过程,在这个过程中,数字技术与传统产品的融合方式为"融合—创新",不断进行产品创新、价值链升级,进而推动传统产业的数字化发展。一个典型例子是,以 3D 打印技术和工业互联网为主导的新型数字产品,颠覆了传统生产方式。3D 打印(3D Printing),也称增材制造(additive manufacturing),是通过逐层堆积,从底层开始构建的生产工艺。其工艺流程主要包括(三维)建模、切层、打印及后处理。随着数字技术的发展,传统的标准化、单一化生产已经不能满足消费者的需求,3D 打印技术的出现为消费者提供了定制化、个性化的数字产品。许多领域都已经引入了 3D 打印技术,3D 打印数字产品设计的行业包括航天航空、医疗行业、工业制造、教育行业等。比如,随着 CT、MRI、PET 等技术和数字化医疗技术的快速发展,医疗人员在 3D 打印技术的帮助下,构建了三维立体医疗模型,用于医疗教学和手术模拟,以更加直观、清晰、立体地显示人体内部结构。

（2）给予数字技术支持。数字技术的发展催生了 App 这一新的产品创新形式，改变了人们的生活和工作方式，极大地推动了数字化的进程。尤其是随着智能手机的广泛普及，人们的需求呈现出多样化、个性化的特点。相应地，App 的开发和应用也迎来了爆发式增长的时期，产生了购物软件、社交软件、学习软件等，涵盖人们日常工作和生活的方方面面。但是数字化进程的加快也对 App 的研发提出了新的要求，消费升级是目前许多软件面临的主要问题。得物 App 借助 AR 技术，不仅为年轻人带来了不同于传统购物的全新的线上购物的消费体验，而且得物 AR 技术在模型贴合度、运动稳定性、还原真实度方面满足了年轻群体的需求。数字技术的持续创新与数字经济的快速发展，使得物 App 之类的软件能借助数字技术来实现更新迭代，生产出满足人们品质需求和个性化需求的新产品、新服务。

2. 数字技术驱动流程创新

数字技术还可以帮助企业更好地将用户纳入创新流程，使其成为企业创新活动的主体。用户不仅是产品的购买者，还可以在数字经济时代下扮演创新主角，借助在线社区直接参与企业新产品的创新过程。首先，用户在企业的创新平台中为企业提供用户的使用偏好、需求特征等关键信息，企业在此基础上设计的新产品和新服务可以更好地满足用户的多样化需求，相较于同类产品有较强的市场竞争力；其次，企业将用户纳入新产品的研发过程中，用户作为企业创新过程中非常重要的一环参与研发设计，可以有效提高新产品研发的进程；最后，在在线社区中，用户参与新产品的研发过程，不仅提高了新产品研发的新颖性和互动性，而且缩短了企业新产品研发的周期，提高产品与用户使用之间的适配性，对企业创新绩效产生积极影响。因此，用户参与创新的模式可以形成企业和用户双赢的局面，例如，海尔的 HOPE 平台不仅为用户和企业的实时沟通提供了渠道，也使用户之间、用户与企业之间的交流成为可能。

海尔作为全球领先的美好生活和数字化转型解决方案服务商，创新性地建立了海尔开放创新平台（Haier open partnership ecosystem，HOPE 平台），目前，该平台已经成为海尔独立的开放式创新服务平台。HOPE 平台是一个创新者聚集的生态社区，平台遵循开放、合作、创新、分享的理念，会聚了包括海尔内部员工、个人用户、外部企业、高校研究所在内的创新群体，吸引了全球范围的创新资源，同时也是海尔集团创新模式的基础。海尔 HOPE 平台的核心竞争力就是需求拆解能力，将企业不同的需求与技术的需要精准地匹配到一起，从而产生产品的可行性方案，实现产品创新。海尔的 HOPE 平台不仅为提供创意的用户和需求创意企业搭建了一个交流平台，使企业和用户实现了零距离互动，还实现了企业创新的产生和创新成果的转化。HOPE 平台正在不断探索用户参与创新过程、为用户创造价值的模式，推动企业的数字化转型。

3. 数字技术驱动组织创新

数字技术的发展使市场竞争越来越激烈，企业面临的内外部环境的不确定性也大大增加。一方面，数字化转型是企业在数字时代的必经之路。数字技术的快速发展对企业的组织模式提出了更高的要求。这是因为数字技术重新定义了组织的结构、参与者、价值观等方面，致使现有的组织模式不断适应数字化。另一方面，企业传统的组织架构已经不能适应当前数字时代的发展，企业必须创造出一种更有效的资源整合模式来进行数字化转型。传统的金字塔式组织结构阻碍了企业的数字化转型，因此，企业在与数字技术融合的过程中就需要削减中间层，使组织结构朝着扁平化和网络化的方向发展，从而提高企业的运行效率和对外界变化的反应能力。由此可见，数字技术驱动组织模式创新是企业进行数字化转型的保障。数字组织创新实质上是指数字技术通过改变交易处理、决策制定以及企业在价值链中的地位等方面改变了企业传统的组织架构、业务模式。企业嵌入数字技术能够降低组织间的交流成本，提升组织间沟通的速度和效率，进而增强企业在数字经济时代的核心竞争力。

为适应数字经济时代发生的新变化，阿里巴巴主动求变，不断推出适合数字时代发展的战略。2015年，阿里巴巴为顺应数字时代的发展趋势，宣布全面启动"阿里巴巴集团2018年中台战略"，构建创新性和灵活性更强的"大中台、小前台"组织机制和业务机制。作为前台的最终用户对市场环境的变化更加敏感，而中台为整个前台提供技术基础和数据资源，整合企业的运营数据能力、产品技术能力。"中台战略"的实施增强了企业的用户响应能力，保证了前、后台的稳定运行，显著提升了阿里巴巴的整体能力。2021年底，为适应新的市场竞争环境，建立更加敏捷独立的决策机制，阿里巴巴实施了"多元化治理"战略。从"中台战略"到"多元化战略"的升级，阿里巴巴鼓励经营业务群依据自身的业务特点和内外部环境，明确自身的战略、文化和组织战略。阿里巴巴进行的组织模式的全局性调整，是与企业的业务和战略目标紧密结合的、试图用组织的创新驱动业务的创新。

4. 数字技术驱动商业模式创新

数字技术打破了企业的产品边界和组织边界，传统的商业模式已经不能适应当前时代的需求。数字技术的发展给企业带来了不确定的外部环境以及内部环境，企业为适应这些变化，就必须将数字技术融入商业模式中。从需求侧来看，用户对产品的需求已经从产品外观等物理属性转变为使用体验、心理满足等主观体验。数字技术使用户这种多样化、个性化的需求得到了充分体现，企业面临外部环境的不确定性也大大提高。消费需求改变了企业的价值链，产品价值链的上、下游企业都需要参与进去。从供给侧来看，数字技术改变了传统的产品形态，现在更多的是数字化、智能化产品。数字技术与传统产业的融合，一方面，利用数字技术来改进"微笑曲线"的研发设计、生产制造及营销环节，向高附加值的两端延伸，进而增强产品的价值以及可持续竞争力；另一方面，抓住数字时代的新机遇，生产新产品、培育新业态、拓展新产业，释放经济数字化转型的发展动能。供需结构的变化催生出供给侧和需求侧新的价值主张，企业也需要因势而动，改变传统的商业模式。

因此，数字时代的商业模式创新可以说是企业利用数字技术进行的破坏性创新，从而应对市场环境变化。这要求企业在数字经济时代挖掘潜在的商业机会，利用数字技术创新性地整合与配置资源，进而获取长期可持续的竞争优势。

数字技术与实体经济的融合正在改变产业形态，商业模式创新已经成为企业在激烈的竞争环境下实现可持续发展的关键，企业只有不断进行管理创新，才能在风云变幻中保持竞争力。像小米这样的互联网公司的成功就离不开商业模式的创新。作为专注于研发智能手机、硬件等的企业，小米公司审时度势，率先构建了小米生态链。小米生态链的主要运营过程是：首先，生态链企业和小米公司共同定义产品、研发设计产品；其次，生态链企业基于强大的资源整合能力进行产品生产；最后，生产后的产品被赋予小米品牌或者米家品牌，生态链企业与小米公司共同销售和推广。因此，小米生态链不仅优化了企业的运营模式、提高了供应商的盈利空间，而且提供了"超高性价比"的小米产品。小米生态链给其他企业提供了一种商业模式，推动了数字经济时代下的商业模式创新。

1. 结合经济生活中的现象，解释数字技术的特性以及数字技术与数字经济之间的关系。
2. "ABCD + IoT"这些数字技术之间有什么关系？
3. 为什么说数字创新是中国式创新的新机遇？
4. 数字经济时代，企业应如何进行数字化转型？

自学自测　扫描此码

第4章 数字产业化

【本章学习目标】

1. 了解什么是数字产业化,并对数字产业化有一个全面、清晰的认知;
2. 了解四大产业的发展现状。

足不出户探索世界

时光回到1980年,小明对古埃及金字塔的好奇在内心燃起。他意识到,要解开这个疑问需要跨出家门,去书店或图书馆寻找一本百科全书,于是他骑着自行车来到了图书馆。小明花费了一些时间查找相关书籍,最终找到了一本专门讲述古埃及的图书,从书中详细了解了古埃及金字塔的历史、结构、建造过程及文化背景。

但如果时光回到2000年,小明可以来到网吧,只要在浏览器里输入"古埃及金字塔",就能看到不同时期、不同角度的古埃及金字塔,不仅有图片,还有视频。除此之外,小明还可以在网络论坛上与其他对古埃及感兴趣的人交流。在互联网世界,小明结识了许多热爱古埃及文化的专家和爱好者,他们分享了彼此的研究成果、书籍推荐和个人经验。通过与他们的互动交流,小明积累了更多关于古埃及金字塔的知识。

如果时光来到2030年,小明可以坐在家中,只要戴上VR设备,就能进入一个虚拟现实世界,仿佛真正置身于古埃及金字塔之中。在这个世界里,小明能直观地体验到庞大的金字塔结构、巨大的雕刻石像和错综复杂的通道系统。他可以自由地探索每一个角落,观察金字塔内部的神秘壁画和雕刻细节。通过虚拟现实技术,小明不仅可以看到金字塔的外貌,还能进行人机互动,与AI对话,了解古埃及文明的历史和文化,他甚至可以与虚拟的古埃及人物进行交流,了解他们的生活方式和日常活动,并进行游戏互动。

小明意识到,数字产业化所带来的科技进步不仅让知识获取更加方便快捷,还能提供更为身临其境的体验,为他打开了一个全新的世界。

4.1 数字产业化的内涵

4.1.1 数字产业化的定义

"数字产业化"这个词并不陌生,它多次出现在两会政府工作报告、《中华人民共和国国民经济和社会发展第十四个五年规划和2035年远景目标纲要》(以下简称《"十四五"规划纲要》)及《"十四五"数字经济发展规划》中,对我国数字经济发展具有重要意义。

什么是数字产业化?2021年5月27日,国家统计局公布了《数字经济及其核心产业统计分类(2021)》(以下简称《数字经济分类》),首次确定了数字经济的基本范围。根据《数字经济分类》可知,数字经济具体划分为数字产品制造业、数字产品服务业、数字技术应用业、数字要素驱动业、数字化效率提升业5大类。其中,前4大类为数字产业化部分,第5类为产业数字化部分。数字产业化是指为产业数字化发展提供数字技术、产品、服务、基础设施和解决方案,以及完全依赖于数字技术、数据要素的各类经济活动。由数字产业化的定义可知,数字产业化既为产业数字化提供了基础,也创造了新的业态,是数字经济核心产业。

表4-1为四类数字经济核心产业的分类情况,四大产业共包含23个中类、114个小类,对应《国民经济行业分类》中的26个大类、68个中类、126个小类,后续章节我们会详细介绍这四类产业。

表4-1 数字经济核心产业统计分类 单位:个

大 类	中 类	小类(数量)
数字产品制造业	计算机制造	6
	通信及雷达设备制造	3
	数字媒体设备制造	8
	智能设备制造	8
	电子元器件及设备制造	17
	其他数字产品制造业	9
数字产品服务业	数字产品批发	3
	数字产品零售	3
	数字产品租赁	2
	数字产品维修	2
	其他数字产品服务业	1
数字技术应用业	软件开发	4
	电信、广播电视和卫星传输服务	3
	互联网相关服务	7
	信息技术服务	9
	其他数字技术应用业	2

续表

大　类	中　类	小类（数量）
数字要素驱动业	互联网平台	5
	互联网批发零售	2
	互联网金融	3
	数字内容与媒体	9
	信息基础设施建设	4
	数据资源与产权交易	1
	其他数字要素驱动业	3

4.1.2 数字产业化现状

虽然 2021 年首次确定数字经济的基本范围，但数字经济发展战略却很早即被提出并坚持实施，可以看到，物联网、云计算、5G 等数字基础设施在不断完善，新兴产业不断出现且快速崛起，数字产业化发展迅速，并且正在深刻地影响和改变产业格局和全球经济结构。下面将从产业规模和空间结构两方面展示我国数字产业化的发展现状。

在产业规模上，《"十四五"数字经济发展规划》指出，2020 年我国数字经济核心产业增加值占国内生产总值比重达到 7.8%。鲜祖德、王天琪（2022）进一步测算了 2012—2020 年数字经济核心产业的发展情况。通过表 4-2 可以看到，数字经济核心产业增加值规模逐年增大，年均增速约 10%，增长速度超过同期 GDP 增速，并且数字经济核心产业占 GDP 比例逐年增加，重要性越发凸显。表 4-3 进一步展示了四类产业的发展情况。从增长率角度看，四类产业都保持中高速增长，其中，数字技术应用业和数字要素驱动业增速相对较高，数字产品制造业规模较大但增速相对较低。从占比角度看，数字产品制造业和数字技术应用业占比均相对较高，但随着数字技术应用业的快速增长，其占比逐步扩大并超过数字产品制造业，2020 年时占比达到 43.52%，接近数字经济核心产业的一半。

表 4-2 2012—2020 年中国数字经济核心产业增加值及其占 GDP 比例

年份/年	数字经济核心产业			分产业大类增加值规模			
	增加值规模/亿元	增长率/%	占 GDP 比例/%	数字产品制造业/亿元	数字产品服务业/亿元	数字技术应用业/亿元	数字要素驱动业/亿元
2012	35 825.4		6.65	15 638.3	1 843.4	11 805.4	6 538.3
2013	39 479.1	10.2	6.66	16 503.6	2 079.6	13 584.9	7 311
2014	43 538.8	10.28	6.77	17 511.9	2 310.7	15 599.7	8 116.6
2015	47 296.8	8.63	6.87	18 576.1	2 491.5	17 155.4	9 073.8
2016	52 351.1	10.69	7.01	19 705.2	2 718.9	19 503.7	10 423.2
2017	58 796.5	12.31	7.07	20 932.8	2 990.2	23 056.3	11 817.1
2018	66 809.8	13.63	7.27	21 532	3 220.4	27 659.6	14 397.8
2019	73 429.7	9.91	7.44	22 758.6	3 464.8	31 623.8	15 582.8
2020	79 637.9	8.45	7.84	23 774	3 466.1	34 658.2	17 739.6

表 4-3 2012—2020 年数字经济核心产业各产业大类规模增速及占核心产业增加值比例变化

年份/年	数字产品制造业		数字产品服务业		数字技术应用业		数字要素驱动业	
	占比/%	增速/%	占比/%	增速/%	占比/%	增速/%	占比/%	增速/%
2012	43.65		5.15		32.95		18.25	
2013	41.8	5.53	5.27	12.81	34.41	15.07	18.52	11.82
2014	40.22	6.11	5.31	11.11	35.83	14.83	18.64	11.02
2015	39.28	6.08	5.27	7.83	36.27	9.97	19.18	11.79
2016	37.64	6.08	5.19	9.13	37.26	13.69	19.91	14.87
2017	35.6	6.23	5.09	9.98	39.21	18.21	20.1	13.37
2018	32.23	2.86	4.82	7.7	41.4	19.97	21.55	21.84
2019	30.99	5.7	4.72	7.59	43.07	14.33	21.22	8.23
2020	29.85	4.46	4.35	0.04	43.52	9.6	22.28	13.84

数据来源：中国数字经济核心产业规模测算与预测。

在空间结构上，《中国数字经济发展报告（2022）》指出，我国数字产业化呈现"一核三极"多强格局，"一核"指北京，"三极"分别为上海、深圳和杭州。北京在信息传输、软件和信息技术服务业等领域全国领先，全市人工智能、区块链高新技术企业数量居全国第一，城市算力服务网指数、数字经济人才占比均居全国首位，相关企业对广州、苏州、西安、南京、重庆等多个重点城市数字产业化的发展具有较强的辐射带动作用。上海在电子信息制造业、信息传输、软件和信息技术服务业及工业物联网等方面发展强势，2021 年上海市数字产业化增加值超过 1 000 亿元，高新企业数量近 1.5 万家，工业物联网相关企业数量占比高于全国平均水平近 15 个百分点，牵引带动武汉、广州、大连等城市数字产业化发展。深圳以电子信息制造业为特色，同时牵引全国其他城市数字产业化的发展。杭州具有电子商务、云计算、大数据等优势产业，以较强的信息传输、软件和信息技术服务业为牵引，带动其他城市数字产业化发展。

4.2 数字产品制造业

数字产品制造业是指利用先进制造工艺和技术，生产各种类型数字产品的产业。主要包含计算机制造、通信及雷达设备制造、数字媒体设备制造、智能设备制造、电子元器件及设备制造和其他数字产品制造业 6 个中类，内含 51 个小类。数字产品制造业为数字经济的发展提供了硬件设备，是数字经济发展的基础。

4.2.1 计算机制造

计算机制造业包含 6 个小类，既有计算机整机制造，也有零部件、外围设备等有关设备的制造；不仅包含个人使用的计算机，也有工业等多类型计算机。表 4-4 展示了计算机制造业 2011—2021 年的发展情况，从中可以看到，整个行业总资产保持较高的增长率，总体规模逐渐扩大，行业收益率等绩效水平稳定。

表4-4 计算机制造业绩效情况　　　　　　　　　　　　　单位：%

指　　标	2011年	2012年	2013年	2014年	2015年	2016年	2017年	2018年	2019年	2020年	2021年
总资产增长率	8.0	5.3	8.5	3.5	3.4	3.4	3.5	3.5	3.5	6.9	9.7
总资产报酬率	2.4	2.0	3.2	1.8	2.0	1.9	2.3	2.6	2.3	2.3	2.8
净资产收益率	2.8	2.3	3.5	2.5	2.5	2.4	3.9	3.8	3.4	3.4	5.9
资产负债率	50.0	54.5	60.0	60.0	60.0	60.0	59.5	59.0	58.6	58.6	58.6
技术投入比率	4.8	4.8	3.5	3.0	3.0	3.0	3.0	3.0	3.0	3.0	3.0
销售利润率	8.7	8.4	9.5	5.5	5.6	5.5	4.0	4.0	3.9	3.1	2.2
销售增长率	11.0	3.9	9.0	5.8	5.6	7.9	8.4	−1.5	0.9	5.1	15.7

数据来源：国务院国有资产监督管理委员会。

1. 计算机相关制造

计算机相关制造主要包含三个小类：第一类是计算机整机制造，是指中央处理器和外围设备集成计算机整机的制造。第二类是计算机零部件制造，是指组成电子计算机的内存、板卡、硬盘、电源、机箱、显示器等部件的制造。这两类主要构成了硬件系统中的核心主体主机，但除了主机外，还需要相应的外围设备才能实现人和计算机的交互，使计算机系统正常地工作。这就离不开第三类——计算机外围设备制造，包括输入设备、输出设备和外存储设备等的制造，常见的输入设备如鼠标、键盘、扫描仪等，输出设备如打印机等，外存储设备如硬盘、软盘、光盘等。中国电子信息产业统计年鉴显示，截至2018年，我国规模以上的整机制造企业有211家，零部件制造企业665家，外围设备制造企业558家。虽然整机制造企业数量相对较少，但这类企业的主营业务收入最高，年均超过1万亿元，利润总额过百亿元。零部件和外围设备制造企业的收入也在千亿元级别。

2. 工业控制计算机及系统制造

计算机种类多样，现实生活中个人使用的计算机通常称为个人计算机（personal computer，PC），与之类似，工业控制计算机则主要是面向工业使用的一类计算机（industrial personal computer，IPC），简称工控机。工业控制计算机及系统制造是一种采用总线结构对生产过程及机电设备、工艺装备进行检测与控制的工具总称，工控机在工业领域具有广泛应用，例如，水电站、输变电站使用工控机进行监控，冶金行业在炼铁、轧钢等生产工序方面采用工控机进行控制，煤炭行业使用工控机监测煤矿安全，交通运输领域的交通信号系统、高速公路收费系统也都离不开工控机的使用。由于工业环境复杂多变，对工控机的性能要求较高，因此相较于个人计算机，工控机具有抗冲击能力大、抗干扰能力强、稳定性高等特点。前瞻产业研究院的报告显示，近年我国工业控制计算机市场规模逐年增加，

2022年达到146亿元,全球市场规模达到50亿美元。

3. 信息安全设备制造

除了个人和工业控制计算机的制造,计算机制造业还包含信息安全设备制造,是指用于保护网络和计算机中信息和数据安全的专用设备的制造,常见的信息安全设备有多种密码机、安全路由器等。对个人而言,在数字经济时代,随着大数据和个人信息的广泛使用,信息安全是维护用户隐私安全的关键;对企业而言,随着对数字化平台的依赖,交易保障、商业机密保护也离不开信息安全。表4-5展示了近年新增信息安全漏洞情况,可以看到,每年都会新增大量信息安全漏洞,主要以中高危漏洞为主,2021年新增漏洞数甚至突破2.5万个。随着信息技术的发展,网络信息安全边界不断弱化,防护内容不断增加,对信息和数据安全提出了更高的要求。

表4-5 新增信息安全漏洞数量　　　　　　　　　　　单位:个

指标	2014年	2015年	2016年	2017年	2018年	2019年	2020年	2021年	2022年上
总漏洞数	8 728	7 878	10 730	16 149	14 152	16 179	20 959	25 857	11 483
高危漏洞	2 261	2 852	4 121	5 730	4 882	4 920	7 477	7 276	3 633
中危漏洞	5 761	4 425	5 926	9 287	8 331	9 597	11 016	15 228	6 770
低危漏洞	706	601	683	1 132	899	1 713	2 466	3 353	1 080

数据来源:工业和信息化部。

4. 其他计算机制造

其他计算机制造是指计算机应用电子设备,主要是各行业应用领域专用的电子产品及设备,如金融电子、汽车电子、医疗电子、信息采集及识别设备、数字化3C产品等,除此之外还包括其他未列明计算机设备的制造。

4.2.2　通信及雷达设备制造

通信及雷达设备制造包含3个小类。其中,通信设备制造业是通信业发展的重要基础,包含通信系统设备制造和通信终端制造2个小类。统计数据显示,通信终端设备制造业收入占比相对较高,两者比例约为6∶4。相较于其他制造业,通信设备制造业需要运用先进的技术和复杂的工艺,具有前期研发投入大、技术更新迭代速度快等特点。随着数字化转型、5G网络的推广及物联网的普及,对通信设备的需求正在不断增加。

1. 通信系统设备制造

通信系统设备制造是指固定或移动通信接入、传输、交换设备等通信系统建设所需设备的制造,如通信发射机、通信接收机、交换机、网桥、中继器、基站、光网络交换机等。图4-1展示了规模以上通信系统设备制造企业的研发情况,在研发投入方面,可以看到,2012年就有超过300亿元研究与试验发展(R&D)经费支出,2016年时研发投入翻倍,2018年则超过 700 亿元。在研发产出方面，每年有超 2 万件专利申请，2019 年专利申请数超 4 万件，通过数据可以直观地感受到通信系统设备制造业是名副其实的高技术产业，技术创新是企业盈利的关键。

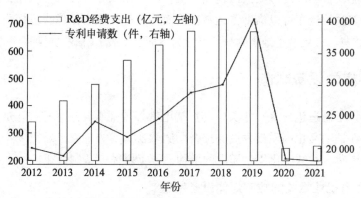

图 4-1　通信系统设备制造企业的研发情况（规模以上工业企业）
数据来源：国家统计局。

2. 通信终端设备制造

通信终端设备是人们享受通信服务的直接工具，如人们日常使用的手机、电视机、摄像机、传真机等，通信终端设备制造是指固定或移动通信终端设备的制造。图 4-2 展示了通信终端设备制造企业的研发情况，虽然行业整体研发水平低于通信系统设备制造业，但平均每年也有过百亿元的研发投入，超过万件的专利申请数，进一步体现出通信设备制造业的高研发投入特点。

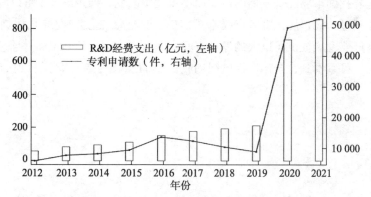

图 4-2　通信终端设备制造企业的研发情况（规模以上工业企业）
数据来源：国家统计局。

3. 雷达及配套设备制造

雷达及配套设备制造是指雷达整机及配套产品的制造。Radar 是 radio detection and ranging 的缩写，代表无线电探测和测距。顾名思义，雷达主要利用无线电的方法发现并测定目标的空间位置,由此可以获得目标到发射点的距离、方位、高度等信息,具有全天候、探测距离远、测量精度高等特点。这使雷达的应用领域非常广泛,与我们的生活也息息相关,如导航、资源探测、气象测绘、地质调查、水利监测等。近些年,随着数字经济的发展,雷达在智能设备领域的应用潜力越发凸显,例如,扫地机器人可利用雷达识别出周围障碍物,自动驾驶的汽车可以借助雷达掌握路面情况等,成为摄像头等探测方式的重要补充。雷达种类多样,按照装备地点划分,可分为地面、车载、机载、星载、弹载、舰载雷达。

4.2.3 数字媒体设备制造

数字媒体设备制造包含 8 个小类,与广播电视等传播媒介息息相关,是文化事业发展的重要支撑,在推动文化高质量发展、提升国家软实力等方面发挥着重要作用。随着科技的不断进步和消费者对数字化娱乐需求的增加,数字媒体设备制造业进一步发展壮大。

1. 与广播电视业相关的数字媒体设备制造

与广播电视业相关的数字媒体设备制造主要有三个小类:第一类,广播电视节目制作及发射设备制造,是指广播电视节目制作、发射设备及器材的制造,例如,广播发射器可以将节目信号发送到广播平台进行传输,这些设备为广播电视行业提供了重要的技术支持,帮助节目制作者确保节目质量和信号稳定性。第二类,广播电视接收设备制造,是指专业广播电视接收设备的制造,但不包括家用广播电视、收音机、机顶盒等接收设备。第三类,广播电视专用配件制造,是指专业用录像重放及其他配套的广播电视设备的制造,如频谱分析仪等监测和测试设备,视频、音频编码器等编码和处理设备。

我国的广播电视事业起步时并未走产业化发展道路,而是在改革开放后开始向产业化发展过渡,随着我国市场经济发展的需要而逐步发生改变。通过图 4-3 可以看到,2004 年时我国已经有超过 1 亿户居民拥有有线电视,2011 年翻番,超过 2 亿户居民拥有有线电视,这为广播电视产业发展提供了巨大的发展空间。图 4-4 展示了全国行政事业企业单位广播电视创收情况,可以看到,全国广播电视创收在 2011 年有 2 371 亿元,到 2018 年时达到

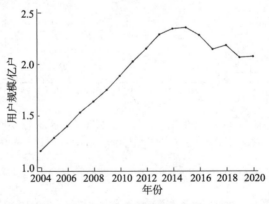

图 4-3 有线电视用户规模

数据来源:国家广电总局。

了 5 640 亿元。其中，电视广告收入占比较高，年均有 1 000 亿元的收入，广播广告年均收入 150 亿元左右。近年来，广播电视的销售收入也在不断提升，广播电视事业的快速发展则进一步增加了对广播电视相关设备的需求。表 4-6 展示了广播电视节目制作及发射设备制造业的发展情况，行业整体资产规模和营业收入的确都保持高速增长。

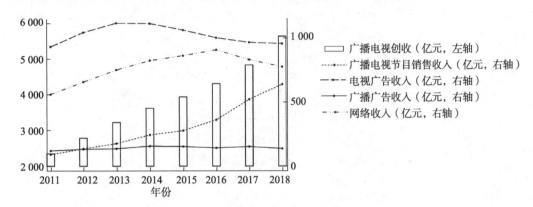

图 4-4　行政事业企业单位广播电视创收情况

数据来源：国家统计局。

表 4-6　广播电视节目制作及发射设备制造业的基本情况

年份/年	2008	2009	2010	2011	2012	2013	2014	2015	2016	2017	2018
资产总计/亿元	25.5	38.1	67.1	47.4	71.7	75.2	65.3	77.2	78.0	84.6	75.2
主营业务收入/亿元	15.9	22.2	26.8	29.1	69.0	54.8	80.8	112.8	124.0	132.1	77.4

数据来源：中国电子信息产业统计年鉴。

2. 音响设备制造

音响设备制造包含两个小类：一类是专业音响设备制造，是指专业用录音、音响设备及其他配套设备的制造。专业音响主要应用于学校、影剧院、体育馆等专业文娱场所，为科教娱乐、体育赛事等多媒体活动提供音频输出。表 4-7 展示了专业音响设备 2013—2019 年产值情况，可以看到，近年来对专业音响设备的需求逐步扩大，产值逐年增加，年均增速接近 7%，2019 年达到 569 亿元。

表 4-7　专业音响设备产值

年份/年	2013	2014	2015	2016	2017	2018	2019
产值/亿元	375.90	391.00	419.46	463.00	519.30	557.20	569.00

数据来源：中国音乐家协会。

另一类是音响设备制造，是指非专业用的音响设备的制造，如智能音响、收录音机等，这类音响设备与个人家庭生活息息相关。图 4-5 展示了这类音响设备制造业的发展情况，虽然整个行业增速较低，但资产规模并不小，行业收入也稳定维持在千亿元级别。

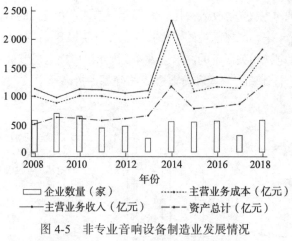

图 4-5 非专业音响设备制造业发展情况

数据来源：中国电子信息产业统计年鉴。

3. 电视设备制造

电视设备制造主要包含两个小类，一类是应用电视设备及其他广播电视设备制造。应用电视最早出现在工业场景，比如，在企业生产过程中实时监视，对水库水位、森林火灾等安全监护等，既有通用应用电视设备，也有特殊环境、特殊功能、特殊成像的应用电视设备。常见的其他广播电视设备主要有电子显示屏、触摸屏等。另一类是电视机制造，指非专业用电视机制造。最常用的电视机主要有显像管彩色电视机、平板电视机、液晶 LCD 电视机等。图 4-6 展示了我国电视机制造业的发展情况，规模以上电视机制造企业有近 200 家，营业收入超 3 000 亿元，并保持中高速增长。表 4-8 进一步展示了 3 类电视机的产量情况，早期主要以显像管彩色电视机制造为主，但这类电视机体积相对较大且厚，比较耗电，后期平板和液晶 LCD 电视机便占据市场主流，并且出口量巨大。随着技术的发展，电视机制造种类逐步增加，例如，曲面电视增强了画面的立体感和视觉效果，提供了更加沉浸式的观影体验；4K 电视、8K 电视具有超高清分辨率，提供了更高的画面细节和清晰度。随着科技的不断创新和发展，电视机制造业可以为消费者提供更多选择和更丰富的观影体验。

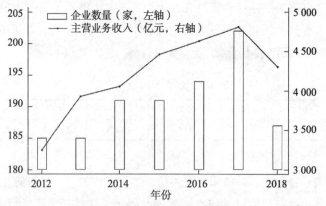

图 4-6 电视机制造业发展情况

数据来源：中国电子信息产业统计年鉴。

表 4-8　3 类电视机产量情况

年份/年	2008	2009	2010	2011	2012	2013	2014	2015	2016	2017
显像管彩色电视机/万台	5 676	2 916	2 512	1 515	846	288	105	74	56	174
平板电视机/万台	3 293	6 956	9 152	10 713	11 632	12 488	14 024	15 333	15 714	3 523
液晶 LCD 电视机/万台	2 942	6 765	8 938	10 401	11 418	12 290	13 866	14 392	15 714	8 731

数据来源：中国电子信息产业统计年鉴。

4. 影视录放设备制造

影视录放设备制造是指非专业用智能机顶盒、录像机、摄像机、激光视盘机等影视设备整机及零部件的制造，包括教学用影视设备的制造。不包括广播电视等专业影视设备的制造。

4.2.4　智能设备制造

与传统设备不同，智能设备是融合了多种信息技术的产物，通常具备与互联网连接、智能控制、自动化、人机交互等特征，具有更高的智能化程度、更多的功能扩展和更好的用户体验。智能设备制造业包含 8 个小类，主要涉及机器人与多种智能装备制造。其中，机器人有工业机器人、特殊作业机器人和服务消费机器人 3 类，智能装备有智能照明、智能穿戴、智能车载、智能无人飞行器及其他未列明的智能消费设备。智能设备的发展对人们的生产生活方式都产生了巨大的影响。

1. 机器人制造

工业机器人制造是指用于工业自动化领域的工业机器人的制造，如焊接专用机器人、喷涂机器人、工厂用物流机器人、机械式遥控操作装置等。工业机器人最早可以追溯到 20 世纪 50 年代末。1961 年，世界上第一个工业机器人 Unimate 在通用汽车的生产车间里开始使用，最初的工业机器人构造相对简单，通过图 4-7 可以看到，Unimate 也并非人的造型，

图 4-7　工业机器人 Unimate

而是一个机械臂,所完成的主要是捡拾运输汽车零件、焊接等任务。虽然 Unimate 用于完成简单的重复操作,但这一发明意味着,在工业生产领域,许多重复的流程性工作可以由工业机器人来代替人类完成,对制造业会产生巨大的影响。Unimate 问世以后,工业机器人在各国发展迅速,应用领域从汽车工业不断拓展至食品包装、电子、物流等领域。近年来,5G 技术和工业互联网的发展,为工业机器人的发展带来了新的机遇,将工业机器人终端接入工业互联网,结合人工智能、云计算等技术,进一步提升了机器人的数字化、智能化水平,扩大了工业机器人的应用领域。

我国工业机器人的行业应用也在不断深入拓展,现已在 52 个行业大类中广泛应用。新冠疫情的蔓延加快了各行业的数字化转型进程,工业机器人成为企业实现快速复工复产的重要工具。图 4-8 展示了我国 2016 年至 2023 年 6 月工业机器人产量,可以看到,工业机器人的产量 2016 年每月不足 5 000 台/套,到 2021 年底已经突破 3.5 万台/套,短短几年间增长了 7 倍。

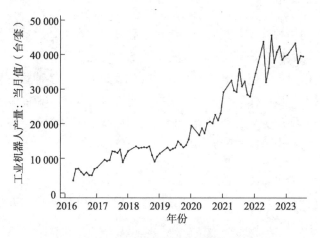

图 4-8 工业机器人产量趋势图
数据来源:国家统计局。

特殊作业机器人制造是指用于特殊作业的机器人的制造,这类机器人在国防、科考、农业等多个领域广泛使用,既能代替人们完成危险环境的工作,也能提高生产工作效率。例如,耳熟能详的水下机器人蛟龙号载人潜水器,可以在深海勘探,获取海底地形和资源等信息;国防领域的无人机和排雷机器人,能够降低人工操作风险;农业领域的耕作、农药喷洒和自动收割的机器人等,能够提高生产效率。

服务消费机器人制造是指除工业和特殊作业以外的各种机器人的制造,包括用于制造个人、家庭及商业服务类机器人。对于个人或家用服务,主要有家务、教育、娱乐和助老助残机器人;对于商业服务,主要有在餐饮、宾馆、销售、医疗、清洁等领域使用的机器人,这类机器人与我们的生活息息相关。新冠疫情进一步催生了新需求,抗疫系列机器人成为疫情防控的新生力量,在环境消杀、物品配送、医疗废物处理等方面发挥重要作用,无接触的应用场景也在不断拓展。国际机器人联合会的数据显示,服务机器人主要用于个人和家庭，全球个人家庭服务机器人销量从2009年的120万台发展到2019年的2 300万台，10年增长了近20倍。专业服务机器人规模相对较小，但增速依然强劲，近10年销量也增加了10倍，其中，物流系统机器人占比逐步提高，近些年增速翻番。表4-9展示了近三年我国服务机器人产量，可以看到，月均产量近70万套，年均700万套，在全球服务机器人市场中具有一定影响力。

表 4-9　我国服务机器人产量　　　　　　　　　　　　　　　　单位：万套

	3月	4月	5月	6月	7月	8月	9月	10月	11月	12月
2021年	74.83	70.30	70.02	81.73	59.61	68.02	70.13	75.33	85.86	90.26
2022年	69.42	48.23	52.96	47.66	46.77	42.68	67.99	53.40	53.85	49.10
2023年	70.03	70.60	69.73	66.27	58.19	70.71	108.39	82.58	72.63	73.83

数据来源：国家统计局。

2. 智能装备制造

智能照明器具制造是指利用计算机、无线通信数据传输、扩频电力载波通信技术、计算机智能化信息处理及节能型电器控制等技术组成的分布式无线遥测、遥控、遥信控制系统，具有灯光亮度的强弱调节、灯光软启动、定时控制、场景设置等功能的照明器具的制造。传统照明需要人为操作，往往满足开关操作即可，大多数照明器具亮度固定。相较于传统照明，智能照明具有节能、舒适、高效等优势。随着5G、物联网等技术的进步，人们对智能照明器具的需求逐步增加。中国产业研究院发布的《2020—2025年中国智能照明行业竞争格局分析及发展前景预测报告》显示，2021年中国智能照明产业规模约为1 096.8亿元，同比增长40.49%。在智能照明应用领域中，工商业智能照明应用占比最高，为57.21%，其次为家居智能照明应用领域和户外智能照明应用领域，占比分别为21.36%和12.16%。

可穿戴智能设备制造是指由用户穿戴和控制，并且自然、持续地运行和交互的个人移动计算设备产品的制造，包括可穿戴运动监测设备的制造。可穿戴智能设备与人体密切接触，采集多种人体数据，通过人和科技的交互，为每个人提供个性化服务。常见的可穿戴智能设备有智能眼镜、智能耳机、智能手表、智能手环和智能服饰等，应用领域包含医疗、教育等多方面。IDC市场研究公司发布的调研数据显示，2018—2020年，全球可穿戴设备出货量分别为1.86亿台、3.37亿台和4.45亿台，排名前三的企业分别是苹果、小米和华为。虽然智能穿戴设备的种类众多，但目前市场上智能耳机、智能手表和智能手环占据主要份额。

智能车载设备制造是指包含具备汽车联网、自动驾驶、车内及车际通信、智能交通基础设施通信等功能要素，融合了传感器、雷达、卫星定位、导航、人工智能等多项技术，从而使汽车具备智能环境感知能力，能自动分析汽车行驶的安全及危险状态目的的车载终端产品及相关配套设备的制造。具有多功能的智能车载设备可以提高整体驾驶体验。第一，智能车载设备可以提供驾驶辅助功能，如人车预警、车速监控等，从而提高行驶的安全性。第二，导航、语音助手、智能路线规划等使驾驶更为便捷。第三，娱乐等交互功能提升了驾驶的舒适度。但与此同时，智能车载设备也存在分散驾驶员注意力、收集用户数据隐私等问题。

智能无人飞行器制造是指按照国家有关安全规定标准，经国家允许生产的智能无人飞行器的制造。智能无人飞行器的应用场景广泛，在农业植保、航拍摄影、地质勘探、应急救援、交通监控等领域发挥重要作用。作为新兴产业，整个行业处于快速增长阶段，培育出许多非常有竞争力的中国企业。大疆创新目前是全球最大的无人机制造企业之一，在全球市场具有重要影响力。

4.2.5 电子元器件及设备制造

电子元器件是电子元件和电子器件的总称，在国防军工、医疗器械、消费电子、工业电子、通信设备、航空航天、新能源等领域都有非常广泛的应用，电子元器件及设备制造业的发展状况直接影响产业链下游电子信息产业的发展，对产业数字化转型、企业技术创新等都具有重要意义。2021年10月，中国电子元件行业协会发布了中国电子元件百强企业名单，前100强企业的主营业务收入近7 000亿元，实现利润总额505亿元，拉动就业60余万人，多种产品产量居世界第一。电子元器件及设备制造业包含17个小类，涉及多种电子元件、集成电路、光伏元器件、半导体器件、电子材料及相应设备的制造。

1. 电子元器件生产设备制造

电子元器件生产设备用于生产各种类型的电子元器件，主要包含两个小类：一是半导体器件专用设备制造，是指生产集成电路、二极管、三极管、太阳能电池片的设备的制造。二是电子元器件与机电组件设备制造，是指生产电容、电阻、电感、印制电路板、电声元件、锂离子电池等电子元器件与机电组件的设备的制造。电子元器件生产设备有助于提高电子制造过程中的效率、精度和质量，为生产出高质量的电子产品提供了必要的支持。

2. 电力电子元器件制造

电力电子元器件制造是指用于电能变换和控制的电子元器件的制造，常见的电力电子元器件有变流器和逆变器、整流器、开关元件、故障保护器件、电力电容器等。几乎所有电子产品都离不开电力电子元器件，其在将能源转化为电能的同时也起到节能作用，广泛应用于各个领域的能量转换和电力调节过程。例如，在交流电力传输系统中，变流器和逆变器能实现电能的变换和控制；故障保护器件可以保护电力电子设备和电力系统，防止故障造成的电流过载和短路等问题。中国电子信息产业统计年鉴的数据显示，截至2018年，我国电力电子元器件制造业规模以上企业近1 500家。2008年时，规模以上企业的主营业务收入不足1 000亿元，经过10年发展已突破2 000亿元，年均增速超过8%，行业资产规模也从635亿元增加至2 080亿元，年均增速近12.5%。

3. 光伏设备及元器件制造

光伏设备及元器件制造是指太阳能组件、控制设备及其他太阳能设备和元器件制造，但不包括太阳能用蓄电池制造。光伏产业的发展需要思考一个问题，即为什么我们要发展光伏等清洁能源？改革开放以来，我国经济发展取得了举世瞩目的成就，但粗放型的经济发展模式也导致了严重的环境问题。《2022 中国生态环境状况公报》显示，2022 年，全国 339 个地级及以上城市中，有 126 个城市环境空气质量超标，占比 37.2%。海上目测的漂浮垃圾平均个数为 65 个/平方千米，塑料类垃圾数量占比高达 86.2%。污染问题不仅严重威胁民众健康与自然生态，也开始对经济的可持续发展构成制约，环境治理刻不容缓。习近平总书记多次强调，"我们既要绿水青山，也要金山银山。宁要绿水青山，不要金山银山，而且绿水青山就是金山银山"，并且在第 75 届联合国一般性辩论大会上提出我国力争于 2030 年实现"碳达峰"、2060 年达到"碳中和"的远大目标。

完成双碳目标，贯彻"绿水青山就是金山银山"的绿色发展理念，本质上是要实现经济与环境的双赢发展。但是，任何社会的"绿色"程度，归根结底取决于其生产方式的绿色程度。在短期，即在生产技术给定的前提下，经济增长与环境保护存在着难以避免的两难冲突，更严格的环境保护措施必然意味着更低的经济增长速度。但借助于环境友好技术，即通过"绿色技术"的创造和采用，就有可能实现经济持续增长与环境持续改善的双赢结果。光伏发电作为绿色清洁能源，是实现双赢的方式之一。

图 4-9 展示了 2012—2018 年光伏设备及元器件制造业规模以上企业的发展情况，可以看到，企业数量在逐年增加，从 2012 年的 413 家企业增加到 2018 年的 910 家企业，行业的资产规模也从 2 883 亿元发展到 6 570 亿元，主营业务收入的增加虽然有所放缓，但仍在千亿元级别。

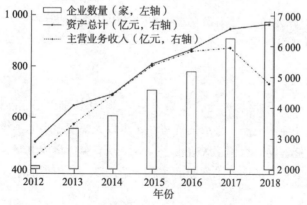

图 4-9 光伏设备及元器件制造业发展趋势
数据来源：中国电子信息产业统计年鉴。

4. 半导体分立器件制造

半导体分立器件制造是指各类半导体分立器件的制造，主要包括二极管、三极管、晶体管等,用于控制和调节电信号和电能的流动,具有高速、高效、体积小且可靠性高等优点,是电路的核心元件,广泛应用于通信设备、计算机、家用电器等各类电子设备和系统中。中国电子信息产业统计年鉴数据显示,截至2018年,我国规模以上半导体分立器件制造企业有近350家,年产量从2008年近2 500亿块发展到2018年近9 000亿块,年均增速近13.6%。图4-10进一步展示了半导体分立器件制造规模以上企业的财务情况,可以看到,企业收入逐年增长,2017年突破1 200亿元,年均增速达到9%,主营业务收入与成本在不断扩大,企业利润稳步增加,行业资产规模也在2017年突破1 300亿元,10年间增长近3倍。中国半导体分立器件制造业的快速发展不仅面向国内市场,对全球市场也具有重要影响,图4-10还展示了半导体分立器件全球销售额,可以看到全球半导体的年度销售额均超过140亿美元,2017年则接近220亿美元。通过行业收入和全球销售额的初步比较,可知中国半导体分立器件制造业在国际市场中具有举足轻重的地位。

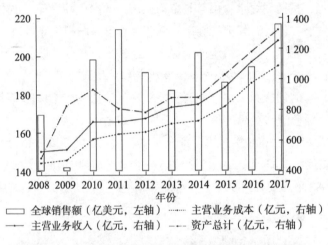

图4-10 半导体分立器件制造规模以上企业的财务情况
数据来源:全球半导体贸易统计组织、中国电子信息产业统计年鉴。

5. 集成电路制造

集成电路是一种电子器件。"集成",顾名思义,是将许多电子元件和连线集聚在一起,形成一个具有特定功能的电路。集成的优势在于可以大幅度缩小电子线路的体积,提高可靠性,在具备高性能的同时也便于大规模生产等,既有单片集成电路、也有混合式集成电路。集成电路作为信息和通信技术产业的核心上游产品,是硬件的基石,对数字经济发展至关重要。

集成电路产业主要包含设计、制造和封装测试三个领域,制造是目前门槛最高的行业,所涉及的光刻、刻蚀、沉积三道关键工序需要光刻机、刻蚀机、薄膜沉积设备三种关键设备。但由于起步晚,目前世界上集成电路巨头主要为国外企业,如英特尔、三星、高通等,集成电路制造所需的先进设备也主要由国外企业生产,国产集成电路在数量和质量上还无法满足国内市场需求。图4-11展示了我国集成电路进出口月度情况,在2007年,月均进口额就达到了 100 亿美元，到 2021 年则超过了 350 亿美元，这意味着 2021 年集成电路进口额超过 4 000 亿美元，虽然每年也有部分出口，但集成电路制造业始终为贸易逆差，且逆差幅度逐步拉大。中美贸易战的技术和市场封锁，使集成电路产业的发展更加严峻。

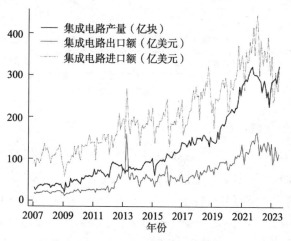

图 4-11　我国集成电路进出口情况

数据来源：国家统计局和海关总署。

为促进集成电路产业的发展，国家相继发布多项政策，并在 2014 年 9 月成立国家集成电路产业投资基金股份有限公司（以下简称"国家集成电路基金"），重点投资集成电路芯片制造业，兼顾设计、封装测试等产业。国家集成电路基金扶持了许多企业的发展，既有设计领域的兆易创新、汇顶科技、中兴微电子、杭州士兰微、长江存储等，也有制造领域的中芯国际、华虹半导体、北方华创、长川科技等。2019 年 10 月，国家集成电路产业投资基金二期股份有限公司成立，继续强化国产集成电路产业的实力。虽然在技术上还存在一定差距，但随着越来越多中国企业的出现，在一定程度上可以打破既有的垄断局面。通过图 4-11 可以看到，我们国家的集成电路制造业也在快速发展，2007 年时的月均产量 30 亿块，2021 年月均产量达到 300 亿块，14 年间产量增加 10 倍。

6. 电子专用材料制造

电子专用材料制造是指用于电子元器件、组件及系统制备的专用电子功能材料、互联与封装材料、工艺及辅助材料的制造，包括半导体、光电子、磁性、锂电池、电子陶瓷、覆铜板及铜箔、电子化工材料等。材料产业是基础产业，新材料的出现可能会促进产业发生革命性的转变，从而推动整个社会的发展和进步，因此，新材料的创新研发至关重要。表 4-10 展示了电子专用材料制造业规模以上企业的研发情况，可以看到，近些年研究机构数和研发经费支出在不断增加，且增速较高，2021 年经费支出甚至翻番，产出方面的专利申请数和新产品销售收入也快速增长，2021 年的新产品销售收入近 3 500 亿元，同比增长超过 100%，行业发展迅速。

表 4-10　电子专用材料制造业的研发情况

年份/年	RD 机构数/家	RD 经费支出/亿元	高技术产业专利申请数/件	新产品开发经费/亿元	新产品销售收入/亿元
2018	385	63.31	3 792	72.36	1 047.67
2019	520	75.15	5 517	92.41	1 154.64
2020	674	103.98	7 814	111.30	1 609.44
2021	906	210.60	10 649	237.89	3 489.70

数据来源：国家统计局。

7. 其他常用电子元器件制造

除了上述提到的几类核心电子元器件，生产中还需用到多种电子元器件。主要有以下 9 类：①电气信号设备装置制造，是指机动车、船舶、铁道车辆等交通运输工具专用信号装置及各种电气音响或视觉报警、警告、指示装置的制造，也包含其他电气声像信号装置的制造。②电子真空器件制造，是指电子热离子管、冷阴极管或光电阴极管及其他真空电子器件及电子管零件的制造。电子真空器件被广泛应用于各种电子设备中，如通信设备中的真空管放大器、医疗成像设备中的 X 射线管。③显示器件制造，是指基于电子手段呈现信息供视觉感受的器件及模组的制造，包括薄膜晶体管液晶显示器件（TN/STN-LCD、TFT-LCD）、场发射显示器件（FED）、真空荧光显示器件（VFD）、有机发光二极管显示器件（OLED）、等离子显示器件（PDP）、发光二极管显示器件（LED）、曲面显示器件及柔性显示器件等。④半导体照明器件制造，是指用于半导体照明的发光二极管（LED）、有机发光二极管（OLED）等器件的制造。⑤光电子器件制造，是指利用半导体光—电子（或电—光子）转换效应制成的各种功能器件的制造，光电子器件虽小，但用途却非常广泛。国家统计局数据显示，2023 年光电子器件的月均产量约 1 300 亿只（片、套），全年产量近 1.3 万亿（片、套）。⑥电阻电容电感元件制造，是指电容器（包括超级电容器）、电阻器、电位器、电感器件、电子变压器件的制造。这些元件通常会组合使用，构成各种不同的电路结构，用于实现不同的功能需求，如调节电路中的电压和功率分配、储存电荷等。电阻电容和电感元件是电子电路设计中不可或缺的重要组成部分，作为高技术产业，其研发投入必不可少，由国家统计局数据可知，2021 年规模以上的研究机构有 571 家，研发经费支出超过 60 亿元，新产品开发项目数达到 4 365 个，申请专利 4 892 件，整个行业的研发投入规模逐年增加。⑦电子电路制造，是指在绝缘基材上采用印制工艺形成电气电子连接电路以及附有无源与有源元件的制造，包括印刷电路板（PCB）及附有元器件构成电子电路功能组合件。几乎所有的电子设备都需要印刷电路板来连接和支持电子元件，许多通信设备也需要其来实现信号的传输、处理和控制。⑧敏感元件及传感器制造，是指按一定规律将感受到的信息转换成为电信号或其他所需形式的信息输出的敏感元件及传感器的制造。敏感元件及传感器在现实生活中有许多应用，主要为监测、控制和数据采集提供了关键支持，并且有助于提高生活质量、提升安全性和提高生产效率。例如，红外传感器等用于监控等安防系统，体温、心率和血压传感器等用于医学监测，压力和温度传感器用于工业自动化控制系统，湿度传感器等用于智能家居，监测和控制家庭环境。⑨电声器件及零件制造，指扬声器、送受话器、耳机、音箱等器件及零件的制造。其他未列明的电子器件、电子元件、电子设备的制造均属于其他元器件及设备制造业。

4.2.6 其他数字产品制造业

其他数字产品制造业下设 9 个小类：①记录媒介复制，是指将母带、母盘上的信息进行批量翻录的生产活动。如录音录像带、软硬盘的复制，在数字经济时代，记录媒介复制不再局限于将信息复制到实物载体上，而利用数字化、网络化提供更多的产品服务。②电子游戏游艺设备制造，是指主要安装在室内游乐场所的电子游乐设备的制造，包括电子游戏机等。③信息化学品制造，是指电影、照相、幻灯、投影、医学和其他生产用感光材料、冲洗套药，磁、光记录材料，光纤维通信用辅助材料及其专用化学制剂的制造，应用领域非常广泛，制造过程也涉及精细化工、新材料等多个领域，需要较高的技术水平和生产管控能力。④计算器及货币专用设备制造，是指金融、商业、交通及办公等使用的电子计算器、具有计算功能的数据记录、重现和显示机器及货币专用设备及类似机械的制造。⑤增材制造装备制造，增材制造是一种快速成型制造技术，一般指 3D 打印，增材制造装备制造是以 3D 打印技术进行加工的设备制造和零部件制造。⑥专用电线、电缆制造，指在声音、文字、图像等信息传播方面所使用的电线电缆的制造。⑦工业自动控制系统装置制造，指用于连续或断续生产制造过程中，测量和控制生产制造过程的温度、压力、流量、物位等变量或者物体位置、倾斜、旋转等参数的工业用计算机控制系统、检测仪表、执行机构和装置的制造。可以看到，工业自动控制系统装置的制造涉及诸多领域，对技术有较高要求，是先进制造业发展的重要内容，虽然整个行业产品种类繁多，但可以简单将其分为检测、显示、执行和控制四大类，应用于作业环境复杂的工程机械等领域。Wind 数据显示，2000 年我国仅有 145 家制造企业，到 2021 年底增加至 1 868 家，市场规模持续稳步增加。⑧光纤制造，光纤可以将电的信号变成光的信号，进行声音、文字、图像等信息传输，是一种重要的通信介质，具有体积和质量小、传输速度快、可靠性高、抗干扰能力强、防止信息泄露等优点，在信息通信、电力系统、医疗领域等领域有着广泛应用。⑨光缆制造，是指利用置于包覆套中的一根或多根光纤作为传输媒质并可以单独或成组使用的光缆的制造。光纤光缆是宽带和网络的基础，决定着数据传输的速度和稳定性。图 4-12 展示了光纤光缆制造业的发展情况，可以看到，整个行业保持高速增长，2008 年全国规模以上的企业仅有 150 家，2017 年则翻倍至 303 家，行业收入在 2017 年突破 2 000 亿元大关，收入年均增速近 19%，行业资产增速近 23%，行业利润也在逐步增加，并且随着 5G 网络的发展，光纤光缆的需求可能会进一步增大。

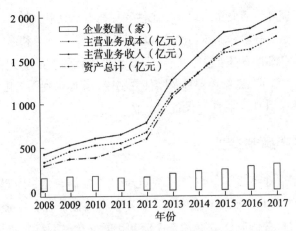

图 4-12 光纤、光缆制造业发展情况（规模以上企业）
数据来源：中国电子信息产业统计年鉴。

4.3 数字产品服务业

与数字产品制造业的生产活动不同，数字产品服务业侧重于产品的销售和售后活动，包含 5 个中类、10 个小类，涉及数字产品的批发、零售、租赁及维修等。作为数字产品流通的重要环节，数字产品服务业的发展对于提高流通效率、降低交易成本等具有重要作用，从而促进经济的增长。

4.3.1 数字产品批发

数字产品批发并不局限于批发活动，还包含进出口活动。整个行业包含三个小类，涉及三类数字产品的批发和出口活动。第一类是计算机、软件及辅助设备。图 4-13 直观展示了此行业限额以上企业 2008 年至 2021 年的发展情况，2008 年有 1 331 家企业，资产规模不足 600 亿元，而 2021 年发展到 3 214 家，资产规模超过 5 000 亿元，年均增速近 20%，

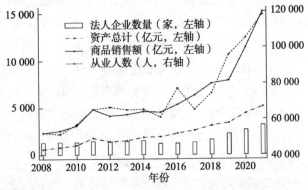

图 4-13 计算机、软件及辅助设备批发业发展情况（限额以上企业）
数据来源：国家统计局。

整个行业发展较快。商品销售额也从 2 338 亿元增长到 15 237 亿元，带动从业人数从 5 万人增加至近 12 万人，始终保持高速增长，且近些年整体增速进一步提升。但值得注意的是，相较于制造业，批发服务业固定资产较少，总资产中约 90%为流动资产。

第二类是通信设备，主要是指各类电信设备。第三类是广播影视设备。由于数据的可得性，表 4-11 仅展示了这两类批发业的固定资产投资情况。虽然通信和广播影视设备批发业的固定资产投资规模约为计算机、软件及辅助设备批发业的 1/2，但在十年间也几乎翻两番，近些年随着信息技术的发展，行业需求也逐步扩大。

表 4-11　数字产品批发业的固定资产投资情况

年份/年	2008	2009	2010	2011	2012	2013	2014	2015	2016	2017
固定资产投资情况/亿元	8.99	8.94	4.33	8.77	21.93	23.60	16.84	36.06	35.00	33.56

数据来源：国家统计局。

4.3.2　数字产品零售

数字产品零售包含三个小类，涉及计算机、软件和辅助设备，通信设备，音像制品、电子和数字出版物等。第一类为计算机、软件及辅助设备零售，是指各类计算机、软件及辅助设备的零售活动。图 4-14 展示了限额以上企业的发展情况，2008 年整个行业有近 1 800 家企业，2016 年便超过 3 000 家企业，近些年增长速度放缓，企业数量始终在 3 000 家左右。从业人数也从 2008 年的 5.7 万人发展到 2016 年时突破 13 万人，近些年回落至 6 万人左右。商品购进额和销售额在 2016 年均超过 2 400 亿元，接近历史最高值，之后行业发展进入瓶颈期。相较于批发业，零售业资产规模较小，2008 年行业资产规模不足 200 亿元，2016 年突破 600 亿元，随后增速放缓。与批发业相似，零售业的资产以流动资产为主，超过 80%的资产为流动资产。

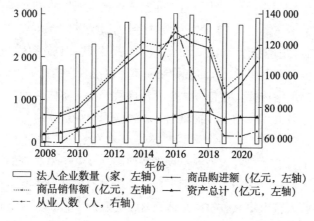

图 4-14　计算机、软件及辅助设备零售业发展情况（限额以上企业）

数据来源：国家统计局。

第二类为通信设备零售，是指各类电信设备的零售活动。图 4-15 展示了规模以上通信设备零售企业的发展情况，2008 年时行业有 731 家企业，而到 2021 年时则突破 2 000 家，从业人数也从 5.1 万人增加至 8.8 万人，行业规模始终保持中高速增长。商品购进额和销售额也逐年增加，并在 2015 年分别突破 1 700 亿元和 1 900 亿元，虽然后有回落，但近些年仍保持增长，在 2021 年均突破 1 500 亿元。与计算机、软件及辅助设备零售相似，通信设备零售业的资产规模并不大，也主要以流动资产为主。

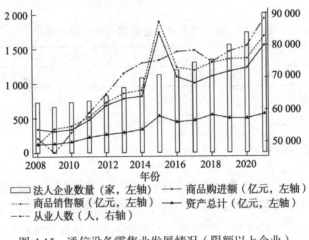

图 4-15 通信设备零售业发展情况（限额以上企业）

数据来源：国家统计局。

第三类为音像制品、电子和数字出版物零售，是指各类音像制品及电子出版物的零售活动。图 4-16 展示了音像制品及电子出版物市场的交易情况，市场主要靠批发和零售两种方式完成交易，批发活动占比更高，可以看到，2003 年整个行业成交额在 62.15 亿元，其中零售市场的规模在 14.68 亿元，随着发展行业成交额逐步扩大至 200 亿元，年均零售规模约 20 亿元。从图 4-16 中可以看出，近些年行业规模大幅度收缩，音像制品、电子和数字出版物零售业经历了什么？从 20 世纪 90 年代到 21 世纪初，音像店如雨后春笋般冒出，音像制品及电子出版物的零售活动主要在线下实体店展开，但随着信息技术的发展，产品自身及其零售方式也在发生变化，许多音像制品不再以磁带、CD 为载体传播，而是转为以电子出版物形式通过网络传播。零售方式也不再局限于线下实体店的销售，互联网平台也加入了这一行业，如各大音乐网站、视频网站、当当网等平台，对行业发展格局产生巨大影响。一方面，网络零售突破了空间距离的限制，不存在实体店的租金、员工薪酬等成本；另一方面，互联网平台的主要收入来源不仅是音像制品及电子出版物的零售，还包含广告等业务。为取得更大的竞争优势，互联网平台有动机采取更低定价甚至免费的方式销售产品，而通过广告等收入获得更大收益。总体而言，互联网平台扩大了潜在需求，同时更具有价格优势，因此对实体店会产生巨大冲击，近些年音像制品及电子出版物的成交额持续下降，音像店和实体音像制品在逐步淡出人们的视线。

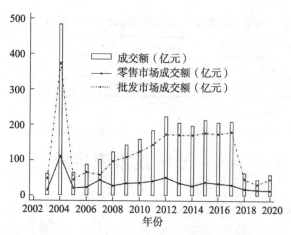

图 4-16　音像制品及电子出版物交易情况
数据来源：国家统计局。

4.3.3　数字产品租赁

数字产品租赁包含两个小类。一类是计算机及通信设备经营租赁，指各类计算机、通信设备的租赁活动。具体地，在租赁合同期限内，由租赁公司向承租单位提供设备，附加维修、保养等服务。由于信息技术的快速发展，计算机及通信设备更新速度快，且购置成本较高，使用周期却相对较短，企业可能缺少流动资金获取这些设备，经营租赁便应运而生。租赁的核心在于让更多的使用者共同分摊固定成本，从而企业在保证流动性运营资金的同时，可以降低成本支出，与此同时，更换设备也相对灵活便捷，企业的维护成本降低，管理流程进一步简化，对中小企业发展尤为重要。另一类是音像制品出租，指各种音像制品的出租活动，表4-12展示了音像制品出租行业的固定资产投资情况，整个行业投资规模相对较小，与音像制品零售业类似，音像制品出租行业也受到数字经济发展的冲击。

表 4-12　音像制品出租行业固定资产投资情况

年份/年	2012	2013	2014	2015	2016	2017
固定资产投资完成额/万元	3 840	1 989	/	10 938	10 922	7 559

数据来源：国家统计局。

4.3.4　数字产品维修

数字产品维修包含两个小类：一是计算机和辅助设备修理，指各类计算机和辅助设备的修理活动。二是通信设备修理，指电话机、传真机和手机等通信设备的修理活动。出于数据的可得性，表4-13仅展示了两类数字产品维修业2012年至2017年的固定资产投资情况，可以看到，整个维修行业规模相对较小，并且固定投资逐年减少，但经济水平的快速提高以及信息技术的发展为数字产品的维修提供了较大的市场潜力，行业如何随着数字经济的发展转型升级至关重要。

表 4-13 数字产品维修业 2012 年至 2017 年的固定资产投资情况

年份/年	2012	2013	2014	2015	2016	2017
计算机和辅助设备修理/亿元	37.81	51.60	15.65	13.94	16.70	8.14
通信设备修理/亿元	21.45	22.96	12.91	15.10	9.65	9.28

数据来源：国家统计局。

4.4 数字技术应用业

数字技术应用业包含 5 个中类、25 个小类。涉及软件开发、电信、广播电视和卫星传输、互联网、信息技术相关服务。数字技术应用业可以有效提升企业效率、优化资源配置，在发展数字经济、加速经济社会数字化转型过程中具有至关重要的作用。

4.4.1 软件开发

软件开发是一个系统工程，首先要获取分析用户需求；其次要按照用户需求设计、建造相应的软件系统或系统里的软件；最后要完成测试交付用户使用。软件开发主要包含基础软件、支撑软件和应用软件开发三个小类。基础软件开发是指能够对硬件资源进行调度和管理、为应用软件提供运行支撑的软件的开发活动，包括操作系统、数据库、中间件、各类固件等。基础软件为其他软件提供了必要的基础功能和支持，开发人员可以利用现有的基础软件来加速应用程序的开发过程、提高效率，基础软件开发对于构建可靠、高效和具有竞争力的软件系统至关重要。支撑软件开发是指软件开发过程中使用到的支撑软件开发的工具和集成环境、测试工具软件等的开发活动。支撑软件在提高开发效率、降低开发成本、提升软件质量等方面具有重要作用，例如，测试工具可以自动化测试软件的功能和质量，加速测试流程；监控和日志工具可以记录软件运行状态，帮助开发人员及时发现和解决问题。应用软件开发是指独立销售的面向应用需求和解决方案等软件的开发活动，包括通用软件、工业软件、行业软件、嵌入式应用软件、平台软件和信息安全软件等。随着信息技术的发展，各行各业都与软件业息息相关，软件既可以为个人生活增加便利性和舒适度，丰富人们日常生活，也能为企业提高效率、扩大市场需求、减少成本支出等。

图 4-17 展示了我国三类软件产业的企业数，可以看到，应用软件的企业数量相对最高，2008 年有 7 000 家左右，2010 年便突破 1 万家，2013 年时达到 1.5 万家。虽然基础软件和支撑软件的企业数量相对较小，但在逐年增加。图 4-18 则进一步展示了软件产业的发展情况，软件业务收入在 2008 年就已经达到了 7 500 亿元，其中，软件产品超过 3 000 亿元，嵌入式系统软件超 1 000 亿元，整个行业始终保持高速增长，年均增速近 20%，到 2020 年软件业务收入超过 8 万亿元，软件开发超过 2 万亿元。整个行业在快速发展的同时也带动了大量就业，国家统计局数据显示，软件业中城镇非私营单位就业人数在 2008 年时有 31.2 万人，随着行业快速发展，2019 年的就业人数达到 238 万人。虽然我国软件业发展迅速，

但与国际软件业仍存在差距，美国几乎垄断了操作系统和数据库等软件。目前美国、日本和德国的软件业仍占主流市场。

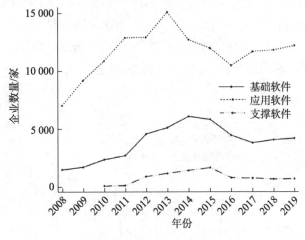

图 4-17　软件产业企业数量

数据来源：中国电子信息产业统计年鉴。

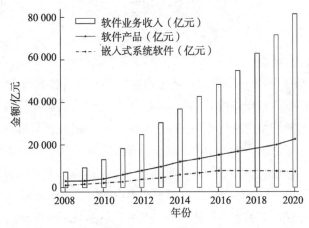

图 4-18　软件产业发展情况

数据来源：工业和信息化部。

4.4.2　电信、广播电视和卫星传输服务

电信是指利用有线、无线的电磁系统或者光电系统，传送、发射或者接收语音、文字、数据、图像、视频及其他任何形式信息的活动，可以理解为电信公司利用网络向用户提供各类通信服务，常见的电信公司有中国电信、中国联通、中国移动等。电信业是我国基础性、战略性产业，对数字经济的发展具有重要作用。我国电信业的发展可以追溯到抗日战争时期，无线电通信在抗日战争、解放战争中发挥了极为重要的作用。新中国成立的喜讯

正是通过电波传遍了大江南北。1950年，我国建立了第一条有线国际电话电路，到1985年，已经形成了有线、无线等多种通信手段并存的通信网，1995年则首次接入互联网，几十年间通信技术已经发展到了第五代。图4-19展示了我国2010—2021年电信业的发展情况，2010年我国电信业务收入在8 988亿元，2021年则达到14 650亿元，年均增速近5%，始终保持中高速增长。其中，移动通信业务占比相对较高，超过60%。随着通信技术的不断更迭，5G时代的开启为电信业的发展提供了更大空间。

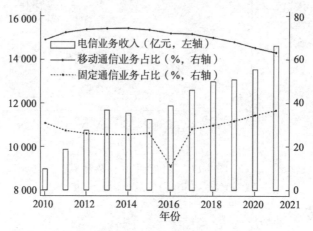

图4-19　电信业发展情况
数据来源：工业和信息化部。

广播电视传输服务是指利用有线广播电视网络及其信息传输分发交换接入服务和信号，以及利用无线广播电视传输覆盖网及其信息传输分发交换服务信号的传输服务。随着信息技术的发展，通过网络传输视频内容、实现实时的网络直播节目异军突起，对社交媒体、传统电商均产生了巨大影响。卫星传输服务是指利用卫星提供通信传输和广播电视传输服务，以及导航、定位、测绘、气象、地质勘查、空间信息等应用服务的活动。相较于其他传输网络，卫星通信利用位于太空的卫星作为中继站进行微波通信，具有覆盖范围广、通信效率高以及可靠性高等特点，但由于信号传输需要从地表到太空再返回地表，延时性相对较高，并且为避免卫星间信号的互相干扰，对卫星之间的距离也有一定要求，这使卫星数量有一定限制。

4.4.3　互联网相关服务

互联网相关服务包含7个小类，涉及互联网接入、搜索、游戏、咨询、安全和数据等服务。互联网相关服务业的发展与互联网普及率息息相关，图4-20展示了我国互联网宽带接入情况，2004年我国互联网宽带接入端口数突破3 600万个，互联网宽带接入用户数为2 060万户，随着互联网基础设施全面强化，2021年互联网宽带接入端口数已经突破10亿个，用户数也达到5.3亿户。互联网宽带接入情况的变化在一定程度上也可以反映出互联网行业的市场规模变化。

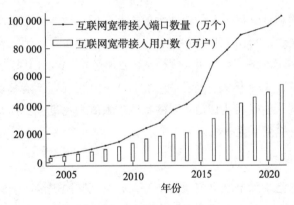

图 4-20 互联网宽带接入情况
数据来源：工业和信息化部。

1. 互联网接入及相关服务

互联网接入及相关服务是指除基础电信运营商外，基于基础传输网络，为数据存储、处理及相关活动提供接入互联网的有关应用设施的服务活动。互联网接入使用户能够访问各种在线信息、资源和服务。随着信息技术的快速发展，互联网接入及相关服务的规模逐步扩大，国家统计局数据显示，2012 年整个行业的固定资产投资近 63 亿元，2017年则突破 1 000 亿元。表 4-14 进一步展示了互联网接入服务的收入情况，可以看出，其始终保持在百亿元水平。

表 4-14 互联网接入服务的收入情况

年份/年	2015	2016	2017	2018	2019	2020	2021
业务收入/亿元	233.30	257.60	171.00	146.00	/	447.50	444.40

数据来源：工业和信息化部。

2. 互联网搜索服务

互联网搜索服务是指利用互联网查找、检索存储在其他站点上的信息的服务活动。常见的搜索引擎有百度、必应、雅虎、谷歌等。在互联网出现以前，人们用文字影像记录信息，但由于距离等因素限制，信息来源始终有限。随着互联网的出现，所有信息都通过网络连通起来，用户可以轻松地获取广泛信息，且信息搜寻成本大幅降低。进一步地，随着人工智能等技术的应用，搜索引擎能根据用户的搜索历史等信息提供个性化服务。但与此同时，信息数量的增加也伴随着信息质量的参差不齐，产生了如何在海量信息中快速、有效地获取所需内容等新的问题。

3. 互联网游戏服务

互联网游戏服务是指各种互联网游戏服务活动，包括在线网络游戏、互联网电子竞技服务等。随着互联网和计算机行业的快速发展,互联网游戏服务业在国内逐步壮大。工业和信息化部的数据显示,2018 年网络游戏的业务收入近 2 000 亿元,游戏类的移动 App 超百万个,2021 年下半年网络游戏的用户规模突破 5.5 亿人。Wind 数据显示,2021 年电子竞技游戏市场用户规模有 4.89 亿人,行业收入超过 1 400 亿元。随着移动互联网的发展,相较于固定的计算机端,便捷性使移动互联网游戏收入的占比进一步提升,人工智能的发展也为互联网游戏服务提供了更多机遇。

4. 互联网资讯服务

互联网资讯服务是指除基础电信运营商外,通过互联网提供网上新闻、网上新媒体、网上信息发布等信息服务的活动。最早的互联网资讯服务平台主要是门户网站,但随着移动互联和信息技术的发展,互联网资讯服务出现了新的特点。首先,人们不需要坐在计算机前获取资讯服务,而可以通过移动客户端随时随地获取资讯,突破了时间和地点的限制;其次,资讯服务平台的内容更加丰富,其功能不仅是提供新闻等信息,而是融合了多类业务,在提供资讯服务的同时可能还具有社交、直播等多项功能;最后,随着大数据、人工智能等信息技术的应用,平台可以基于算法为用户提供更加精准的资讯服务,以符合不同用户的需求。

5. 互联网安全服务

随着科学技术的发展,互联网对经济社会生活产生了深远影响,然而,科学技术是一把双刃剑,互联网在提供生产服务的同时,也存在一定的安全隐患。中国互联网络信息中心的数据显示,2017 年至 2021 年,信息系统安全漏洞数量年均超过 2 万个,2021 年下半年安全漏洞数量超过 14 万个,其中高危漏洞超过 4 万个。接报网络安全事件数量年均超过 10 万件,2020 年下半年甚至达到 22 万件之多。全国各级网络举报部门受理举报数量上亿件,互联网安全不容忽视。在日常生活中,网络安全问题主要有个人信息泄露、网络诈骗、设备中病毒或木马,以及账号或者密码被盗四类。图 4-21 展示了网民遭遇各种网络安全问题

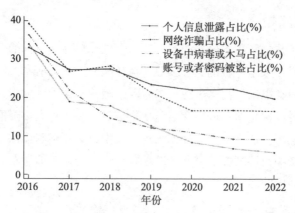

图 4-21　网民遭遇各种网络安全问题的占比情况
数据来源:中国互联网络信息中心。

的占比情况,可以看到,2016年超30%的网民均遭遇过四类网络安全问题。互联网安全服务应运而生,并且涉及面广,主要包括网络安全集成、运维、监测、应急、咨询、评估和培训等服务,生活中常见的互联网安全服务有防火墙、防病毒软件和漏洞扫描与修复等。可以看到,随着互联网安全服务的提升,多种举措筑牢互联网安全防线,四类网络安全问题的占比在逐年下降,尤其是设备中病毒或木马以及账号或密码被盗的比例已经降低至10%以下。

6. 互联网数据服务

互联网数据服务是指以互联网技术为基础的大数据处理、云存储、云计算、云加工、区块链等服务活动。随着数字经济的发展,数据量日益增长,与传统海量数据相比,大数据在规模上呈几何倍数增长,并且具有潜在的挖掘价值。例如,分析用户的浏览和购买记录,可以实现个性化的产品或服务推荐;利用数据分析和建模,可以预测市场趋势和用户行为等,帮助企业做出更明智的决策。如何更好地利用数据资源、提高运营效率、优化用户体验离不开互联网数据服务。图4-22展示了2011—2020年互联网数据服务全球市场规模,可以看到,2011年大数据全球市场规模为73亿美元,2020年则接近600亿美元。其中,计算服务从15亿美元增加至84亿美元,存储服务从11亿美元增加至61亿美元,大数据相应服务均保持高速增长,市场规模巨大。图4-23进一步展示了我国互联网数据服务业的发展情况,2012年我国大数据市场规模还为34.2亿元,但2020年则达到了677亿元,云计算市场规模在2011年时为288亿元,2016年则接近2 800亿元,均呈现爆发式增长。区块链服务企业也在快速增加,从2011年的15家发展至2020年的688家。随着数据经济的发展,巨大的数据量将进一步推动互联网数据服务业的高速增长。

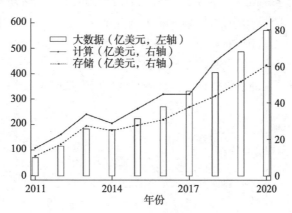

图4-22　互联网数据服务全球市场规模
数据来源:Wind数据库。

7. 其他互联网相关服务

其他互联网相关服务是指除基础电信运营商外,通过互联网提供网上音乐、视频、直播、动漫、艺术品等信息服务的活动,以及物联网服务、互联网资源协作服务、基于IPv6技术提供的网络平台服务等未列明的互联网服务活动。不包括互联网支付、互联网基金销售、互联网保险、互联网信托和互联网消费金融等互联网信息服务。

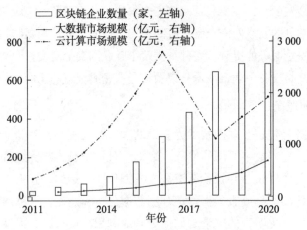

图 4-23　国内互联网数据服务发展情况

数据来源：Wind 数据库。

4.4.4　信息技术服务

信息技术服务业包含 9 个小类，服务范围非常广泛，涉及集成电路、信息系统、物联网、运行维护、信息处理和存储支持、信息技术咨询、遥感测绘及动漫和游戏等。出于数据的可得性，图 4-24 展示了信息技术服务业中国有企业的发展情况，2003 年整个行业国有企业数量仅有 830 家，到 2020 年则达到 4 255 家，资产总额也从不足 1 000 亿元发展到近 1.1 万亿元，行业规模扩张迅速，在促进经济社会发展的同时，也带动了数十万人就业。在企业盈利能力方面，主营业务收入从 463 亿元增加至 4 160 亿元，年均增速近 14%，利润总额从近 14 亿元发展至突破 300 亿元，利润率也在逐步增加，整个行业实现了跨越式发展。作为数字经济的基础产业，信息技术服务业可以帮助企业提高生产效率，有助于产业转型升级，促进经济发展并且创造就业机会，在国民经济的发展中越发重要。

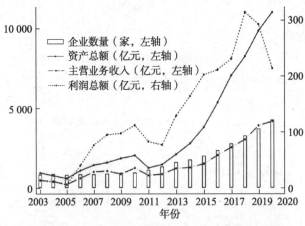

图 4-24　信息技术服务业国有企业的经济效益情况

数据来源：财政部。

1. 集成电路设计

集成电路设计是指企业开展的集成电路功能研发、设计等服务活动。图 4-25 展示了集成电路设计行业的发展情况，设计行业虽然起步晚，但增长势头迅猛，2004 年整个行业销售额仅有 81 亿元，2021 年则突破 4 500 亿元。集成电路设计业销售额/集成电路业销售额占比也逐步增加，在集成电路的三个核心产业中，2016 年设计业的发展规模已超过制造业和封装测试业，2020 年占比则突破 40%。虽然集成电路制造业与国外仍有较大差距，但集成电路设计业国内已经有很多实力强劲的企业，如华为海思、紫光展锐、中兴微电子等。尤其是华为海思，目前已经是国内第一、全球前十的集成电路设计公司，我们使用的华为手机、智能电视等都含有华为海思的芯片。

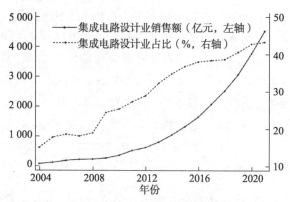

图 4-25 集成电路设计行业的发展情况
数据来源：中国半导体行业协会。

2. 信息系统集成服务

信息系统集成服务是指基于需方业务需求进行的信息系统需求分析和系统设计，并通过结构化的综合布缆系统、计算机网络技术和软件技术，将各个分离的设备、功能和信息等集成到相互关联的、统一和协调的系统之中，以及为信息系统的正常运行提供支持的服务活动。信息集成系统在医疗保健、金融、零售和制造等多个行业中都有重要应用，如制造业最常见的企业资源规划（ERP）系统。系统集成就是将分散独立的系统整合在一起，彼此间可以协调工作，从而提高效率、降低成本，达到整体优化的目的，具体包括信息系统设计、集成设施、运营和维护服务等。

3. 物联网技术服务

物联网是物物相连的互联网，它仍以互联网为核心，实现物理对象的互通互联。这意味着我们需要识别物品、采集物品信息、传递信息和处理挖掘这些信息，这些过程都离不开各种物联网技术支持的服务活动，包括物联网信息感知技术服务、物联网信息传感技术服务、物联网数据通信技术服务、物联网信息处理技术服务、物联网信息安全技术服务等。Wind 数据显示，2009 年物联网市场规模仅有 1 725 亿元，到 2019 年则突破 1.5 万亿元，

10 年间市场规模增加近 9 倍。物联网作为新一代信息技术的重要组成部分,在工业、农业、交通、物流、医疗、教育等多方面都有广泛的应用。

> **图书馆里的物联网技术服务**
>
> 图书馆与大家的学习生活息息相关,从我们进入图书馆的那一刻起,物联网就在发挥着它的功效。首先,进入图书馆时,校园卡开始记录读者的个人行为,包含座位信息、进出时间等。为避免占座等行为造成资源浪费,图书馆可以通过传感技术确定座位状态,通过通信技术完成数据的传递,实现图书馆座位的预约和查询。其次,图书馆可以安装温度、湿度和光线等传感器,以便实时监测环境条件,并通过物联网平台收集和分析数据。基于这些数据可以进一步优化图书馆布局、调整温度和湿度等,以提供更好的阅读环境和保护图书。最后,如果在图书馆借阅书籍,读者可以快速查询书籍的具体信息并精准定位,在借阅或归还书籍时,可以将图书放在指定位置,利用自助借还系统独立完成图书借阅,并自动完成信息更新,这一切又与射频识别技术(RFID)息息相关。物联网技术使图书馆智能化,实现了人与书籍、座位的相互关联,进一步提升了阅读体验和服务效率。图书馆员工也可从中受益,减少了烦琐的人工操作,提高了工作效率。

4. 运行维护服务

运行维护服务是指各种运行维护服务活动,包括基础环境运行维护、网络运行维护、软件运行维护、硬件运行维护、局域网安装调试服务、局域网维护服务及其他运行维护服务、网络技术支持服务等。运行维护服务涵盖各个行业的不同领域,为企业提供持续稳定的技术支持和服务。例如,银行等金融机构需要运维服务保障金融交易系统的稳定性和安全性;互联网平台为了确保全天在线服务,则需要执行系统监控、故障排除等服务。

5. 信息处理和存储支持服务

信息处理和存储支持服务是指供方向需方提供的信息和数据的分析、整理、计算、编辑、存储等加工处理服务,以及应用软件、信息系统基础设施等租用服务,以帮助企业和机构高效地处理、存储和管理大量数据,提高业务效率和竞争力,主要包括在线 ERP、在线杀毒、服务器托管、虚拟主机等。

6. 信息技术咨询服务

信息技术咨询服务是指在信息资源开发利用、工程建设、人员培训、管理体系建设、技术支撑等方面向需方提供的管理或技术咨询评估服务活动,包括信息化规划、信息技术管理咨询、信息系统工程监理、测试评估、信息技术培训等。在国际上,信息技术咨询服务业有许多耳熟能详的企业,如 IBM、埃哲森、惠普等。近些年国内也快速崛起了许多优秀企业,如汉得信息、用友网络等。表 4-15 展示了 2010—2019 年五类信息技术咨询服务的发展情况。2010 年整个信息技术咨询服务业收入规模便已突破千亿元,随后保持中高速增长。其中，信息技术管理咨询规模最大，企业数量和收入均超过其他四类总和，测试评估整体规模相对较小。未来随着新一代信息技术的不断发展，企业数字化转型的需求越发突出，信息技术咨询服务将获得更大发展。

表 4-15　2010 年至 2019 年五类信息技术咨询服务的发展情况

服务	指标	2010年	2011年	2012年	2013年	2014年	2015年	2017年	2018年	2019年
信息化规划	企业数/家	445	665	803	970	474	551	407	565	392
	收入/亿元	149.1	346.0	481.1	498.4	324.0	260.1	344.8	503.4	503.3
信息技术管理咨询	企业数/家	2 686	3 620	4 217	4 486	3 211	3 214	2 503	2 968	2 802
	收入/亿元	603.9	1 022.3	1 407.4	1 713.0	1 549.3	1 757.6	1 833.5	2 997.5	2 801.0
信息系统工程监理	企业数/家	623	605	634	657	501	624	312	349	205
	收入/亿元	214.3	226.2	217.0	291.5	197.7	278.1	367.8	318.2	217.9
测试评估	企业数/家	237	263	327	387	265	284	189	216	199
	收入/亿元	115.1	67.4	114.0	272.9	343.1	405.4	86.7	109.0	103.0
信息技术培训	企业数/家	908	957	1 054	1 191	774	770	520	506	419
	收入/亿元	117.5	139.6	215.9	238.3	177.2	222.8	241.2	243.9	217.2

数据来源：中国电子信息产业统计年鉴。

7. 地理遥感信息及测绘地理信息服务

地理遥感信息及测绘地理信息服务主要包含两方面：一是地理遥感信息服务，包括互联网地图服务软件、地理信息系统软件、测绘软件、遥感软件、导航与位置服务软件、地图制图软件等；二是遥感测绘服务，包括卫星定位测量、导航定位服务等。遥感测绘在社会经济建设和国防建设中具有广泛的应用场景，为各行各业提供了丰富的信息支持和决策依据。例如，在城市规划与土地利用方面，城市规划者可以更准确地分析土地利用情况，优化城市规划和发展；在环境监测与资源管理方面，可以实时监测环境变化，包括气候变化、土地利用变化等，以便有效管理和保护资源；在灾害预警与应急响应方面，可以提供灾害监测和预警，从而减少灾害损失；在交通规划与管理方面，可以进行道路网络规划、交通拥堵监测、运输路线优化等，从而提高交通效率。随着数字经济的发展，地理遥感信息及测绘地理信息服务与新一代信息技术将有更深的融合，其在智慧城市、智能生活等新领域有更多应用。

8. 动漫、游戏及其他数字内容服务

动漫、游戏及其他数字内容服务是指将动漫和游戏中的图片、文字、视频、音频等信息内容运用数字化技术进行加工、处理、制作并整合应用的服务活动，以及数字文化、数字体育等其他数字内容服务。表 4-16 展示了我国动漫产业 2013—2021 年的发展情况，可以看到，企业数和从业人员数逐年降低，营业收入虽然有所增长，但幅度较小，整个产业利润维持在 10 亿元左右。相较于投入端，产出端的增速相对较快，原创漫画和动画作品整体保持增长趋势。值得注意的是，随着互联网等信息技术的发展，作品的传播范围更加广泛，网络动漫下载次数近8年增加了50倍，2018年便突破1 000亿次下载。

表4-16　动漫产业发展情况

指　标	2013年	2014年	2015年	2016年	2017年	2018年	2019年	2020年	2021年
机构数/个	525	586	603	600	545	531	518	484	452
从业人员数/人	31 127	31 476	35 094	28 528	24 466	22 378	21 089	19 228	22 002
资产总计/亿元	1 036.3	185.87	203.25	238.80	230.54	230.51	235.24	244.15	321.31
利润总额/亿元	34.41	10.23	12.48	20.97	9.34	8.40	7.83	10.58	10.17
营业收入/亿元	139.75	80.12	85.57	99.77	95.85	100.26	103.22	97.50	120.77
原创漫画作品数/部	9 761	9 390	7 084	8 682	10 588	65 549	217 082	23 574	11 194
原创动画作品数/部	5 206	3 102	4 261	3 382	4 979	5 617	7 222	6 328	10 194
网络动漫下载次数/亿次	22.28	81.70	207.22	324.58	409.04	1 061.4	1 113.6	925.27	/

数据来源：中国文物文化统计年鉴。

9. 其他信息技术服务业

其他信息技术服务业是指其他上述未列明的信息技术服务业，包括电信呼叫服务、电话信息服务、计算机使用服务等。

4.4.5　其他数字技术应用业

其他数字技术应用业包含两个小类：一是三维（3D）打印技术推广服务，是指各类三维（3D）打印技术推广服务活动，包括3D打印服务、技术推广等。3D打印技术是一种快速成型技术，在工业设计、航空航天、汽车、医疗等领域都能看到3D打印技术的身影。相较于传统制造业的切割工艺，3D打印技术具有加工速度快、生产周期短、批量生产等优势，并且可通过计算机实现远程控制。全球权威3D打印行业研究机构Wohlers Associates的数据显示，2009年全球3D打印产值为10.68亿美元，到2019年则接近120亿美元，行业规模虽然相对较小，但增长速度飞快。表4-17进一步展示了我国3D打印机的进出口情况，可以看到，我国3D打印机出口规模逐年增加，数量和金额都保持中高速增长。随着技术的不断进步，3D打印的应用前景将更加广阔，对我们的生产生活方式也会产生深远的影响。二是其他数字技术应用业，包含其他未列明的数字技术应用业。

表4-17　3D打印机进出口情况

指　标	类　型	2017年	2018年	2019年	2020年	2021年
数量/台	进口	6 418	4 865	7 437	12 296	7 390
	出口	655 974	1 006 797	1 431 906	2 536 468	2 879 380
金额/亿元	进口	0.50	0.65	0.64	0.50	0.38
	出口	1.24	1.83	2.76	5.11	5.84

数据来源：海关统计数据平台。

4.5 数字要素驱动业

数字要素驱动业包含 7 个中类、27 个小类，涉及互联网平台、互联网批发零售、互联网金融、数字内容与媒体、信息基础设施建设、数据资源与产权交易等。

4.5.1 互联网平台

互联网平台包含 5 个小类，涉及互联网生产服务、生活服务、科技创新、公共服务和其他互联网平台。图 4-26 展示了互联网平台业务近年的发展情况，互联网平台服务企业的业务收入逐年增加，年均增速可达 20%，2021 年突破 5 000 亿元，并且平台业务在互联网总业务收入中占比逐年提高，重要性越发凸显。

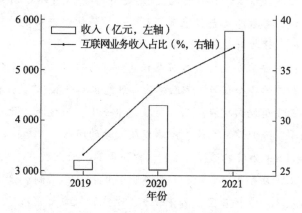

图 4-26　互联网平台业务的发展情况
数据来源：工业和信息化部。

1. 互联网生产服务平台

互联网生产服务平台是指专门为生产服务提供第三方服务的互联网平台，包括工业互联网平台、互联网大宗商品交易平台、互联网货物运输平台等。其中，工业互联网平台对生产服务具有重要影响，它可以将工业企业生产制造过程中所产生的数据进行实时高效采集，并基于海量的云端资源，对工业大数据进行整理与深入分析，对发展过程中所积累的工业知识进行确定与重复使用，为第三方开发者提供各种开发资源，帮助其快速进行工业 App 开发。工业互联网平台一般有 3 层，底层是云基础设施 IaaS（infrastructure as a service）层，主要由信息技术企业建设，提供了基础设施的虚拟化资源，例如，阿里巴巴、腾讯、华为等企业提供的云服务，可以允许用户在云端创建和管理自己的虚拟机、存储和网络资源等。中间层是由工业企业主导建设的工业 PaaS（platform as a service）层，可以理解为企业提供了一个平台，里面有完整的开发工具链等资源，使开发人员能够快速建立、运行和管理应用程序，而无须自行管理和维护底层的基础设施，从而提高效率和灵活性。顶层是由多方参与应用开发的工业 App 层，可以为特定行业或场景提供具体的应用服务。工业互联网平台是工业全要素链接的枢纽，在提高生产效率、降低成本、促进传统制造业向智能制造业转型等方面发挥重要作用，对于我国经济高质量发展具有重要意义。

海尔卡奥斯 COSMOPlat 工业互联网平台的具体应用

青州德威动力是青州知名的机械加工和装备制造高新技术企业，是以高精尖机械加工为主的汽车零部件生产厂家。在机械加工行业利润日渐下降的行业大趋势下，德威动力也面临成本不断攀升、生产效率持续低下、产品不良率高等一系列问题。同时，生产过程中刀具更换、产品送检等工序也严重限制企业生产效率。

以设备管理为例，以往设备出现故障，会导致整条生产线停产，故障上报、设备维修后再启动生产线会耽误较长的作业时间，但通过卡奥斯 COSMOPlat 物联设备实时监控机床运行参数，当运行参数与工艺标准不匹配时，设备能够自动报警核对，操作人员可以同时管理更多设备，设备开机率得到提升。

常州市亚东集团主要从事设计、加工及销售纺织面料产品，亦提供加工服务。亚东在纺织面料设计与加工的各个环节，都面临装备智能化水平低、"数据孤岛"化严重、维修成本高等问题。亚东迫切希望在现有人员技能水平下，通过数字化技术帮助他们提高良品率和排产准确率、降低停机损失、解决发展瓶颈的问题。

卡奥斯 COSMOPlat 为其打造了 1∶1 虚拟还原的"亚东数字孪生工厂"，通过数字化实验室实现生产工艺数字化，再经由试制车间实现打样、试制、检验等全流程的可视化，随后通过设备管理、能耗管理、质量管理、生产管控四大领域对批量生产环节的监管，实现了全流程、全要素的互联互通。通过改造，企业在实现降本增效的同时提高了生产效率和良品率。

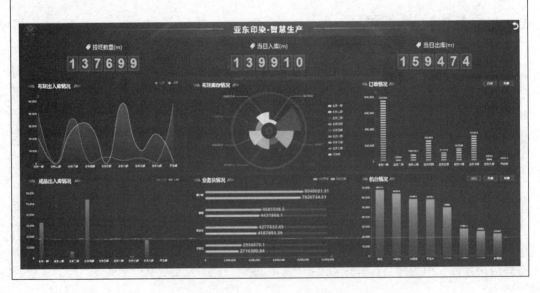

2. 互联网生活服务平台

互联网生活服务平台是指专门为居民生活服务提供第三方服务的互联网平台，涉及互联网销售、约车、旅游、体育、教育和社交等多个领域，这类平台与我们的生活紧密相关。常见的互联网销售平台有淘宝、京东、拼多多、苏宁易购等，随着互联网的快速发展，靠短视频发展起来的抖音、快手也通过网络直播加入了这一行列，互联网销售方式越发多样化，平台间竞争也更加激烈。互联网约车服务平台主要有滴滴、高德、哈啰等，中国互联网络信息中心的数据显示，2017—2023 年，我国网约车的网民使用率平均在 40%，近一半网民使用过网约车服务，结合我国网民规模，我国网约车用户规模近 4 亿人。在线旅游经营服务平台主要有去哪儿、携程、飞猪、途牛等。在新冠疫情前，在线旅游的市场规模扩张迅速，Wind 数据显示，2011 年整个在线旅游的市场规模约 1 314 亿元，2019 年则达到 1.8 万亿元，即使受新冠疫情影响，2020 年的市场规模也接近万亿元。总体而言，互联网生活服务平台联通了消费者和企业，在为消费者提供更多选择的同时也为企业创造了更多的商业机会，在为人们提供便捷和高效服务的同时也推动了商业模式的创新。

3. 互联网科技创新平台

互联网科技创新平台是指专门为科技创新、创业等提供第三方服务的互联网平台，包括网络众创平台、网络众包平台、网络众扶平台、技术创新网络平台、科技成果网络推广平台、知识产权交易平台、开源社区平台等。代表着微观经济活力的中小企业群体对中国经济的高速增长做出了卓越贡献。无论是发达国家还是发展中国家，中小企业在经济发展、促进就业等方面都具有不容忽视的推动作用。因此，如何帮助中小企业解决融资难现状、促进企业创新、将创新转化为产品或者服务就十分关键。互联网科技创新平台的建设可以为创新者提供一个交流合作甚至资源共享的平台，并且有助于降低交易成本、促进创新成果的转化和推广，从而帮助创新企业解决上述问题，促进产业升级和经济增长。

4. 互联网公共服务平台

互联网公共服务平台是指专门为公共服务提供第三方服务的互联网平台，包括互联网政务平台、公共安全服务平台、环境保护平台、数据平台等。近些年各地方政府和各部门都逐步开展"互联网+政府"服务，提供一体化政务服务平台，从而突破地理因素等限制，实现跨层级、跨地域、跨部门等全业务办理目标，提升行政效能，既能方便民生生活，也能改善营商环境。表 4-18 展示了我国互联网政务服务用户规模，可以看到，随着互联网政务平台的陆续推出，用户规模逐步扩大，年均增速超 10%。

表 4-18　互联网政务服务用户规模

年份/年	2018 上	2018 下	2019 上	2019 下	2020 上	2020 下
用户规模/亿人	4.70	3.94	5.09	6.94	7.73	8.43

数据来源：中国互联网络信息中心。

4.5.2 互联网批发零售

互联网批发零售包含互联网批发和互联网零售两个小类。互联网批发是指批发商主要通过互联网电子商务平台开展的商品批发活动。互联网电子商务平台既有综合型批发网站,如阿里集团旗下的"1688"、义乌中国小商品城官方网站"义乌购",也有不同行业的专业批发网站。

互联网零售是指零售商通过电子商务平台开展的零售活动。不包括仅提供网络支付的活动以及仅建立或提供网络交易平台和接入的活动。图 4-27 展示了实物商品网上零售额占社会消费品零售总额的占比趋势,可以看到,近年来实物商品网上零售的占比逐年增加,随着互联网普及率以及网民数量的增加,网络购物已成为我国消费者的重要消费方式。

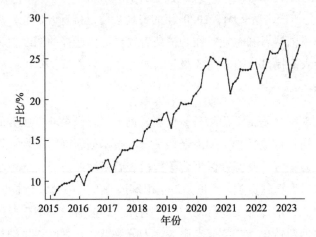

图 4-27　实物商品网上零售额占社会消费品零售总额的占比趋势
数据来源:国家统计局。

相较于传统批发零售行业,互联网批发零售业具有一定独特优势。一方面,互联网批发零售可以跨越地理和国界限制,实现全球范围内的交易,企业可以扩大市场覆盖范围,吸引更多的潜在客户,而买家也可以从全球范围内选择供应商和产品;另一方面,企业可以收集大量的数据,如销售数据、用户行为、库存水平等,并利用这些数据分析和预测市场趋势、优化产品定价、改进供应链管理等,帮助企业做出更明智的决策。

4.5.3　互联网金融

互联网金融包含网络借贷服务、非金融机构支付服务和金融信息服务三个小类。互联网借贷服务是指依法成立、专门从事网络借贷信息中介业务活动的金融信息中介公司通过互联网平台实现的直接借贷活动。常见的借贷平台有 360 借条、京东金条、美团借钱等。相较于传统商业银行以抵质押物为基础的借贷服务,网络借贷服务具有准入门槛低、手续精简等优势,用户无须前往银行,在家上传相关材料即可。但网络借贷服务风险偏高,相较于传统商业银行，借贷平台的资金实力明显较弱，并且网络借贷不需要抵押担保，一旦出现违约等问题引起资金链断裂，容易使平台倒闭。

2010年6月14日，中国人民银行发布了《非金融机构支付服务管理办法》，明确指出，非金融机构支付服务是指非金融机构在收付款人之间作为中介机构提供的货币资金转移服务，包括第三方支付机构从事的网络支付、预付卡的发行与受理、银行卡收单及中国人民银行确定的其他支付等服务，如支付宝、财付通等提供的网络支付服务。近年来，网络支付发展飞速，中国互联网络信息中心的数据显示，2008年网络支付的网民使用率仅在17.6%，2015年则突破了50%，这意味着超过一半的网民使用过网络支付服务，2019年达到85%，截至2023年，网民使用率为87.5%。表4-19进一步展示了非银行支付机构发生网络支付业务情况，2014年时非银行支付机构发生网络支付业务的笔数接近375亿笔，金额近25万亿元，而到2022年时业务笔数已经超过1万亿笔，金额接近338万亿元，网络支付已经深入人们的生活。预付卡是一种先付费后消费的支付模式，用户可以预先存入一定金额的资金到预付卡中，之后可以使用该卡进行消费等操作。根据持卡人是否固定，可以将其分为个人化和非个人化两类，预付卡服务在商场、餐饮等领域十分常见。银行卡收单是指商户通过（POS）终端等将消费者的银行卡账号、消费金额等信息输入支付系统中，经过支付机构的处理，完成资金划拨和结算，在实体店面等支付场景使用广泛。

表4-19 非银行支付机构发生网络支付业务情况

指标	2014年	2015年	2016年	2017年	2018年	2019年	2020年	2021年	2022年
笔数/亿笔	374.2	821.4	1 639.0	2 867.5	5 306.1	7 180.0	8 273.0	10 283.2	10 241.8
金额/万亿元	24.72	49.48	99.27	143.26	208.07	249.88	294.56	355.46	337.87

数据来源：中国人民银行。

金融信息服务是指向从事金融分析、金融交易、金融决策或者其他金融活动的用户提供可能影响金融市场的信息（或者金融数据）的服务，包括征信机构服务。常见企业有同花顺、东方财富等，这类企业在为投资者提供金融数据终端服务的同时，也提供证券交易系统服务，盈利模式多元化。2021年，同花顺和东方财富的营收规模分别达到55亿元和131亿元，净利润为19亿元和85亿元。除此之外，东方财富网、雪球、新浪财经等门户网站或财经频道也面向投资者提供各类财经资讯等服务，这类服务主要依靠网站访问量、点击率等吸引广告商，以广告服务费为主要收入来源。

4.5.4 数字内容与媒体

数字内容与媒体包含9个小类，主要为数字内容和媒体的制作和传播等活动，与我们的文化生活密不可分。最常见的制作活动涉及4个类型：第一类是广播，是指广播节目的现场制作、播放及其他相关活动，包括互联网广播。广播节目的覆盖率非常高，国家统计局数据显示，1999年我国广播节目综合人口覆盖率就已经超过了90%，2022年则达到

99.65%，全国广播节目套数 3 000 套左右。第二类是电视，是指有线和无线电视节目的现场制作、播放及其他相关活动，包括互联网电视。电视节目的覆盖率也非常高，2022 年达到了 99.75%，节目套数超过 3 600 套，全年电视节目的制作时间接近 300 万小时。第三类是影视节目，是指电影、电视、录像（含以磁带、光盘为载体）和网络节目的制作活动，以及影视节目的后期制作，但不包括电视台制作节目的活动。第四类是录音，是指可以在广播电台播放，或者制作成可供出版、销售的原版录音带（磁带或光盘），或者在其他宣传场合播放的录音节目的制作活动，也不包括广播电台制作节目的活动。

除此之外，还包含广播电视集成播控、电影和广播电视节目发行、电影放映、数字内容出版和数字广告 5 类传播活动。

第一类是广播电视集成播控，是指交互式网络电视（IPTV）、手机电视、互联网电视（OTT）等专网及定向传播视听节目服务的集成播控活动。

第二类是电影和广播电视节目发行，是指电影和影视节目的发行活动，但不包括录像制品的发行。基于数据的可得性，我们从电视剧的发行情况初步了解发行行业的发展情况，国家广电总局数据显示，2005 年时我国电视剧发行数量约 500 部，2015 年开始逐步下降，2023 年每季度平均发行量仅有 40 部，全年约 120 部，发行量大幅缩减。

第三类是电影放映，是指专业电影院以及设在娱乐场所独立（或相对独立）的电影放映等活动。图 4-28 展示了我国电影放映场次情况，可以看到，整个行业始终保持高速增长，2009 年全年放映场次不足 500 万场次，2019 年则达到 1.27 亿场次，年均增速超 30%，2020 年由于新冠疫情影响有所下降，但 2021 年反弹迅速。

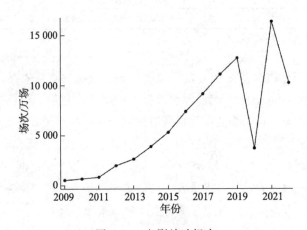

图 4-28　电影放映场次
数据来源：国家新闻出版广电总局。

第四类是数字内容出版，是指各类录音制品、电子出版物，以及利用数字技术进行内容编辑加工、并通过网络传播数字内容产品的出版服务。图 4-29 展示了录音制品和电子出版物的出版活动情况。左侧为录音制品，虽然录音制品出版单位数并未公布，但从音像制品单位数中也能大概看出录音制品出版单位的发展情况。结合录音制品的出版种数和总数，可以看到，录音制品出版规模在逐步缩减，出版种数从约 1.5 万缩减至约 5 000 种，出版总数也从近 2.5 亿张缩减至 1.22 亿张，下降速度较快。右侧展示了电子出版物的情况，出版单位数整体保持中高速增长，电子出版物的种类和总数虽然近些年有所下降，但前期增长势头强劲，整体规模依旧较高。

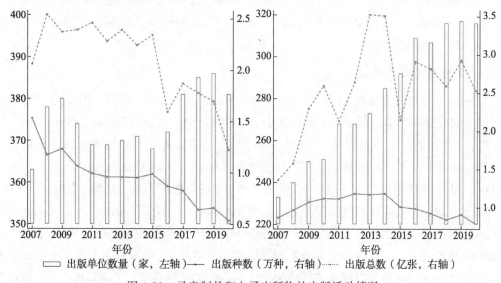

图 4-29　录音制品和电子出版物的出版活动情况

数据来源：国家新闻出版总署。

第五类是数字广告，是指在互联网平台投放，以广告横幅、文本链接、多媒体等形式，为外部客户提供宣传推广服务的活动。表 4-20 展示了近年来互联网广告业的发展情况，可以看到，市场规模较大且保持高速增长。其中，电商类广告占比最高且逐步增加，社交平台和短视频广告增速较快，而相对传统的资讯、搜索引擎广告占比在逐年降低。

表 4-20　互联网广告业的发展情况

年份/年	2018	2019	2020	2021	2022
中国互联网广告市场规模/亿元	4 094.5	4 830.1	5 493.3	6 550.1	6 641.8
互联网广告占比：电商类广告/%	37.5	39.6	45.9	46.5	49.4
互联网广告占比：社交平台广告/%	4.7	10.3	15.2	16.6	13.5
互联网广告占比：在线视频广告/%	7.4	5.8	4.4	4.3	3.2
互联网广告占比：短视频广告/%	11.3	11.5	13.1	13.2	17
互联网广告占比：资讯广告/%	14.8	13.7	7.3	/	/
互联网广告占比：搜索引擎广告/%	20.2	15.0	11.3	/	/
互联网广告占比：其他广告/%	4.0	4.0	2.6	2.8	2.3

数据来源：Wind 数据库。

4.5.5 信息基础设施建设

信息基础设施建设包含4个小类。主要涉及网络基础设施、新技术基础设施、算力基础设施以及其他信息基础设施的建设。一方面，信息基础设施建设本身是新业态的重要组成部分，属于新兴基础设施建设（简称新基建），是拉动经济发展的重要动力；另一方面，新基建有利于推动传统产业的数字化转型，提高生产效率的同时降低交易和管理等成本，对我国数字经济的发展具有重大意义。

1. 网络基础设施建设

网络基础设施建设是指光缆、微波、卫星、移动通信、工业互联网、物联网、5G等网络基础设施的建设活动。近年来，我国网络基础设施建设一直保持高增速，图4-30展示了5G基站的建设情况，2020年第一季度我国累计建设5G基站不足20万个，2023年第二季度则近300万个，建设增速惊人。《第52次中国互联网络发展状况统计报告》指出，截至2023年6月，我国累计建成开通的5G基站占移动基站总数的26%，覆盖所有地级市城区、县城城区，覆盖广度深度持续拓展，并且我国5G移动电话用户达6.76亿户。接入光缆线路长度逐年增长，全国光缆线路总长度达到6 196万千米，半年内净增长238.1万千米。网络基础设施的建设对数字经济发展具有深远影响和重要意义，《"十四五"数字经济发展规划》也指出要加快建设信息网络基础设施，对5G和6G、物联网、卫星等基础设施建设作出明确规划。

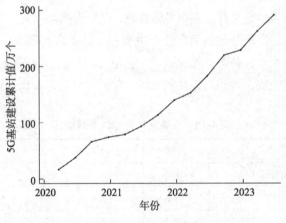

图4-30　5G基站建设情况
数据来源：工业和信息化部。

2. 新技术基础设施建设

新技术基础设施建设是指人工智能、云计算、区块链等新技术基础设施的建设活动。新技术不仅是我国经济转型、产业升级的核心动力之一，也对我们生活的各个方面产生深远影响，人工智能将在农业、制造业、汽车、医疗、教育、传媒等各个领域发挥愈来愈重要的作用，并带动相关产业发展，如交通领域的无人驾驶和交通流量优化、金融领域的风险评估和智能投资、制造业中的质量控制和生产优化等。随着技术的不断进步和数据的积累，人工智能的应用将更加普及和深入。但与此同时，人工智能也将面临一些挑战，如隐私保护、道德和伦理问题及人工智能与人类的关系等。

  云计算又称为网格计算，可以理解为把一个巨大的数据计算分解成无数个小部分，从而在短时间内完成巨大数据量的处理工作。除此之外，云计算突破了时间和空间的限制，无论身处何处都可以使用云计算，目前已经在许多领域得到广泛应用。对于企业而言，既可以将传统的本地服务器架构迁移到云平台上，通过云计算运行企业应用、进行数据备份等，从而节省成本并提升灵活性，也可以借助其高性能算力与弹性存储资源，高效处理大规模数据，支撑数据分析、机器学习等任务，从而优化运营效能与决策水平。总体而言，云计算不仅高效可靠，也可以降低购买硬件和软件的费用，不需要关注管理、维护等事项，在使用便捷的同时也能节约成本。随着人工智能、区块链等新兴技术的迅速发展，云计算将与这些技术相结合，形成更强大的解决方案，为用户提供更好的体验。

  区块链是一种分布账本技术，其本身具有以下特点：一是去中心化，由于没有中心节点，所有节点都可以参与交易和验证；二是难篡改，区块链上的交易和数据均无法被篡改和删除，只能增加新的交易；三是安全性，分布式网络和加密技术可以保护数据和交易安全。上述特点使区块链所记录的信息更加真实可靠，从而在多个领域可以发挥重要作用。例如，在金融领域，区块链是我国数字货币落地的底层技术，可以提供安全、实时的跨境支付解决方案，降低交易成本和时间；在知识产权领域，利用区块链技术可以保证作品权属的真实性和唯一性；在供应链管理领域，区块链可以帮助实现供应链的透明度和追踪性，减少假冒产品和欺诈行为，确保产品质量和安全性。

3. 算力基础设施建设

  算力基础设施建设是指以数据服务器、运算中心、数据存储阵列等为核心，实现数据信息的计算、存储、传递、加速、展示等功能的数据中心、智能计算中心等算力基础设施的建设活动。《"十四五"数字经济发展规划》明确指出，要加快构建算力、算法、数据、应用资源协同的全国一体化大数据中心体系。其中，国家重点战略工程"东数西算"对算力基础设施建设具有重要意义。数是指数据，算则指算力，即对数据的处理能力。可以类比"南水北调"工程、"西电东送"工程来理解"东数西算"工程。算力对于数字经济，如同水利之于农业、电力之于工业，是国民经济发展的重要基础设施。为什么要"东数西算"？数据的存储和计算需要大量设备，就会占用大量土地，并且设备的运行也需消耗大量电力，然而东部地区的土地、能源等资源日趋紧张，但西部地区资源相对充裕，不仅有火力发电所需的矿物资源，也可以利用风电、光伏等绿色能源发电。"东数西算"可以简单理解为把东部的算力需求引导到西部，使数据要素跨区域流动，这样既能降低使用成本，提升资源使用效率，加快实现数字化转型，也能实现东西部地区协同发展，进一步推进西部大开发，对经济高质量发展具有重要意义。

4.5.6　数据资源与产权交易

个人、企业、公共社会都会产生数据，数据经过处理可以变成信息和知识，人们可以利用这些数据获得收益，因此数据资源也会创造价值。在数字经济时代，数据对提高生产效率的乘数作用不断凸显，成为新的关键生产要素，是数字经济深化发展的核心引擎。相较于其他生产要素，数据资源具有独特的禀赋：第一，非耗损性。资本等生产要素在生产过程中会在一定程度上减少或消耗，但数据不会。第二，可复制性。数据可以被复制和重复使用，不同于土地等生产要素的有限供应，数据可以无限增长和供给，并且具有可共享的特点。第三，无形性。数据没有实体形态，可以突破物理区域的限制，并且可以被迅速修改、更新和处理以适应不同的需求。总体而言，数据蕴藏了巨大的价值，能为经济社会数字化发展带来强劲动力。

与其他资源一样，数据资源的交易也产生了新的市场。按照交易是否经过第三方进行分类，可以将数据交易分为场内交易与场外交易，场外交易主要以点对点的分散交易为主，具有交易效率高、交易规则灵活等特点，但交易安全性等问题难以保障，从而使交易风险较高。场内交易主要以第三方数据交易平台为主，如数据交易所、数据交易中心等交易机构。从数量上看，近年来，全国新建或重组各类数据交易平台80多家，副省级以上政府提出推进建设数据交易中心（所）48家，正式以"数据交易所"命名的持牌机构9家。从规模上看，《2022 年数据交易平台发展白皮书》显示，目前我国多数交易平台的注册资本分布在 5 000 万元至 1 亿元间，也有资金力量雄厚的交易平台，如上海数据交易所有限公司的注册资本为 8 亿元。相较于场外交易，场内交易安全透明，并且面对更多的需求，撮合概率更高，但目前也存在参与门槛较高、交易规模较小等问题。

现有交易的数据资源主要分为数据产品、数据服务、数据资产、数据能力 4 类。例如，企业在生产经营等活动中合法形成的数据经过加工处理后可以形成数据产品，企业也可以根据数据需求方专门提供数据分析、计算等数据服务，算力资源、算法模型、数字藏品等都是可交易的数据资源。数据资源的应用场景主要集中在生活服务、智慧城市、智慧金融、医疗健康、地理遥感等，例如，银行等金融机构可以作为数据需求方，电力公司作为数据供给方，银行利用电力等微观数据对企业经营状况有更严谨的判断，有助于缓解企业融资中的信息非对称问题。值得注意的是，在数据资源交易市场中，同一主体既可以是数据需求方，也可以是数据供给方。

近年来，我国数据交易市场发展迅速，政策法规逐步完善，形成了多层次的交易市场体系，交易主体趋于多元化。但目前数据资源交易仍存在一些问题：第一，数据权属存在不确定性。数据权属生成具有主体多元、过程多变的特点，目前数据权责尚不清晰，无法明确数据的各方权利，致使交易风险升高，会制约数据交易行为的发生。除此之外，数据的产权归谁所有、利益如何分配等问题还有待进一步解决。第二，数据资源定价难。买卖双方价值评估存在"双向不确定性"，大量零散数据交易定价均为非标准化定价，缺乏统一的数据定价规则，目前数据交易平台中的大多数据资源都没有明确定价，以面议为主。第三,数据交易双方难以互信,市场内交易比例低。在交易前,缺乏针对交易对手方和数据产品的评价体系;在交易中,买方和卖方往往对数据的真实性和完整性有一定的疑虑;在交易后,缺乏可信的交易第三方监管,难以控制数据流向,因此即使数据被交易,其价值也可能受到怀疑,从而影响了交易的效果。

4.5.7 其他数字要素驱动业

其他数字要素驱动业包含三个小类:首先是供应链管理服务,其目标是提高供应链效率和可靠性,降低库存成本,最大限度地满足客户需求。例如,在制造业中,供应链管理服务可以帮助制造商优化供应链、确保原材料按时供应,提高制造效率;在物流业中,可以帮助物流公司优化运货网络,提高运输效率并降低运输成本;在零售业中,可以帮助零售商优化库存管理,降低库存成本,并提供准确的需求预测。其次是安全系统监控服务,指各类安全系统监控服务活动,涉及消防报警、治安报警、交通安全和其他安全系统监控服务,但不包括公安部门和消防部门的活动。最后是数字技术研究和试验发展,根据国家统计局发布的《数字经济及其核心产业统计分类(2021)》(简称《数字经济分类》)可知,数字技术研究和试验发展具体指大数据、互联网、物联网、人工智能、VR/AR、边缘计算、异构计算、工业视觉算法等新兴计算关键技术,SDN(软件定义网络)、网络切片等关键技术研究应用,以及量子通信和其他数字技术的研发与试验发展活动。数字技术的发展既能推动科学技术的进步与创新,为社会发展带来新的机遇,也能为各行各业提供新的工具与方法,提高生产效率。但在带来巨大机遇和便利的同时,也提出了一系列新的问题和挑战。

1. 数字产业化如何影响经济高质量发展?具体路径有哪些?
2. 许多传统产业存在能源消耗量过大、能源消费结构不合理等问题。如果要帮助企业转型升级,在降低能耗的同时提高生产效率,哪些产业可以参与其中?
3. 相较于传统商业银行,互联网金融有哪些优势和劣势?
4. 随着互联网批发零售的高速发展,线下店铺面临诸多困境,能否将两者间的竞争替代关系转化为互补共赢关系?如果可以,具体措施有哪些?

自学自测　扫描此码

第5章 产业数字化

【本章学习目标】

1. 掌握产业数字化的基本内涵;
2. 了解产业数字化的根本动因;
3. 熟悉工业、农业、服务业的数字化模式;
4. 探索加速产业数字化转型的路径。

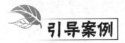

临洮县农业产业数字化转型之路

2020年2月28日,甘肃省临洮县成功脱贫摘帽,11.29万贫困人口实现了全面脱贫。临洮县产业基础薄弱,脱贫之路离不开农业产业数字化助力。2019年,临洮县通过阿里巴巴钉钉系统构建了"数字临洮1.0"。这是一个为农户提供从作物生产到线上售卖全流程数字化服务的统一农业生产服务平台,包含科技小院、数字农场等特色服务。2020年,"数字临洮2.0"基于1.0版本进行业务扩充与主题吸纳,构建了"县—乡—村"三位一体的便民为民服务平台,为农户提供了数字化新农具与新农活。此外,当地政府还专门建立直播间,邀请农产品相关专家在直播间进行技术培训和授课,并对当地农产品进行直播销售,帮助农民增收。2021年年初,为了克服交通的不便,临洮县又利用已建立的场地资源(物流区、服务区),打造西北地区首家"前店后仓"的产地仓,并将仓内农产品统一冠以"临洮珍好"的特色区域公共品牌,进一步健全了县域供应链体系,促进了全县的乡村产业振兴。临洮县紧紧围绕数字化技术进行农业产业改革,依托"数字临洮2.0"平台,逐步实现乡村振兴,是国家推动农业农村数字化转型发展的一个重点示范。

资料来源:吴彬,徐旭初. 农业产业数字化转型:共生系统及其现实困境——基于对甘肃省临洮县的考察[J]. 学习与探索,2022(2): 127-135.

5.1 产业数字化的内涵

数字技术的应用改变了传统产业发展模式,极大地推动了新时代我国经济发展。产业数字化是指传统产业将数字技术运用到生产、运营、管理和营销等多个方面来提升业务,通过数字化发展来提高生产的产量和效率的过程。产业数字化与数字产业化之间的主要区别在于它们的应用范围和市场大小。产业数字化关注的是将数字技术应用到各种产业中，因此它覆盖了更广泛的领域，并且市场规模也更大。数字产业化是数字经济发展的固有载体，产业数字化则是数字社会建设的主攻方向。

5.1.1 产业数字化的内涵和转型背景

1. 产业数字化转型的内涵

1）数字化转型

数字化转型的内涵在国家和行业间具有显著区别。美国在 2003 年提出了"数字化双胞胎"的概念，指以数字化方式复制一个物理对象、流程、人、地方、系统和设备等，并于 2014 年在白皮书中进行了详细的阐述。近些年来，美国进一步深入研究大数据以及人工智能等前沿科技领域，并为此推出一系列战略发展计划，如《大数据研究和发展计划》《国家人工智能研究和发展战略计划》等，建立一个以开放式创新、推动传统产业转型为中心的政策体系，对数字化转型的发展有很大的推动作用。德国的数字化转型以"工业 4.0"为基础，注重利用自动化和智能化建设为中小型企业创造良好的数字化发展环境，具体表现为"智能工厂"，即通过智能机器实现生产信息同步传输与生产环节协调交互等。英国是首个制定数字化相关政策的国家，早在 2017 年，《英国数字战略》就已颁布，全面推动国家产业的数字化转型。日本于 2016 年颁布了《第五期（2016—2020 年度）科学技术基本计划》，提出要以数字技术促进网络空间和物理世界的深度融合，促进大数据的广泛运用，实现以人为本，从而创造出新价值与新服务，并首次提出"超智能社会 5.0"这一美好愿景。

2）产业数字化

数字产业化和产业数字化都是实现数字经济的主要方式。数字产业化指的是利用现代信息技术的商业化部署，以促进数字行业的建立与扩张。这个概念主要涉及那些直接源自数字技术的产品与服务，以及依托这些技术构建的行业，如通信和软件服务领域。而产业数字化是指数字技术对固有产业的后天加工，以技术改进产业，带来产出增长和效率提升。

从宏观角度分析，产业数字化趋势促进了传统经济与数字技术的深度融合，增强了国家在数字生产领域的能力，进一步促成了以数字经济作为主要竞争力的战略发展蓝图。在中观产业层次，这一转型将加速数字技术在各行各业的广泛应用，实现数字资源在供应链各环节之间的有效分配，不只是促进了产业流程的改革和传统动力的快速转换，还催生了潜力无限的"新经济结构"。这种经济结构在现有产业的基础上增加了额外价值，激发了新的产业动力，实现了产业布局的调整与升级。在更细致的企业层级，数字化转型助力企业加速融入数字化进程，提升在品质和效率方面的竞争力。企业能够将数字化技术应用于研究开发、生产制造、市场销售及客户服务等关键环节，将业务流程中的关键元素数字化，增强对数据的利用率，提升数据的转化效率。通过这种方式，企业能够改进其生产和服务流程，增强其核心竞争力。同时，产业数字化为企业提供了数字化浪潮下的新机遇与新选择，助力传统企业冲破效率瓶颈以形成更好的盈利机制。2020 年 6 月，国家信息中心信息化和产业发展部联合京东数字科技研究院发布《携手跨越重塑增长——中国产业数字化报告 2020》，将产业数字化定义为"在新一代数字科技支撑和引领下，以数据为关键要素，以价值释放为核心，以数据赋能为主线，对产业链上下游的全要素数字化升级、转型和再造的过程"。

2. 产业数字化转型的背景

经历了 40 年的改革开放后，中国的经济发展模式已经从迅猛增长转向注重质量的稳健增长。但是传统产业的发展仍然面临着一些问题，例如，随着劳动力优势逐渐减弱，联合国的预测显示我国的适龄劳动人口比例预计在 2040 年将降至 65%，此后这一比例预期将持续低于全球平均水平。此外，资本的使用效率亟须提升，小型及新兴企业面临的融资难题和高成本问题依然存在；生产效率的持续下降加剧了产能过剩的挑战。同时，创新能力也相对较弱。这些问题的存在使传统产业需要寻找一条崭新的转型道路，以保证产业的可持续发展，实现经济的高质量发展。

产业数字化正提供了这样一条道路。中国信息通信研究院《全球数字经济白皮书（2023 年）》显示，在全世界范围内，数字经济中产业数字化的比例高达 86.4%，同时，产业数字化占全球 GDP 比例也已过半。这些数据说明，数字化革命正在不断加速深入渗透到产业中，产业数字化转型已成为数字经济的核心。习近平总书记在全国网络安全和信息化工作会议上提出，"要推动产业数字化，利用互联网新技术新应用对传统产业进行全方位、全角度、全链条的改造，提高全要素生产率，释放数字对经济发展的放大、叠加、倍增作用"。2022 年，我国产业数字化增加值达到约 41 万亿元，较上年同期增长 10.22%，占 GDP 比例为 41.5%。随着我国传统产业的数字化转型平稳前进，数字经济融合部分对于我国经济增长的贡献度不断提高。同时，"十四五"规划指出，坚持推进数字产业化和产业数字化是赋能传统产业转型升级、构建数字中国的有力支撑，并且提出到 2025 年数字经济核心产业增加值占 GDP 比例达到 10% 的重要发展目标。在重点行业和区域建设若干国际水准的未来全产业数字化转型促成中心已经成为必然趋势。

5.1.2 产业数字化的特征

1. 数据成为新的生产要素

随着以大数据、云计算、人工智能和区块链为代表的数字技术与经济社会深度融合，高价值的数据信息喷薄而出并演化成为一种新生产要素：数据要素。在商业模式创新、业务流程优化和决策制定方面，数据扮演着核心角色，同时，在产业的数字化改造中，它被视为最关键的资源之一。利用大数据技术作为信息开发和处理的手段，可以在处理结构化数据的基础上，进一步挖掘各类数据以及大量数据背后的商业潜力，并将其高效地转换为价值创造，这将是企业创新、产业升级、社会变革的重要来源。例如，交通出行、社交媒体、电商购物等领域的 App，在用户产生的海量数据中挖掘用户信息，可以为用户提供更为精准的服务，提升用户体验，从而促进产业发展。在淘宝平台中，用户在淘宝上的浏览和购物行为被实时记录下来，系统将信息与商品进行匹配，归纳当前需求并及时调整生产、预测未来需求并提前投入生产；再如，出行平台通过对用户出行路线与车型选择的系统分析，可以进行区域车辆与车型的有效调配。数据由用户的每次点击决定，又在很大程度上影响用户的每次点击。产业数字化已经不仅仅将数字技术简单运用到企业生产当中去，更通过数据驱动用户行为和决策的变化。

2. 以客户为中心

在数字化时代，传统产业的数字化转型成为必然趋势。但是目前来看，我国传统领域的数字化转型整体上还未充分发展，表现出较低的数字化水平，企业的业务模式正在发生智能化变化，而以应用需求为导向的软件功能创新是实现这一目标的关键。数字平台打破了传统的以产品为导向的经营模式，以用户的需求为导向，以供需信息匹配促进生产，生产者可以直接与消费者接触，真正了解消费者的需求或者体验，而消费者也可以深入了解生产过程，达成消费者满意、生产者效率提高的双赢局面。在这个互动增强的过程中，生产者、分销商与顾客的信息流动变得紧密相连，这促进了传统产业朝着更加灵活、个性化和定制化的方向发展。这种进展不仅促使了生产与消费需求之间的更精准匹配，也激发了对新商业模式的探索和创新。例如，红领集团作为国内服装界的先锋，利用大数据、云计算、物联网和智能化手段，为顾客打造了一个连通消费者和制造商的（C2M）平台。通过这一平台，红领集团实现了完全定制化的工业生产方式，成为商业模式创新的一个典范。

3. 产业互联网已成为推动产业复兴的关键力量

在对大量数据进行采集、汇聚和分析的基础上，产业互联网利用大数据、物联网、人工智能、云计算等信息技术，建立起一套能够支持工业资源全域实时连接、弹性高效供给、高效精准分配的生产服务系统，让整个行业的全要素都能被泛在地连接起来，形成一个重要的资源汇聚共享平台。在平台的介入下，产业可以充分地感知和动态地传递数据，从而提升资源的分配效率。还可以建立智能化的生产模式，形成一个交互式的服务循环，为传统的工业注入新的活力。如西门子于 2016 年推出的 Mindsphere 物联网平台，利用信息技术将产品、设备、工厂与系统连接起来，实现对海量实时数据的有效分析，优化资源配置。此外，海尔推出卡奥斯 COSMOPlat 工业互联网平台，通过将先进的制造技术与数字技术结合，以用户需求为导向，将用户引入到产品制作的全流程中，为制造业企业数字化转型提供了新方案。

5.1.3 产业数字化转型的路径

1. 智能制造推动产业数字化转型

鉴于制造业构成了我国传统行业的核心，企业加快数字化转型的关键途径便是促进智能化生产的发展。通过引入机器人技术和智能化升级，制造业企业能够将旧有的生产方式转变为自动化、联网和智能化的新型生产模式，进而孕育出个性化定制、智能生产、在线合作和服务导向制造等创新生产模式和业务形态。一些制造业企业通过数字技术来优化生产过程，构建"智能无人车间"和"自动化工厂"，将生产模式转为网络化、连续化的创新模式，突破了传统产业模式，有效提高了企业的生产效率和生产质量。西门子公司开发的用于啤酒行业的"BRAUMAT"，不仅可以让工程师对糖化和发酵的时间、温度、压力、浓度、导电率等进行精准的控制，还对最终的储存、过滤、灌装等各个环节进行控制。通过这一系统，只需少量的工作人员在计算机前操作，一小时就能生产10万瓶以上的啤酒，显著增强了企业的生产能效。此外，中小型企业执行初级的互联网转型战略，通过采纳成本效益高的模块化技术和系统，积极推动"云服务化"进程，以促进设备的互联互通及关键业务信息系统与数据的融合。这种做法增加了对云计算技术的依赖，有效缩减了决策所需时间，从而提升了企业决策的效率。建立生产的全数据链也是智能制造推动产业数字化转型的一条路径。通过深入发掘数据价值，可以促进设计、生产、物流、仓储等各环节之间的有效协作，并在此基础上构建一个满足顾客需求，并能迅速、有效反馈的生产运营管理系统。

2. 平台赋能传统行业数字化改革

在产业数字化转型的领域内，制造业巨头、信息通信技术（ICT）领军企业和互联网基础设施企业担当主导角色，它们依靠特定的行业模式来完善运作体系和共享数据资产，推进关键领域的个性化和定制化的数字化改革。基于这一策略，上述企业首先创建独立自主的数字赋能平台，促进产业内部互联网平台的广泛应用，加强有特色的网络平台及其应用系统的使用，激励先进制造业与互联网的创新性结合。进一步地，形成一系列基于数字技术的虚拟产业集群，通过人工智能、大数据分析、信息安全及软硬件开发等领域的竞争，打造一个基于新型工业应用技术和工业应用程序（App）架构的智能企业生态系统。这一生态系统旨在推动不同规模企业之间的互补与竞争关系，逐渐形成一个多层次的数字化产业结构，并积极探索由数字技术驱动的经济增长新途径。海尔集团的COSMOPlat平台便是一个例证，它不仅依靠工业应用程序的集成来增强中小企业的整体竞争力，更提供一个开放、多方互动、增值共享的生态系统，致力于为用户创造持续的价值，实现企业、用户及资源的共同创新与共赢。此平台超越了简单的技术更新和连接设备，代表着一个普遍适用的产业互联网平台，旨在促进更广泛的合作和价值共享。

3. 智慧生态推动工业园区数字化升级

在推进工业区域的数字化升级中，生态构建扮演着关键角色。产业园区作为工业发展的基石，在促进产业聚集、创新政策及吸引投资方面扮演着至关重要的角色。但由于管理效率低、服务支撑不足、运作方式陈旧等问题，传统产业园区很难对产业发展起到有效的支撑作用。数字化升级不仅为园区内的工业平台整合与提升提供了动力，也是对旧有生产、组织及管理方式革新的基本路径，对于传统产业的数字化转型具有划时代的意义。通过构建数字化和智能化的园区，围绕工业服务平台进行优化，辅以大数据技术进行园区管理，智慧园区能够实现企业间的互联互通，提升整体运营效率。此外，通过产业互动，促进新动力的孕育，形成一个健康循环的数字生态系统。企业通过应用信息技术及各类资源，采用数字化手段全面管理园区规划、设计、建设与运维，提升园区的数字基础设施建设，确保智慧理念贯穿园区的每一个建设和管理环节，进而提高园区的智能化管理和服务水平。例如，2017年启用的深圳湾智慧园区MyBay平台，为深圳湾高科技产业园区置入了"智能大脑"，实现了区域内多园区的统一运营管理，通过整合内外部资源和数据，建立起一个促进产业创新的生态系统，深圳湾科技发展有限公司也因此于2021年荣获"年度最佳企业"称号。

5.1.4 产业数字化的主要挑战

1. 数字化转型能力不够

中小企业的信息化和专业化水平比较低，拥有核心数字技术较少，数据收集率很低，产业链也很难进行协调。中小企业相较于龙头企业或大型科技企业难以通过自身力量完成数字化转型，目前，我国仅约10%的中小企业采用了企业资源计划（enterprise resource planning，ERP）和客户管理系统（customer relationship management，CRM），约6%的中小企业已使用供应链管理系统（supply chain management，SCM）步入信息化的先进阶段。大部分企业的信息化程度还仅限于办公自动化和劳动人事管理方面，如文字处理、财务管理等，大数据、企业云、数字化会议等数字技术在企业管理中的渗透率还较低。

2. 数字化改造成本偏高

产业数字化转型是一个复杂的系统工程，周期长，投入大，涉及硬件和软件的购置、系统的操作和维护、设备的更新和人员的培养等，这些都需要持续的资本投入。例如，美的集团在过去8年中，已经在数字技术上投入了百亿元人民币。虽然一些地区对企业上云和智慧工厂的建设给予了一定的政府资金扶持，但是，大部分的传统企业都面临着生存压力，在数字化转型方面的投资还远远不够。在我国，只有14%的公司数字化转型投资占比超过年度销售收入的5%，有七成的数字化转型投资不到年度销售总额的3%，其中超过半数的企业在数字化转型方面的投入低于年度销售收入的1%。

3. 数字化人才储备不足

在产业数字化转型进程中，人才是决定企业是否能够将数字技术转化为自己优势的关键。数字化转型需要"全才"的支撑，这对人才结构的适应能力和技术条件提出了更高的要求。但由于数字化的发展历程尚短却迭代频繁，数字化"全才"的培养周期相对较长、培养难度相对较高。另外，由于数字化涉及领域甚广，外部招聘不仅很难准确描述具体人才需求，也很难全面考察应聘者的岗位适配度。最终导致的结果是企业数字化运营缺少这类人才的支持，难以充分吸纳并释放数字技术与数字资源的潜在价值。目前，政府机关和传统企业都面临着"人力资源不足"的问题。

4. 数字化转型战略不清

数字化不仅是一种技术上的物理升级，还涉及经营战略、组织理念等意识形态变化。因此，必须统领全局，要明晰数字化转型的发展目标、推进步骤及补救措施，达到全局性、协同性、预防性和安全性相统一的目标。有一些企业在数字化转型过程中，缺乏清晰的思想和意识，并没有站在公司发展战略的角度来考虑问题，觉得只要购买硬件和系统，就能立刻见效，在短期内如果不能看到运营的改善，就会左右摇摆，最终导致数字化转型失败。另外，一些企业在实施数字化战略时缺少系统性的考虑，只是局部的数字化转型，很难实现其整体效果。

产业数字化走进生活

数字技术，如云计算、物联网、大数据、人工智能和区块链，正在悄然改变我们的工作和日常生活模式，改进思考社交理念。为进一步巩固技术优势，抢占产业领先地位，科技公司大力布局数字科技的生态构建，直接加速了传统产业数字化与生活场景的深度融合。

1. 城市+数字科技

京东数科联合中国雄安集团共同开发"块数据平台"，通过对新区数据的整合、统筹与应用融合，为建设数字孪生城市夯实数字经济底座。雄安块数据平台利用跨部门、跨领域的实时数据传输把握城市运行规律，开启数字化的城市治理与城市服务。数据高效流通体系的加速构建正逐步实现群众事务由"最多跑一次"转向"一次不用跑"。

2. 医疗+数字科技

公共卫生事件导致医疗资源紧缺、交叉感染易发，自诊已成为居民认可的医疗新方式与医疗新需求。面对自诊的蓝海市场，京东科技推出了一款病情诊断机器人，为用户提供专业、科学的线上问诊、医疗科普、病情监测等医疗服务。进一步地，腾讯联合实体医院开通了"医院咨询"和"在线咨询"等业务，为群众开辟线上义诊专区，方便群众足不出户地接受指定医院的免费咨询与问诊。

3. 金融+数字科技

传统金融具有弱科技属性与强线下特征，数字科技有助于传统金融机构开启数字化进程，利用线上线下渠道融合的方式广泛吸纳客户流量与数据资源，从而提高效率和智能化管控风险能力，最终获得更高的收益。中国农业银行是最早推出托管业务的银行之一，顺应数字时代潮流，农行与京东数科合作建立起智能化托管平台，将托管业务投入一站式的线上场景、一体化的线上流程。一站式表现为京东资金管理平台连接基金购买方和农行托管系统，买卖指令通过京东线上平台操作可直接被传送至农行托管业务系统。一体化表现为，农行将资金清算、会计核算、闲置资金管理等一系列售后业务均投至京东平台，业务整合大幅提升了传统金融业务效率。

4. 制造业 + 数字科技

传统制造业的质量把控始终是大批量生产作业中难以解决的难题。江苏精研科技股份有限公司联合百度智能云联合开发了一套能够自动识别瑕疵零件的智能质量检验装置，一改"肉眼 + 放大镜"的传统检测模式，不仅提高了大批量生产的质量水平，更节省了重复作业的人力投入。该仪器可以实现"1件6面"的33种缺陷同时检测，平均每小时检测9 000个零件，相较传统工业检测，效率提高约3.5倍，漏检率可降低至0.1%，节省90%左右的人力成本，投资回报率达到传统机型的6.5倍。

资料来源：国家信息中心信息化和产业发展部与京东数字科技研究院在京联袂发布的《携手跨越重塑增长——中国产业数字化报告2020》。

5.2 工业数字化转型

伴随工业4.0概念的引入，工业企业生产、研发、销售、服务等价值链正面临前所未有的颠覆，积极推进数字化转型已不再是工业企业的"可选项"，而是成为"必选项"。

5.2.1 工业数字化的内涵及特征

1. 工业数字化的内涵

所谓的数字化转型，就是指企业为了改进自己的商业模式和流程从而进行的一种战略调整。工业数字化转型以应用物联网为手段，以提升生产效率为目标，其特征是信息技术（IT）和运营技术（OT）相结合。在工业数字化转型过程中创新性地利用传感数据和数据驱动的执行机构，将对业务、运营和物理环境产生深远的影响，从而产生更大的经济效益。

2. 工业数字化的特征

（1）数据要素产业化。随着数字化时代的加速到来，数据正变得至关重要，逐步转化为企业中不可或缺的"数字资本"。这一转变标志着数据在推动工业数字化中的核心地位日益凸显。

（2）数字主体共生化。在数字化的浪潮中，企业正通过数字技术重构其业务流程，实现研发、生产、制造与市场营销的深度融合。这种整合不仅促进了技术创新和多样化策略的结合，而且在实体经济的互融共生过程中能够持续激发新价值的创造。

（3）数字创新驱动化。工业数字化本质上反映了技术创新的堆积效应，通过技术扩散、穿透和整合的作用，推动企业乃至整个行业的数字化转型进程，形成了一个以创新为核心的产业数字生态系统。

国家标准《工业企业信息化和工业化融合评估规范》提出，通过企业的数字化基础建设、单项应用、综合集成、协同与创新水平能力，可综合评估工业企业的数字时代竞争力、经济效益和社会效益及数字化发展阶段。

5.2.2 工业数字化转型的现状及面临的困境

1. 工业数字化转型的现状

我国制造业自新中国成立以来取得了显著的发展成就，然而资源紧缺始终是制造业企业发展进程中的主要阻碍，从人力资源紧缺到土地资源稀缺再到技术资源开发不足，制造业企业的生产及运营成本不断上升。目前，制造业中的传统产业占比超过 80%，具有极大的数字化转型空间与潜力。根据工业和信息化部的统计，多个传统行业在推进数字化车间和智能工厂项目的过程中显著提高了生产效率和能效。特别是，在 305 个智能制造试点项目中，平均运营成本降低了 21.2%，产品开发周期缩短了 30.8%，而产品缺陷率则下降了 25.6%，标志着制造领域正稳步向高品质发展迈进。数字化改革通过将制造优势与网络化、智能化技术融合，极大增强了生产的灵活性和细致度，推动了生产方式向柔性化、环保化和智能化转型，这对于变革中国制造业的发展模式、促进高质量成长具有关键作用。

2. 工业数字化转型面临的困境

（1）工业企业创新水平相对薄弱，核心技术面临制约。习近平总书记曾强调，尽管中国经济总规模位列世界第二，但其"大而不强、臃肿虚胖体弱"问题尤为显著，主要体现为创新方面的不足，这是中国庞大经济体的一大短板。当前，我国工业企业对创新的投入有所改善，越来越多企业注重培养自主创新能力，但在关键领域，诸如芯片、精密仪器、半导体材料等核心技术仍受到制约，导致"卡脖子"问题的存在。如何提高产业链的自主性、安全性、可控性及科技引领力方面的原始创新能力，是工业企业急需解决的难题。

（2）工业企业数字化采购和销售的普及率仍然较低。根据《2023 数字化采购发展报告》，2022 年全国企业采购总额超过 173 万亿元，基本与 2021 年持平。工业生产采购额为 103.78 万亿元，同比增长 3.62%；建筑业采购额为 9.36 万亿元，同比增长 6.48%；零售批发采购额为 60.29 万亿元，同比下降 7.43%。从采购端来看，中国工业产品的线上渗透率只有 2%，这是因为其在产业链中处于起步阶段，同时也是最重要的成本节点。在营销方面，传统的营销方式是基于推拉，而数字化营销方式是基于顾客的需要，由顾客来决定营销的时间、地点和方式。所以，企业的核心资源就是信息。为了应对数字时代的发展，传统的分销商和零售商等多个角色迫切需要进行变革。

（3）工业企业的信息公开和共享水平还有待提高。在数字经济背景下，企业需要更多的外部信息，包括产业链全链相关企业信息、政府监管审查信息、公民个人基本信息等。要充分发挥信息利用价值，就必须对其进行有效的集成。目前，政府和事业单位等的信息还处于内部汇总的过程中，需要很长一段时间才能向社会公布。而上下游企业由于产业模式滞后，往往无法及时提供有效的数据。

5.2.3 加快工业数字化转型的手段

1. 夯实数字化基础，提高数据开放与共享水平

强化制造领域的基础科技支撑，推动工业自动化、数字化和智能化的发展，增强先进智能硬件及定制化软件的供给能力，加速工业云平台的开发与普及，促进生产资源的广泛开放和共享，是实现制造业数字化转型的必由之路。从中小企业的角度来看，有必要加大专业人员的培训力度，加快生产设备的数字化和网络化改造，同时，也要加大对生产控制类的工业软件和研发设计工具的运用。大企业应该充分利用自己的行业影响力，通过开放平台资源，总结实践经验和成果，共享行业通用的解决方案，不断地释放辐射作用，促进同行业中小企业在数字化转型的进程中取得重大突破。

2. 加快组织流程化改造

在推动商业整合的过程中，企业必须以客户价值为中心，构建一个面向整个企业的系统化的商业框架。为了保证业务过程的明确性，应厘清业务的范围和界限，实现跨部门、跨业务的全面整合。将各部门之间的界限逐渐从横向上打开，以业务过程的梳理和优化作为突破口，完全杜绝由于各部门割裂造成的过程支离破碎的状况，建立一种以过程驱动、协作协同为核心的扁平化的动态组织方式，将技术、人力、设备、资金、服务、知识等各种资源进行流程化整合，以达到网络协同运行的目的。在此基础上，通过灵活、集成和智能的过程组织方法，构建企业间的开放式、动态的价值网络，从而实现更高效率。

3. 挖掘数据创新驱动潜能

如今，数据资源已成为企业升级与变革的关键推动力。在推动企业全方位融合及快速实现数字化转型的进程中，把数据当作战略级的关键资源进行有效管理与应用变得至关重要。深入挖掘大数据的创新激励潜力，加强数据与技术、业务流程、组织架构等要素的互动及合作，进而大幅提升数据应用的效率和范围。通过提高数据流、物流和资金流之间的协调一致性与整合程度，为企业整体一体化奠定坚实的基础。在此基础上，进一步提升数据流程的自动化程度，并基于数据模型的智能化决策，全面应对当前企业在数字化转型过程中所面临的复杂、多元、不确定性等难题，从而推动以大数据驱动的生产、运营、管理与服务模式的持续创新。

5.3 服务业数字化转型

5.3.1 服务业数字化转型的内涵与现状

1. 服务业数字化转型的概念内涵

服务业是我国的第三大产业，也是当前我国国民经济结构中的最大产业。服务业数字化转型是通过数字技术与服务业深度融合，推动服务业结构优化和效率提升，培育新产品、新模式、新业态，不断提升服务品质和个性化、多样化服务能力的过程。在线消费、无接触配送、互联网医疗、线上教育等，都是服务业数字化转型的具体表现。

2. 我国服务业数字化转型发展现状

2022年，我国服务业增加值达到64万亿元，占GDP的比例为52.8%，占据国民经济的主导地位。以电子商务为例，国家统计局数据显示，2022年，我国电子商务交易额为43.83万亿元，比2021年增长3.5%。根据商务部数据，2022年我国全国网上零售额为13.79万亿元，同比增长4%。其中，实物商品网上零售额11.96万亿元，同比增长6.2%，在社会消费品零售总额中占比为27.2%。目前，中国市场主体突破1.6亿户，其中个体工商户突破1亿户，市场主体中九成集中在服务业。在数字化浪潮扑面而来之际，中国服务业数字化转型呈现出平台赋能中小微服务企业的良好局面。

从数字经济渗透率看，我国服务业的数字化水平是三大产业中最高的。根据中国信通院发布的《中国数字经济发展研究报告（2023）》，2022年，服务业数字经济渗透率为44.7%，同比提升1.6个百分点，高于总体经济（41.5%）、工业（24.0%）、农业（10.5%），但仍低于全球主要国家的平均水平。可见，我国服务业数字化转型正处于快速发展时期，有着良好的发展潜力，是未来发展的重点之一。

5.3.2　服务业数字化转型的关键技术基础——大数据

服务业产生的数据繁多、零碎且复杂，大数据技术提高了服务业数据的实用性，使服务业与社会、生活的深度融合成为可能，其中，数据资产化更是为服务业数字化转型提供了强大的基础。

1. 数据资产化的含义

数据资产一般指的是企业或组织拥有的数据资源，这些资源可以为他们带来经济利益，企业可以控制或管理这些资源。数据资产的特征是可控制、可计量、可变现，只有具有这些特征并符合定义的数据资源才可能成为资产。

实际上，传统服务业也拥有大量的交易、客户信息等数据，但并未真正发挥出数据价值，通过数据分析带来收益。因此，从本质上讲，数据不直接具有商业价值，能够为企业带来实际价值的，不是数据本身，而是数据所能提供的信息，以辅助人们积累知识，并高效和正确地决策。

具体来说，可应用的数据资产主要包括三类。

（1）企业内部数据。此类数据为企业通过自身的交易和服务形成的、企业拥有且可处理的一系列数据。这一类数据主要来自企业本身，如电商公司在日常销售中收集的消费者基础数据，以及通过进一步的处理、挖掘和总结所掌握的消费者偏好数据、市场趋势数据等。对这些数据进行有效的技术处理，可为企业带来利益。

（2）企业外部数据。此类数据主要是通过网络爬虫、数据库查询、文本挖掘等方法，从互联网和各类公开资料中合理合法获取的数据。这些数据虽然不是在企业服务中直接形成的，但拥有巨大的分析价值，可以帮助企业更加了解消费者、竞争者及环境变化趋势。

（3）企业外购数据。专业的大数据服务商为各行业企业提供技术服务，积累了大量的相关数据，如客户行为习惯数据、企业交易数据等，并且由此编写了专业的数据分析报告，此类数据及报告也为企业提供了参考价值。

总而言之，数据资产化就是能够将数据变现的过程，此过程的成本产生于数据收集、处理和存储的环节。随着数据需求的深入，还需要利用数据为业务赋能，让数据进入更复杂、专业的资产化流程中。

2. 数据资产在服务业中的应用

在实体行业中，如今很多平台和运营商都拥有丰富的客户数据，在合法合规的前提下，可以基于客户终端信息、位置信息、通话行为、购买行为、手机上网行为等丰富的数据，为每个客户贴上消费习惯、行为偏好和兴趣风格的标签，并借助数据挖掘技术进行分类、聚类，形成用户画像，帮助企业深入了解用户的现实需求、潜在需求及行为偏好特征等。

数据资产化的具体流程如下。

（1）获取数据。这一步主要是从各大数据源收集企业数据，如社会报道、网络采集、机构统计数据、企业年报等，主要收集经营状况、股权信息、信用情况、行政处罚、司法信息、知识产权等多方面有用信息。

（2）处理数据。利用大数据方法、编程软件等对收集到的原始数据进行清洗、分类、合并、标准化、安全脱敏、多维关联等操作，提高数据质量，增强数据可用性。

（3）数据建模。利用机器学习技术学习专家打分，模拟专家的企业价值评估与决策过程，建立评价体系，自动高效地对企业数据进行全方面、多维度的解析，最终输出企业评价报告。

（4）实践应用。在完成模型建立之后，可以将风险模型应用到金融机构中，并不断进行迭代与优化。

通过以上四个步骤，完成数据的取得、处理、建模、应用并产生价值过程，整个过程就是数据资产化。随着数据资源越来越丰富，数据资产化将成为企业提高核心竞争力、发现并顺应市场趋势的关键。企业以扎实的数据资产化技术，打破数据之间的"信息孤岛"状态，应用云计算、大数据和人工智能技术帮助企业实现数据资产化运营。

3. 数据资产化的发展阶段

数据资产化这一概念是在信息资源和数据资源的概念基础上逐渐演变而成的，随着数字管理、数据应用和数字经济的不断发展与进步，数据资产化也越来越受关注。目前，各行各业正积极开展数据资产管理活动，该活动普遍经历四个阶段。

第一阶段，分析数据。主要是通过对企业内部数据的整理建立数据仓库，改善业务和经营分析的准确性，实现企业的数据资产管理。这一步可以对企业的运营与分析起到重要的推动作用。

第二阶段，开发数据。企业在此阶段不能局限于分析已有数据，而是需要根据自身经营战略主动进行数据的开发。该阶段企业的目的是治理数据，资产管理对象也从分析域延伸到生产域。同时，企业为了提高数据质量，还会在数据库中开展数据标准管理和数据质量管理。

第三阶段，技术创新。借助人工智能、大数据和区块链等新技术，企业可以建立一个综合的大数据平台，将各方面的数据整合到一个统一的平台上。这个平台提供了数据收集、处理和分析等功能，同时设立了元数据管理、数据共享和安全保护机制，还开发了创新的数据应用程序。

第四阶段，深度运营。在这个阶段，数据已经成为企业生产不可或缺的核心要素，它不仅可以赋能企业业务的内部创新，还逐渐成为可以满足企业外部客户需求的数据产品。许多行业的数据资产管理已经进入此阶段，各个企业积极评估自身的数据管理能力，通过数据管理能力评估模型（DCMM）等工具不断提升数据资产管理的能力水平。

5.3.3 服务业数字化转型的意义

1. 打破空间限制，扩大服务范围，优化资源配置

传统服务产品的生产与消费具有同时性，因此难以在不同区域间自由流动。在数字技术的赋能下，服务业可以打破空间限制，通过网络将各地消费者与服务者联系起来，达到与面对面服务同样甚至更好的效果，如线上问诊、远程办公、网络教学等。

2. 消费者深度参与，促进服务质量的提高

数字技术不仅增加了产业运作过程的透明度、降低了产业与消费者之间信息不对称，还给予企业一个可以与消费者互动的网络平台，使消费者深度参与企业的运作过程，并与企业进行信息的即时交互。这可以让各个服务企业有渠道借助大数据技术了解消费者的需求与建议，进而提高服务质量。

3. 使服务产品生产与消费过程可分离，具有可储存性

传统的服务业，大多是即时生产及消费的，如教学、业务办理等，难以将生产和消费的过程分离，放在不同的时间、空间里进行，也难以将服务产品储存下来。数字技术解决了此类问题，使部分服务产品可以通过数字形式储存下来，供消费者随时使用、反复使用，如网上教学、线上自助业务办理、智能客服等，提高了服务效率。

4. 促进新型产品的产生，构建服务生态链

数字化环境使各类智能产品之间可以实时进行数据交互，进而在不同的服务、产品之间建立连接，促进新的商业机会产生，推动新型产品的研发和应用。同时，具有连接性的服务产品之间，可以共同为消费者提供一个无缝的使用场景，构成服务生态链，提高服务质量与效率。

5.3.4 推进服务业数字化转型的建议

1. 服务业数字化转型的演化路径

面向构建现代服务产业体系的整体目标，解构新一代信息技术和服务产业的作用。数智技术驱动下的现代服务业演进过程可分为以下三个阶段。

（1）技术赋能阶段。积极应用新兴的信息与数字技术，夯实服务企业的数字化基础。重点针对服务的内容和场景进行数字化改造和设计，使企业的服务质量和竞争力得以提升。随着数字技术的渗透和升级，服务的业务流程也会进行适配性改变甚至再造，持续使服务过程更加适应客户需求。

（2）技术与产业融合阶段。该阶段致力于现代服务业的高端化，是以先进数字技术的产业化为手段，强调数字技术与服务产业之间的深度融合。在这一阶段，服务业务流程的重组再造频繁发生，可能衍生出更加合理、丰富的专业化分工。这又进一步激发数字创新的产生，使服务业务能够更快地变现和增值，形成现代服务业的产业竞争优势。

（3）产业升级和创新生态完善阶段。经过数字技术与服务业的深度融合，现代高端服务产业体系的雏形得以构建。在此基础上，加速催动服务企业商业模式创新，积极拓展新兴服务业态，形成核心企业主导、配套企业协同、多主体可持续联动的产业创新生态。此时，服务业务流程将进入相对成熟的状态，但仍然能够通过自生长而不断优化迭代。

2. 推进服务业数字化转型的建议

目前，现代服务业的数字化转型正在由技术和产业融合向产业升级和生态体系完善过渡。转型的动力来自两方面，一方面是外部竞争压力，中国服务行业的条件、环境与消费者需求等都发生了较大的变化，传统服务业对劳动力投入和人力资本积累的局限性造成的成本高、压力大等问题都在倒逼产业转型；另一方面是企业内生增长的驱动力，企业管理者与员工意识、工作需求的变化，都推动了服务业转型。依据这两方面动力，可提出以下加速服务业数字化转型的建议。

（1）推动不同细分行业的数字化转型。生活服务业覆盖的范围很广，不同细分行业之间的互联网渗透率相差较大。实际上，除了电影和票务领域的互联网渗透率较高之外，大多数细分行业的互联网渗透率并不高。所以，为了不断拓展与深化服务业数字化的范围与程度，应该推动各个细分行业进行相应的数字化转型。

（2）积极发展新个体、微经济、多点执业等服务业的个体新业态。这3个新业态是伴随移动互联网发展和人们个性化需求而产生的，包括社交电商、网络直播等多样化的自主就业新个体，依托于各类众包平台进行副业创新的微经济，以及跨企业、多雇主、灵活用工的多点执业。服务业数字化改造后，非常容易与其他业态相结合，形成更大规模的产业生态，从而显著提升消费的数量和品质。

（3）加强新型基础设施的支撑。服务业数字化离不开高水平的数字化基础设施，要从服务业做大做优做强的大局出发，布局建设优质的服务业数字化基础设施，这需要以全面提升服务业的数字化、智能化和网络化为目标，建设一批以互联网和物联网为主要服务对象的通信网络基础设施，以服务大数据中心、智能服务中心为代表的服务算力基础设施，以及以沉浸式服务、体验式服务为代表的数字服务体验中心等。

（4）提高服务业从业人员综合素质，打造"人+智能"的服务业。虽然智能产品带来了极大的便利，但服务业的核心仍是"以人为本"，而只有真正的"人"才能更加了解消费者的需求，使服务更具有灵活性与准确性。因此，应打造"人+智能"的数字化服务业，促进高质量发展转型。

5.4 农业数字化转型

5.4.1 农业数字化转型的内涵与现状

1. 农业数字化转型的概念内涵

农业数字化转型是将数字技术以及数据资源应用于农业的产、供、销全过程中，将过程中的每一个步骤智能化、数字化和信息化，从而提高效率与收益，解决农业生产中的现有矛盾。

具体来说，农业数字化转型主要体现为无人智能育种、生产环境监测、智能仓储管理、数字加工和数字交易等功能，广泛应用于种植业、畜禽养殖业、水产养殖业、种业、农产品加工业、仓储物流业、市场交易业和休闲农业等相关产业，是数字技术与实体经济的融合。

2. 我国农业数字化转型发展现状

中国虽然是传统的农业大国，总体的农业规模庞大，但是目前农业生产还未实现专业化和规模化，核心技术水平不过硬。目前，我国农业农村基础数据资源建设处于刚刚起步的阶段，并且关键技术研发落后，农业专用传感器研发不足，农业农村领域数字化研究总体滞后，数字经济在农业领域的市场份额相较工业领域较低，开发利用程度不高。有数据显示，2022年，我国农业数字经济普及率达到10.5%，较上年同期增加了0.4%；全国智慧农业经济规模达到9 721.11亿元，同比增长了10.9%。

在技术高速发展以及政府的大力支持下，中国的农业数字化转型行动迅速。2021年中央一号文件指出，要坚持把解决好"三农"问题作为全党工作的重中之重，把全面推进乡村振兴作为实现中华民族伟大复兴的一项重大任务，举全党全社会之力加快农业农村现代化。《"十四五"推进农业农村现代化规划》明确提出，到2025年，乡村振兴战略全面推进，农业农村现代化取得重要进展。在如此难得的机会窗口下，我国数字农业领域取得了较大的进步，比如，北京小汤山技术示范园区利用卫星遥感技术监测农作物生长状态；黄淮海和京津冀地区进行了小麦遥感估产和作物灾害损失评估；浙江兰溪市使用数字农业技术对作物大棚内的湿度、温度及作物状态等情况进行实时的数据监控。

此外，得益于社会环境的支持以及技术的不断提升，我国智慧农业产业正在不断发展，市场规模持续增长。结合中国农业产值，2022年我国智慧农业市场规模约743亿元，同比增长8.5%。综上所述，虽然我国农业数字化转型起步晚、基础差，但在技术进步与政府的大力支持下，农业数字化转型正处于重点发展时期，有着良好的发展前景。

5.4.2 农业数字化转型的关键技术基础——区块链

随着技术的发展与完善,区块链技术已经从最初的数字货币研究延伸到了各个产业领域的应用,在农业领域,区块链技术以其去中心化、开放性、不可篡改性和可追溯性的特点发挥着重要作用。通过区块链技术的研究与应用,农业管理、种植技术等方面实现了信息化、智能化的提升。更重要的是,区块链技术与其他数字技术的结合,为农业的数字化转型提供了稳定可靠的数字化环境,促进了农业产业链的高效运作与管理。

目前,区块链在农业领域的研究与应用已经初具规模。立足我国本土实践,"区块链+农业"创新体系主要呈现出六大应用范式:

1. 智能物联架构重构

针对农业标准化程度低、物联应用场景复杂的特点,区块链技术可构建分布式农业物联网络。通过去中心化运维模式,有效解决传统中心化架构下设备扩容引发的指数级运维成本增长,为规模化智能农业发展提供底层技术支撑。

2. 数据治理范式革新

在农业农村数字化工程持续推进背景下,区块链的链式存储机制为多源异构、时序离散的农业大数据提供了真实性保障。区块链的不可篡改特征有效维护了数据全生命周期的可信度,确保多维度数据资源的应用价值。

3. 质量追溯体系升级

面对农产品产销地理跨度大、生产投入要素(如化肥、农药的数量和费用)复杂的现实困境,区块链的全程留痕机制构建起不可篡改的质量档案。这种技术特性显著强化了农产品品牌公信力,为消费端信任构建提供数字化解决方案。

4. 普惠金融模式创新

破解农村信贷困局的关键在于区块链的信用锚定体系。该技术可完整记录信贷评估机构所采集的征信数据,形成去中介化的信用凭证流转机制,实现融资过程的全流程穿透式监管,提升农村金融服务的可获得性。

5. 保险服务效能优化

针对农业保险产品供给不足与灾害多发现状,区块链的时间戳技术与智能合约的融合应用,重构了核损、确权及赔付流程。这种技术耦合显著压缩了保险服务的中间环节,形成自动化理赔服务范式。

6. 供应链协同再造

区块链分布式账本有效破解农产品流通的全链路信息孤岛问题。通过建立跨环节数据共享机制,实现从生产源头到消费终端的全要素追溯,为质量监管和产业信任重构提供技术基础设施。

5.4.3 农业数字化转型的意义

1. 传统农业的局限性

传统农业是在自然经济条件下，以农户为基本单位，采用原始的生产技术和耕作方法进行生产的农业，它主要有如下四个方面的局限性。

（1）规模小，效率低。受制于有限的人力与落后的工具，传统农业通常规模较小且劳动生产率较低，对土地的利用率不高。

（2）主观性强。传统农业通常是农民依靠长期积累的经验来判断播种时间、作物的生长情况、环境的适宜度等，因此主观性较强，农作物质量参差不齐，效率较低。

（3）不确定性强，受外界因素影响大。传统农业的突出特点就是"靠天吃饭"，即每年作物产量的多少十分依赖自然条件，如降水量、日照量等。此外，传统农业对自然灾害等突发情况的抵御能力较差，如虫灾、疫情等灾害会对传统农业造成巨大的影响。

（4）缺少分销渠道，销售范围小。传统农业的特点之一是"自产自销"，农民的收成除了满足自身需求外，通常只在距离较近的地区售卖，因此容易形成供求不对等的情形。农业较发达的地区供大于求，容易造成产品堆积，而偏远地区或农业条件较差的地区却供不应求。因此，缺少分销渠道的传统农业，不利于对产品进行有效的分配与售卖。

2. 数字化农业的优势

（1）扩大生产规模。数字化技术的应用，可以实现农业生产、加工、管理、销售等多个环节的信息化管理和智能化升级，突破人力有限的约束，从而提高农产品的附加值和生产效率，扩大生产规模。

（2）减少主观性与不确定性，提高生产要素分配效率，提高生产质量和经营效率。基于物联网的感知体系驱动农业数据采集模式革新，实现从人工录入向设备自主捕获的范式转换，在确保信息同步传输的同时显著提升数据保真度。而数字化与大数据分析技术使农业生产逐渐规范化、模型化。农民可以实时监测到准确的土壤湿度、天气条件及农作物生长状况等信息，从而能更精准地做出灌溉、施肥等决策，提高生产要素分配效率。此外，农民还可以提前做好对可能到来的自然灾害的防范准备，大大减少了环境的不确定性所带来的风险，提高了生产质量和经营效率。

（3）促进产销精准对接，减少信息不对称，保障度高。农业数字化转型可以促进农产品产销精准对接，解决供求不对等的矛盾，推动产需双方信息获取效率和处理效率，在扩大销售范围的同时降低交易过程中的不确定性。而区块链提供的可追溯性，让食品安全监督更有力度，质量更加有保障。

（4）促进绿色农业发展，减少浪费、保护环境。新一代数字技术集群的应用，不仅能突破传统农业生产效率边界，更能通过精准资源管理，实现战略性农业资源维护的诉求。对杀虫剂、肥料的精准投放可降低土地污染程度；对农作物健康的实时关注会提高作物质量、减少浪费；自动化废物管理以及废物再利用技术也可以减少污染与浪费。

简阳生猪种养循环园区

简阳市种养循环现代农业园区（以下简称"园区"）位于简阳市河东片区的青龙镇，包括水井村、明星村、联合村等，园区规划面积1 014.7公顷，核心连片面积7 415亩。该园区位于丘陵地区，拥有独特的丘陵生态资源，以种养循环和产加一体的经营模式为核心，实现农业产业链的闭环，主要业务为"生猪—特色水果（桃）"种养循环生态农业模式，包括食物种养、生猪养殖等。同时，进行相关技术研发，将科研成果转化为生产力，生产绿色农产品，以满足现代社会对健康和环保的需求。

园区联合成都一口吖吖农业有限公司和福建傲农生物科技集团股份有限公司等龙头企业，共同致力于打造生猪数字牧场，以丘区特色水果（主要是桃树）种植和生猪养殖为主导产业，采用种养结合的绿色高效生态经营模式，旨在提供绿色、优质的农产品。企业联合建设334公顷桃树果园、34公顷大棚蔬菜及其他粮果蔬作物种植基地，并筹建粪污处理及有机肥转化基地，将生产的有机肥施用于桃园及其他果蔬基地，实现循环利用和生态可持续发展。

总的来说，该园区以生猪养殖数字牧场和特色水果种植生产模式为核心，采用先进技术建立了养殖场和种植基地，实施绿色的种养循环模式，包括生猪养殖、粪污处理、有机肥生产等环节，通过资源循环实现了高效利用。同时，建立了水肥一体化设施设备，配备病虫害管理体系，采取综合防治的管理手段保障农产品质量和安全。此外，园区还延伸了产业链，建立了农产品物流体系、水果分拣中心及初加工基地，提升了农产品的附加值和市场竞争力。

简阳市种养循环现代农业园区致力于采用种养循环模式，并引入新技术以提升效率效益、充分利用资源、减少浪费、保证农产品质量和增加经济收益。通过种养循环模式的运用，园区有效利用废弃物和生产资源，降低成本，提高资源利用效率。同时，不断引进、应用农业新技术，实现生产方式的现代化和智能化。这一模式保证了绿色农产品的供应，提高了农产品的质量，增加了经济收益，同时积极提升了园区的生态效益和品牌效应，对周边地区的农业种养循环发展起到了积极的示范作用，对当地农业的可持续发展具有重要意义。

资料来源：龚鹏博，胡碧霞，应寿英，等. 丘区种养循环模式的实践应用——以简阳生猪种养循环园区为例[J]. 现代化农业，2022(8)：85-87.

5.4.4 推进农业数字化转型的建议

农业信息化组织体系通常以四种模式为主，分别是政府主导型、科研院所研发型、企业合作型和农户自发生产型。在政府主导型模式下，政府扮演着主导角色，推动农业信息化的发展和应用；科研院所研发型模式以科研机构为核心，通过其研发的技术和产品来支持农业信息化的进程；企业合作型模式侧重于农业企业与其他相关企业的合作，共同推动农业信息化的应用；而农户自发生产型模式则是农户自发地利用信息化技术进行生产，推动农业信息化的基层应用和普及。这些不同模式相互补充，共同构建了完整的农业信息化组织体系。因此，要加速农业数字化转型，可从以下四个方面入手。

1. 加强政府引导作用，加大政府投入支持

政府应充分发挥自身的引领作用，通过政策、财政投入等手段，巩固、加强农业数字化水平较高地区的发展，帮助、带动农业数字化水平较低地区的进步，从而加速农业数字化转型。

（1）促进耕地集中化管理，借助规模化经营实现生产效能优化与成本控制。可整合行政调控力量与基层自治组织，加速土地资源流转进程。通过扩展耕作单元面积、优化经营体量结构，以及强化地块空间连续性，提高智能农机装备的资源配置效能，增强精准化作业水平。

（2）推动农业社会化服务主体培育，通过集约化运营实现生产资料投入与资源损耗的优化。分散的农业经营主体在数字技术应用方面存在天然短板，而专业化托管服务机构通过为新型农业经营主体（如合作社）提供智能植保等标准化服务，可显著减少生产资料的投入成本，在提升作业效能的同时有效控制面源污染，推动农业生产方式向智慧化转型。地方政府可采取专项补贴等政策工具扶持本土服务组织成长，亦可建立战略合作机制，引进具备数字技术优势的农业产业化龙头企业和智能装备制造商，构建多元化的现代农业服务体系。

（3）加大对青年农民数字化转型的财政激励。设立青年农民创业基金，给予低息或无息贷款支持；有计划地组织相关人员到省级以上培训机构进行系统性集中学习，发放技术等级证书；基于土地产出率考核入选人员生产经营成果，对表现优异者优先授予示范家庭农场、示范社会化服务组织等荣誉；加强政治激励，对数字化转型成绩突出的，优先推荐其参加人大代表选举、担任政协委员、评选劳动模范等。

2. 提高科研能力，加快技术创新与融合

科技创新与科研能力是农业数字化发展的前提条件。因此，应注重创新型人才的培养，加大科研投入，以推进农业产业数字化为目标，力求将物联网、大数据、区块链、智能传感等各类技术与农业需求深度融合，切实使农业产业链的各个环节都实现数字化转型。

（1）推进新型基础设施建设和软件系统推广，破除密度和覆盖面落后问题。应进一步加快推进5G、农业物联网等新型基础设施建设，优化农村信息服务、数字平台等软硬件基础设施建设，推动乡村道路、水利、电力、物流等重要基础设施的数字化转型升级改造工作。

（2）整合现有资源打造省级农业大数据平台，破除信息化系统关联不强问题。当前，我国涉农信息化系统种类繁多（50余个），90%为国家及省、市级统建的信息平台，但各系统之间关联不强，信息数据共享比较困难。这一现状不仅增加了人力物力成本，且影响了农业相关决策的科学性。需要借鉴政务数字平台在数据管理、安全维护等方面的经验做法，以省为单位将农业资源和产业发展情况全部摸底后并入统一的数字化平台，实现全省农业数据资源"一张图"，通过建模和分析，指导全省农业生产和销售决策。

（3）加快"智慧型"高标准农田建设，破除农田的粗放式管理问题。各省应进一步有效利用农业大数据平台，利用物联网设备将远程灌溉、气象监控、病虫监测等应用功能融合，不断完善农田基础设施，对各类田块实现精准管理，构建起智慧农业产业体系。

3. 鼓励跨界组合，延伸农业价值链

鼓励跨界组合，通过数字经济赋能传统农业，打造产业园区，促进产业集群，推动数字化创新，夯实农业数字化转型的产业基础。

（1）延伸数字农业链条。以农业大数据应用为导向、推动产业组织和商业模式创新，是当前农业发展的重要方向之一。在这一背景下，鼓励发展农业电子商务，延长数字产业链，有助于提升产品附加价值和品牌形象质量，同时加快上下游产业延伸发展。为实现这一目标，建立全面高效的供应体系、打造完整的供应链是至关重要的举措。这些措施相互促进，共同推动着农业产业的转型升级和可持续发展。

（2）打造数字农业产业集群。通过建立农业数字技术创新联盟、产业联盟等，充分发挥联盟的多方合作、技术交流与资源整合的优势，推动人工智能、互联网、大数据技术和实体经济深度融合，利用数字经济的放大、叠加、倍增作用，加速农业数字化。

（3）建立数字农业品牌。利用数字技术开发农业新特点，如智慧、体验、分享和定制等，成为推动农业发展的重要动力之一。在电商兴起的背景下，发展新型农业，抓住电商带来的机遇，成为农业转型的关键策略之一。在这个过程中，建立独具特色的农业电商品牌则是至关重要的一环，它不仅可以提升产品的竞争力，还可以为农产品赋予更高的附加值和品牌形象，从而促进农业产业的升级和发展。

4. 提高农业经营者自身素质

在数字经济时代，数字化素养是应用和推广各种数字技术的基础和前提。但目前农业经营者数字化素养的缺乏严重情况制约了农业数字化转型。亟须从加大培训和财政激励等方面，着手建立农业数字化转型人才支撑体系。

（1）向现有农户普及数字化的作用。对农户进行数字化知识培训，提高农户自身素质，有利于农业数字化应用的推广，促进农业现代化技术的发展，加速农业数字化转型。

（2）加强对青年农民的数字化培训。随着农业数字化转型领域的发展，科技元素不断增加，而年轻一代更愿意接受并掌握新知识、新技术。建议在全国实施"青年农民计划"，并探索将流转土地达到一定规模、流转期限在5年以上的职业农民以及在规模社会化服务组织担任主要领导职务的农业院校学生、40岁以下青年纳入"青年农民计划"。同时，还要加强对涉农企业或农业合作社经营管理人员等多元主体的数字意识培训和数字思维训练。

1. 针对当前工业企业面临的数字化转型困境，你认为可以采取哪些措施来改善？

2. 请结合服务业数字化转型相关内容，思考如何利用数字化技术改善传统服务行业的效率和质量？请结合具体案例进行讨论。

3. 企业应该如何有效地利用数据资产？

4. 人才是推动产业数字化转型的重要因素，作为新时代人才，我们可以为产业数字化转型做些什么？

自学自测　扫描此码

第6章

企业数字化转型

【本章学习目标】

1. 掌握企业数字化转型的基本内涵；
2. 了解影响企业数字化转型的因素；
3. 熟悉企业数字化转型的两种模式；
4. 理解企业数字化转型的后果。

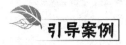

"美的"数字化转型之路

美的集团是中国最大的家电企业之一，常年在空调、冰箱、洗衣机领域名列前茅。如今，美的以数字化和智能化为驱动，已实现了数字驱动的全价值链生产和柔性化的智能制造模式。

事实上，这家传统的硬件制造企业在过去主要依靠家电市场的规模效应和廉价的劳动力来实现市场增长。然而美的董事长及CEO方洪波在很早的时候就意识到，这种红利将会越来越弱，于是在2011年，美的决定转型。

美的首先在旗下的小天鹅推动了"T+3"模式，将传统的产销转为直接汇总零售商的订单，多批次小批量的柔性生产模式，共分为4个步骤：搜集客户订单，交付工厂（T）；工厂采购原料（T+1）；生产（T+2）；发货上门（T+3）。"T+3"实施后，小天鹅的供货周期从原来的23天压缩到12天，减少了库存积压，提升了周转率。凭借这一模式，小天鹅在2015年实现营收131.3亿元，打败了当时的洗衣机巨头海尔。随后，美的又将"T+3"模式用在空调领域，剑指格力。

同时，美的的数字化转型也在运营层面展开。从2012年底开始的"632工程"（6个运营系统：研发PLM、计划排产APS、供应商协同SRM、ERP、制造执行MES、客户管理CRM；3个管理系统：财务、人力、商业智能BI；2个集成：用户界面集成、数据集成），到最近的工业互联网和数字化灯塔工厂建设，能观察到的是运营体系的全面数字化转型。

资料来源：艾瑞咨询《2022年中国制造业数字化转型研究报告》。

美的集团过去十多年的数字化转型之路，是中国制造走向中国"智造"的一个缩影，也是中国企业数字化转型升级的一个典型样本。那么，企业的数字化转型到底是什么？影响数字化转型的因素有哪些？数字化转型又会给企业带来什么结果？对于这些问题的回答将有助于认识企业数字化转型的内涵、前因及后果，初步建立对企业数字化转型全貌的认知。这对数字经济时代理解商业企业的组织适应与变革行为具有重要意义。

6.1 企业数字化转型的基本内涵

伴随着众多新兴数字技术（如云计算、大数据、物联网、区块链、人工智能等）的推广与应用，我们迈入数字经济时代。数字技术通过数据技术、网络技术和计算技术，实现对数据的获取、传输和分析，帮助企业进行数据驱动下的动态决策，进而持续强化对经营活动的支撑。特别是数据的资源属性在企业发展中的作用不断凸显，逐渐成为核心生产要素。在数字技术的支撑和赋能下进行数字化转型，已成为产业和企业变革的"必答题"，而非"可选题"。

北京大学国家发展研究院与智联招聘联合发布的《2022雇佣关系趋势报告》显示，数字化浪潮下，各行各业都在加快数字化进程，81.6%的企业开始数字化转型，可以发现，数字化转型已成为目前企业发展的主流趋势，尤其在大型企业和上市公司，这种趋势会更为明显。其中，万人以上企业进行数字化转型的占比达到92.3%，1 000～9 999人的企业进行数字化转型的占比达到93.1%，远高于20～99人企业的71.7%。正在进行数字化转型的上市公司占比高达98.1%，高于股份制企业的88.6%、国企的81.6%、民营企业的76.4%。规模型、龙头型企业技术领先、人才济济，更容易启动数字化转型，而中小微企业和民营企业受限于资金、人才等资源，开展数字化转型的步伐较为迟缓。本节将从定义、特征及范围三个方面阐述"数字化转型"的概念内涵。

6.1.1 数字化转型的定义

数字化转型可以从广义和狭义角度来界定。广义角度上，数字化转型是通过数字化的产品和技术，全方位改造人类的生产和生活，利用各种数据和信息实现数字化、自动化、信息化和网络化，实现数字技术与经济社会的深度融合。狭义角度上，数字化转型聚焦组织层面，而本章侧重于企业的数字化转型。

第一，从企业数字化转型的三个方面来理解其内涵，包括数码化、数字化和数字化转型。一般认为，需要前两个增量阶段才能实现最后的"转型"。数码化是一种将模拟信息转换为计算机可以接收的数字信息的行为，目的是方便计算机接收、处理、存储和传输信息，从而实现资源的高效配置。例如，在企业采购过程中，通过数字表格或数字应用程序进行内部财务订购与申报。这一阶段主要是在不改变企业价值创造活动的前提下，实现内部和外部文档信息流程的数字化。

第二，数字化是指企业利用现有的信息或数字技术，对既定的业务流程进行改造的行为。例如，通过创建新的基于网络的沟通渠道，使所有的利益相关者都能轻松地与企业互动，并改变企业与利益相关者之间互动的传统方式。这一阶段利用数字技术优化业务流程，实现流程的高效协调，并通过优化用户体验创造新的价值。数字化转型涉及的范围最广泛，它影响着整个公司及其经营方式，超越了简单的组织流程和任务的改进，基于新的商业逻辑来创造和捕获价值。

现有研究关于企业数字化转型还没有统一的定义。比如，有学者认为，数字化转型是企业利用数字技术应对环境变化从而改变价值创造的过程。具体指的是：一个通过信息、计算、通信和连接技术对实体改进、重塑实体属性的过程。而有学者认为是数字技术带来了企业商业模式的变化，这种商业模式的改变会导致产品或组织结构的改变或是实现流程的自动化。综合来看，数字化转型是企业在数字技术（包括信息、计算、通信和连接技术）的基础上，以数据为核心，通过产品或服务转型和流程优化，对业务运营、商业模式、组织结构和组织文化等各方面进行重塑，最终提升企业绩效与竞争力的一系列变革。其中，企业是主体，数字技术是工具，转型的内容涵盖业务运营、商业模式、组织结构和组织文化，致力于实现的结果是绩效与综合竞争力的提升。

6.1.2　数字化转型的特征

数字经济的飞速发展推动企业和相关产业沿着价值链不断攀升，新兴数字技术也对企业生产效率、运营效率等产生显著的积极影响。在企业数字化转型的这一过程中，主要表现出以下四个特征。

第一，创新性。数字化转型的创新性一方面体现为一系列新兴数字技术（如5G、大数据、物联网、云计算等）在动态中不断实现更新升级；另一方面体现为企业在采用这些数字技术时，也需要创新性的思考与创造性的应用，从自身实际情况入手，实现数字技术与企业发展的更好融合。

第二，系统性。数字化转型的系统性主要指这一系统性变革会涉及企业、产业、政府、社会等多方主体。因为企业通过数字化转型这一变革实现运营模式及商业模式的革新，进而推动所在产业的升级优化，并最终加速实现政府和整个社会行为模式的变革。

第三，环境依赖性。组织转型很容易受到环境的影响，数字化转型对环境的依赖性尤其明显。一方面，数字技术的发展要求企业匹配有数字化转型所需的能力、方向路径和模式；另一方面，数字技术的发展重塑了市场和社会环境，改变了消费者、公众及竞争对手间的关系，也需要与企业数字化转型相配的外部环境。

第四，不可逆性。通过变革相应业务，创造技术经济新范式，进一步促使数字经济演化，最终影响整个经济社会的发展，产生某种程度的"质变"。这个过程并不意味着数字化转型对经济社会的影响必定是积极的，但它一定是不可逆转的。以新一轮科技革命和产业变革为基础的数字化转型，绝不止步于简单的生产流程的自动化或劳动替代的无人化，而是更注重如何为经济和社会的发展创造革命性的机会窗口。

6.1.3　企业数字化转型的范围

企业数字化转型虽然离不开对数字技术的使用，但是绝不仅限于技术和业务议题，而更多的是公司层面的战略问题。因此，这一变革过程就对企业高管团队在发现和应用创新性的商业模式来持续改进客户体验的方法上提出了新要求。大体上，我们可以从数字技术的局部业务应用与数字技术驱动的全面战略变革两个层面理解企业数字化转型。

一方面，侧重于业务层面的数字化转型。对于信息化建设起步较晚、数字化程度相对较低的企业，可以利用"后发优势"直接采纳市场上已有的较为成熟的数字技术，将其消化吸收并应用到自身的具体业务中；继而，结合企业的实际情况，辅以相应的数字化运营方案，从而逐渐推进数字化转型。

另一方面，侧重于战略层面的数字化转型。对于数字化程度相对较高的企业，在现有数字化基础上，进一步推出数字创新产品、变革商业模式、优化组织架构、建立数字化运营部门等。借助系统化的数字战略布局，赋能产业链上下游联动发展，从而加速企业数字化转型，实现业务或商业模式的持续创新。

探索频道（Discovery）重新定位用户

探索频道是美国最大的内容供应商之一，以真实、记录为主题的纪实性长视频内容为主。而在中国，在客厅长时间观看电视的场景已经非常小众，年轻人更习惯通过手机、平板、笔记本计算机等移动智能终端设备观看视频节目。为适应中国的市场，探索频道采取了重新组合战略要素的方式，设计了新的业务模式。高质量的纪实内容是探索频道的核心，也是它不可改变的地方。为适应中国用户用移动终端观看视频的场景，探索频道在中国区重新设计了产品。公司将高分辨率的长视频重新制作为 5 分钟左右的短视频，并为适应低带宽设计了清晰度相对较低的版本供用户选择。由于没有专门的付费订阅平台，探索频道采取和国内大型视频网站合作的形式，推广其视频，并采取资源交换、贴片的方式创造收入。

资料来源：海德思哲《从蓝图到伟业：中国企业数字化转型的思考与行动》。

蔚来汽车用数字化进行用户旅程管理

蔚来汽车是中国本土一个值得关注的智能汽车品牌。汽车产业传统上认为，"车和服务"是企业的核心竞争力。在蔚来汽车看来，这些能力很难保证其未来不被其他企业赶超。蔚来汽车认为，数字触点和车以外的生活方式才是公司真正的软实力。在蔚来汽车的用户旅程管理中，蔚来App 作为线上与用户连接的重要入口，发挥了重要的作用。在今天，汽车App 并不少见。与其他厂商不同的是，蔚来的 App 更看重内容和社交。蔚来 App 有两个与用户连接的重要体系。一是蔚来值，它决定了用户对蔚来社区的贡献，蔚来值越高，等级就越高，用户在蔚来的重大活动或事件中的话语权就越大。二是蔚来积分，这是一种虚拟币，可以用来兑换蔚来商城的各种礼品和线下产品等。相比可以签到获取的蔚来积分，蔚来值意义更大，且用户等级越高，在蔚来重大活动或事件中的话语权越大，参与度更深，这些用户甚至可以修改蔚来值规则、选择发布会城市等。

资料来源：海德思哲《从蓝图到伟业：中国企业数字化转型的思考与行动》。

6.2　企业数字化转型的影响因素

企业数字化转型是一个运用数字技术动态革新的持续过程，包括对企业愿景的重塑、对企业战略文化的更新、对组织架构及流程的重建、对人员能力的不断调整。这是一项庞大的系统工程，影响其进展的因素势必复杂而多样。从组织内部因素来看，主要包括数字化转型战略、组织结构、企业资源与能力、高层管理团队等。从组织外部因素来看，主要表现为政府引导、数字技术与产业竞争的推动，以及外部环境动荡性、复杂性及模糊性对企业的冲击。因此，有必要从整体视角，综合辨析影响企业数字化转型程度的因素。

本节将采用"技术（technology）—组织（organization）—环境（environment）"分析框架（TOE 分析框架），具体从技术、组织和环境三个维度展开，分析影响企业数字化转型的潜在因素有哪些。TOE 框架被广泛用于解释企业技术采纳和应用的影响因素，特别是信息和数字技术。其中，技术因素包括企业正在使用的技术及市场上潜在的可用技术；组织因素是指组织的描述性特征，如结构、规模、流程以及内部冗余资源的数量等；环境因素涉及企业经营的领域，包括行业结构、竞争者、政府调控等。可见，TOE 模型能够结合宏观和微观环境，为分析企业数字化转型的影响因素提供全面而综合的理论框架。基于 TOE 框架的企业数字化转型影响因素如图 6-1 所示。

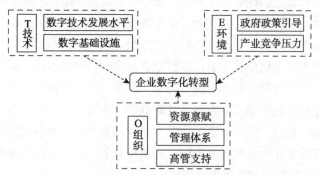

图 6-1　基于 TOE 框架的企业数字化转型影响因素

6.2.1　技术因素

1. 数字技术发展水平

新兴数字技术的快速发展与迭代（如 5G、云计算、物联网、大数据、人工智能等）不仅促进当今经济社会的数字生产力水平，而且持续驱动着企业数字化变革，成为数字经济发展的强大支撑力。在工业技术与数字经济深度融合发展的背景下，财富的创造与积累已经不再依赖于劳动时间的简单堆积，而是更多地依赖于当下科学技术整体的发展水平、创新速度及技术的实际应用情况。因此，数字技术的进步不仅是企业进行数字化转型的重要技术基础，也是促进社会生产力变革的关键因素。例如，互联网、物联网、大数据等数字技术的发展，打破了企业人员间协作的时间及空间限制，大幅扩展了协作的范围和效率，从而减少了"部门墙"带来的沟通障碍，推动了组织变革。

2. 数字基础设施

新一代数字基础设施是一套以通信网络技术为基础、数据算力为核心，通过数据创新驱动的基础设施体系。这一基础设施体系主要涉及传统的硬件设备（如计算机、服务器、投影仪等）以及相关软件操作系统（如 OA 办公系统、BI 商业智能系统、财务数据分析系统等），还涉及在新一代数字技术基础上形成的各类数字平台，如 5G 云平台、工业互联网平台。此外，传统物理基础设施经过数字化改造，正在形成融合性基础设施。3D 打印、智能机器人、AR 眼镜、自动驾驶等新型应用科技，将把数字基础设施延伸到整个物理世界。这些数字基础设施支撑着企业的研发、生产、营销、组织管理等各个价值链环节，赋能企业加速实现数字化转型。截至 2023 年 6 月底，我国已累计建成 5G 基站超 293 万个，具有一定影响力的工业互联网特色平台 150 多家，连接工业设备 7 900 多万台，工业互联网在 45 个国民经济大类中得到应用，工业互联网产业规模突破万亿元大关。

6.2.2 组织因素

1. 资源禀赋

资源禀赋主要涉及企业在数字化转型方面的资金储备、数据资源和人才储备等。例如，企业用于数字化建设与发展的专项资金。各个企业应结合自身发展实际与市场需求，设立用于数字化改造和建设的专项基金，同时通过短期、中期、长期等不同的资金使用计划，保障资金切实应用于数字化相关方面，稳步推进数字化转型的实现。企业数据泛指所有与企业经营相关的信息、资料，包括工商、产品、运营、财务数据等。而作为资源或资产的数据能够驱动企业数字化转型，一方面，数据资源可辅助企业经营决策、业务流程优化，从而提高产品或服务收益；另一方面，数据与产业和业务深度融合之后可为用户和企业创造价值。现阶段我国企业的数据资源和能力还相对较弱，这一点已经成为制约企业资源配置效率、阻碍企业数字化转型的关键瓶颈。

数字人才的数量与质量也大大影响着企业的数字化转型。人才的数字化素养和技能操作是实现数字技术创新、加快企业数字化转型的关键。对于企业而言，其需要的数字人才包括：熟练掌握数字技术开发与应用的技能操作型人才，具备前沿数字化知识储备的管理型人才以及具有跨行业、交叉领域经验的复合型数字人才。数字化转型的实施迫切需要一大批拥有数字知识与实用数字技能的新型人才。企业应结合自身优势和劣势，构建与业务发展相匹配的数字人才队伍，帮助员工掌握数字技术使用所需的技能，加强对数字化潮流的正确认知，并减少对组织数字变革的抵触。比如，为每一项数字化项目配备专业的数字化团队，促进员工从传统的工作思维方式向数字化思维转变，将有效提高企业数字化业务的执行效率，有利于企业适应不断变化的数字环境。

2. 管理体系

柔性与动态的组织管理方式是保障企业数字化转型的"助推器"，是应对企业数字化转型过程中出现风险问题的关键。路径依赖性是企业数字化转型的主要阻力。现有的组织架构与人员配置都围绕着线下业务开展，虽经历过一定程度的数字化过程，但大多保留着原有完善的生产流程，企业仍深陷与客户和供应商的既定关系中。尽管高层管理人员认识到了数字技术可能给组织带来的好处，但是，原有管理体系中的各个部分，无论是有形的生产资源与组织结构还是无形的组织文化，都会影响数字化转型的进程，都可能扼杀数字技术的创新与潜力。

数字化转型是一项探索性实践，没有确定的章法可循，也充满不确定性与挑战。一方面，在转型过程中遇到阻碍或瓶颈时，柔性的组织管理体系有利于企业做出灵活安排。通过动态统筹规划组织内外部数字资源，保障企业在整体上布局数字化战略、把控数字化进程。另一方面，数字化转型本身也要求企业积极调整组织架构与管理体系，以支撑组织内部变革工作的开展，以及应对外部快速变化的数字环境。因此，在数字化转型过程中，柔性的组织管理体系确保企业可以及时调整行动，建立起问题解决机制，最大限度地支持数字化转型的稳步推进。

3. 高管支持

高管是决定企业是否及如何进行数字化转型的关键领导者，其自身的数字知识素养、数字化管理经验、领导风格及个人特质对企业的数字化转型具有引领作用。数字化转型应该是"一把手工程"。因为这是一场全局性、系统性的组织变革，必须由企业管理层站在公司整体视角，以战略性眼光统筹布局，制定符合企业长远发展的数字战略，带领组织有计划地进行数字化改造和重构。同时，数字化转型需要在前期投入大量资金、人才、技术、设备等方面的资源，而这种高投入带来的不确定性也需要高管的抗风险能力和权力支持。

首先，高管需要具备对数字技术变革的敏锐性和战略洞察力；其次，需要不断跟进学习新兴的数字技术来提高数字化认知；再次，需要建立符合公司总体和业务战略的数字化愿景；最后，在面对数字变革带来的组织冲突时，高管需要保持强大的战略决心和定力。这些领导特质，是企业持续推进数字化转型，并实现数字红利的有力保障。经验证据表明，由于数字化转型的复杂性、系统性、持续性，往往需要从公司层面调动资源和协调活动，企业可考虑专门创建"首席数字官"（CDO）的高管职位。只有具备敏锐的数字创新力和理解力、良好的变革管理能力，以及一定的IT能力的首席数字官，才能够更有效地指导组织完成数字化转型之旅。

6.2.3 环境因素

1. 政府政策引导

政府政策是企业数字化转型的"风向标"。我国高度重视数字经济发展,《中华人民共和国国民经济和社会发展第十四个五年规划和 2035 年远景目标纲要》提出要"打造数字经济新优势",大力发展数字经济。习近平总书记也多次强调,要抢抓数字经济发展新机遇,大力推进数字产业化和产业数字化,加快推动数字经济和实体经济深度融合。我国各级政府也陆续出台相关政策措施和计划,加快数字技术与实体经济深入融合,赋能产业和企业加速数字化转型升级,构筑有机的数字创新生态。针对中小企业的数字化转型,政府需要特别提供一定的财政金融支持(如减税、财政补贴和融资优惠等),营造友好的营商环境,以缓解中小企业数字化投入过程中面临的巨大生存压力。

2. 产业竞争压力

产业竞争压力直接驱动企业的数字化转型实践。数字技术的不断发展正在改变用户的消费期望和习惯,消费结构的变化倒逼企业进行数字化转型。在这种大趋势下,动荡的产业竞争环境要求企业与市场参与者建立密切的关系,调整其经营模式,改善与顾客互动的方式与渠道,促进生产和服务系统的整合,以积极应对竞争对手的数字化战略,从而维持自身竞争优势。企业要想在激烈的市场竞争中脱颖而出,就需要在成本优化与效率提升上精益求精,而数字化转型正是应对这般产业竞争压力的有效手段。企业所面临的竞争压力越大,其通过推动数字化转型来降本提效的意愿就越强。因此,在市场竞争较为激烈的行业,有意愿参与数字化的企业可能也越多。相应地,该行业整体数字化生态的培育也会越发完善,最终形成一股协调推进行业内大中小企业融通创新、联合数字化的强大合力。

6.3 企业数字化转型过程

企业数字化转型是一个复杂且持续的动态过程,不仅涉及数字技术的业务应用,更涉及对整个组织的改造和重塑。企业数字化转型过程可大致分为自动化、信息化、互联化和数智化四个阶段,不同企业面临的转型难度和程度均有所不同。以下简单介绍企业数字化转型的各个阶段。

(1)自动化阶段。其主要目标是通过采用自动化设备和工艺,将生产、采购、销售、财务等基本业务流程进行自动化处理,以提高工作效率和降低管理成本。此阶段最主要的挑战是统一各业务流程并加强协同管理,确保内部流程协调一致。

(2)信息化阶段。其核心是"业务数据化",主要目标是通过数据采集、分析和挖掘等技术手段,将业务数据转化为商业智能,以优化业务决策。此阶段最主要的挑战是整合不同数据源并保证数据的质量和安全。

(3)互联化阶段。其主要目标是将组织内部的系统进行整合并与外部合作伙伴、客户、供应商等进行连接，实现信息共享。此阶段最主要的挑战是确保数据共享的同时保护数据安全和隐私。

（4）数智化阶段。其核心是"数据和业务的数字化智能化"，主要目标是建立全面数字化的企业架构，使业务数据和业务流程完全数字化，并进一步模拟人类智能，实现业务创新及自优化。此阶段最主要的挑战是建立高效的数字化体系和决策机制的自优化模型，并将数据转换为实际效益。

从能力视角而言，企业数字化转型能力的构建是按照以下过程推进的：从数字化的"感知能力"到"获取能力"，再到"转型能力"。数字化感知能力帮助企业适应外部的商业环境变化，以快速抓住市场机遇，满足客户需求；数字化获取能力能够帮助企业弥补自身的内在缺陷，从外部获取新的知识与资源，从而打造新的竞争优势，发挥数字化的赋能作用；数字化转型能力则实现了企业对其整个业务流程的系统化，甚至彻底地重新定义商业模式。

不同行业企业的数字化转型过程又有特定的表现形式。以制造业为例，根据信息和数字技术与制造业在不同阶段的融合程度，可以将制造业企业数字化转型分为 3 个阶段：数字化制造阶段、数字网络化制造阶段及智能制造阶段，3 个阶段相互连接与迭代升级。其中，第一个阶段的主要特点是数字技术广泛应用于整个生产、设计和制造过程，是智能制造的基础；第二个阶段的主要特点是数字技术与网络技术的融合发展与广泛应用，实现设计与研发的协同、横向与纵向的集成、企业与用户的互动与连接；第三个阶段将改变整个生产周期的所有流程，促进新技术、新产品、新业态和新模式的出现，并深刻影响和改变人类的生产结果与方式、生活方式与思维模式。

6.4 企业数字化转型模式

不清楚"转什么""如何转"是企业在数字化转型实践中普遍面临的困惑。特别是，大量传统企业虽然意识到数字化变革的必然性，但是缺少清晰的数字化战略与行之有效的数字化转型模式。作为介于转型战略和转型行动的中间内容，数字化转型模式是企业实现数字化目标和用户价值创造所需要思考和遵循的行动体系。选择何种转型模式，将直接决定企业数字化转型的进度和效果。

然而，数字化转型在不同行业和企业之间都有所差异，当前，企业的数字化转型普遍处于探索之中，尚不存在统一且明晰的转型路径和模式。中国信通院、埃森哲、麦肯锡等科研机构与咨询公司，对国内外企业的数字化转型实践进行调研后发现，企业通常是根据其目标设定来选择相应的转型模式，比如，效率提升驱动的数字化转型、以客户体验为目标的转型、围绕商业模式创新的转型、赋能业务增长的转型。虽然每个企业应结合自身情况选择数字化转型的具体策略和方法，但根据转型的着力点，本节将数字化转型大致归纳为两种模式：创新与增长导向型和运营改善导向型（表6-1）。

表 6-1 企业数字化转型模式

转型模式	实现方式	典型企业案例
创新与增长导向型	数字产品创新	上海飞机制造：以大数据挖掘、机器学习等对现有工艺知识挖掘和关联，实现工艺的自动化、标准化、智能化
	数字服务创新	南京海聆梦家居：对产品全流程追踪和反馈，配合自动化流水线，实现柔性生产与个性化定制服务
	数字营销创新	华为：以数字技术打造主动型供应链，积极实现与客户的数字化连接，推进线下交易转向线上，拓展客户群体
	数字商业模式和生态创新	苏州昊然正祺机械：通过多平台协同，自动实时处理订单，保证生产流程的连续性与智能化，实现生产与客户需求的网络化协同，提升业务敏捷性
运营改善导向型	运营成本降低	乌拉特后旗紫金矿业：通过设备系统间互联互通，加速数据共享和经验知识沉淀，降低巡检成本和人工费用等运营成本
	工作效率提升	华晨宝马：以大数据分析和机器迭代学习为基础，实时监控运行数据，提前预警故障，辅以智能人机协作，提高员工工作效率
	资产利用率提高	上海麦杰边缘智能终端：通过智能终端采集质量数据，将计算下沉，减轻上层服务器计算压力，提高资产利用率
	供应链协调整合	海尔智家：以端对端流程再造实现产销协同，构建智慧供应链网络，吸引多方资源融入，共享生态价值

6.4.1 创新与增长导向的数字化转型

创新与增长导向的数字化转型是企业在数字化过程中，通过激发产品、服务、商业模式等方面的适应性变革，实现价值创造方式的重构和自身可持续增长。在创新与增长导向下，企业的数字化转型主要通过数字产品创新、数字服务创新、数字营销创新及数字商业模式创新 4 种方式来实现。

第一，通过增强用户参与式互动，促进智能互联产品的研发和设计，推进数字产品持续创新。例如，中国商飞上海飞机制造公司通过大数据挖掘、机器学习等，完成对现有工艺知识的分析和关联，实现简单工艺自动化、复杂工艺标准化及工艺设计智能化，帮助新产品开发。TCL 智能家居提出 AI×IoT 战略，为用户打造全场景、全品类的智能家电系列，促成创新产品的持续衍生。

第二，基于数据的定制化解决方案或服务有助于数字服务创新、增强客户体验，满足个性化需求。例如，海尔智家用"云+端"方式实现家庭全场景的智慧感知、交互、控制，用软件定义方式实现服务的可定制、可升级。海思堡集团重视用户的个性化需求，通过智能设备应用，做到生产全流程数据驱动、全过程数据采集，大幅提高用户体验感与产品满意度，实现个性化需求定制。南京海聆梦家居实施产品全流程数字化追踪和反馈，配合全自动流水线，达成个性化定制与柔性生产。

第三，采用大数据分析预测市场需求，精准定位和拓展客户，实现与客户和用户的数字化连接互动，形成独特的数字化营销模式。例如，华为使用数字技术打造及时、敏捷、可靠的主动型供应链，聚焦客户体验，变被动响应为主动服务，实现了与运营商客户的数字化连接，使交易从线下延伸到线上，进一步拓展潜在客户群体。

第四，利用数字技术改变价值创造方式，催生新的收入来源和获利模式，力争构建数字商业模式和数字创新生态。例如，苏州昊然正祺机械公司为解决散单、小订单供货问题，采用多平台协同，实现自动化、实时化订单处理，进而保证生产连续化，实现生产与客户需求一站式服务，带动企业向服务型制造转型。联想集团通过网络化协同产业链上下游，打造高质量智慧供应链，通过产线与系统融合互通，优化产线运行，形成个性化批量定制的敏捷生产模式。

6.4.2 运营改善导向的数字化转型

运营改善导向的数字化转型，即企业在数字化过程中，以改善研发、生产、仓储、物流、销售等各个价值链环节为目标，实现企业运营效率的系统性提升。运营状况改善导向下，企业的数字化转型主要通过降低运营成本、提高工作效率、提高资产利用率及协调整合供应链4种方式来实现。

第一，通过数字化降低企业运营成本，包括生产、仓储、物流、服务等各个价值链环节的运营成本。例如，TCL智能家居建立"一直到用户手上"的供应链，通过数字化技术兼顾产品低成本与高品质。乌拉特后旗紫金矿业在设备系统间实现互联互通和数据共享，使系统中累积的经验知识可视化、可转移，使巡检成本和人工费用显著降低。

第二，借助数字化工具辅助沟通与合作，提高工作效率，如远程在线系统打破员工间时空限制、工业机器人替代人工、大数据辅助决策等。例如，华晨宝马在大数据分析基础上持续迭代学习，对车辆运行数据实时监控，提前预警故障，辅以智能化人机协作，不断释放人的创造力，提高员工工作效率。兰光创新通过数据流驱动业务流，采用定量化可视化的管理方式，使生产全程透明，任务提前预知，员工岗位职责清晰明确，显著提升工作效率与效果。宝信软件在生产现场机组区域实现生产安全管理的信息化和智能化，改变了过去依靠人工管理的局面，大幅提升安全管理精度和效率。

第三，利用数据实时监测提高资产效率，包括提升机器等设备的利用率、减少停机时间等，进而实现企业资产的高效利用。例如，东方国信基于生产制造过程中收集的历年检测数据构建故障预测模型，从而降低产品损耗率。兰光创新通过协同制造等数字化管理方案，减少各种工作等待，提升设备利用率。上海麦杰边缘智能终端采集与焊接质量有关的数据，进行分析并上传到云端，从而将算力下沉，减轻上层服务器的计算压力。

第四，通过构建数字化采购网络，推进企业与上下游供应商深度融合，利用上下游协同实现产业链供应链效率的整体提高。例如，小米联合生态链企业共同搭建跨域的数据中台、服务平台，打造柔性的供应链网络，汇聚制造交付能力。海尔智家"三翼鸟"场景品牌通过大力推进端对端的生产流程再造，实现产销协同，持续吸引跨品类、跨行业、跨领域的生态资源方融入，共享生态价值。

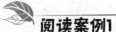

汽车行业网络化协同制造应用

由上汽集团、通用中国、广西汽车集团共同组成的上汽通用五菱汽车股份有限公司，拥有三大制造基地，具有230万辆的整车年生产能力，连续13年蝉联国内单一车企销量冠军，是一个国内领先、国际上有竞争力的汽车公司。公司主要从事汽车整车的设计、开发、制造和销售，以及发动机的设计、开发、制造和销售。

应用实施

运用大数据挖掘技术，整合和挖掘零部件企业"产""销""存"等内外部数据，构建了供应商风险智能分析预测模型；构建网络化协同制造管理的新模式，打通从供应商设备、生产线执行底层到SGMW供应链协同管理平台的数据信息传递通道，实现整车企业与供应商企业数据、信息和资源的实时共享与高效协同，支撑企业的智能决策运营。

价值实现

供应商零部件普通质量事故下降了45%，重大质量事故下降30%，整车售后市场IPTV（千台车故障数）下降20%以上；86家一级供应商实现内部生产效率提升25.9%，质量损失下降30%，累计降本增效达2亿元。

资料来源：国家工业信息安全发展研究中心《2019年工业互联网平台创新应用案例》。

基于人工智能的旋转类设备预测性维护应用

鞍钢集团自动化公司是鞍钢集团旗下全资子公司，主要承揽自动化、信息化系统的设计、制造、技术研发，设备安装、调试及系统运维，电机修造和国家重点科研项目的攻关任务。业务领域不仅涉及矿山、烧结、焦化、炼铁、炼钢、连铸、轧钢和钢材处理自动化控制，还包括企业信息管理系统开发。公司在发展传统业务的同时，还致力于发展智慧城市、智能工厂、云计算、大数据、电子商务、节能环保等战略性新兴业务。

应用实施

首次采用基于故障机理和基于数据的双模型混合故障诊断模型，有效提高故障预测的精度，减少了误报警和漏报警；首次运用"驱动+传动+负载"的全机组运行状态数据统一分析模式，打破数据孤岛，促进工业大数据融合；通过雷达图来评估工业生产设备的总体健康度，精确跟踪生产设备和零部件性能衰减状态；采用自主研发的瞬时电流变送器、倾角自补偿振动传感器、智能数据采集网关等新型数据采集装置，实现对现场数据的智能化采集与分析。

价值实现

显著提高设备运转率至87%；降低关键机组设备的备品备件库存达60%以上；减少一

线巡检人工费用 50%以上；提前预知故障发生点，同比降低维修成本约 15%；在部分设备运行环境恶劣或高危的场景下进行无人值守，对频发故障点自动提出电气和机械性能强化方案，延长了零部件寿命。

资料来源：国家工业信息安全发展研究中心《2019 年工业互联网平台创新应用案例》。

6.5 企业数字化转型结果

随着诸如大数据、云计算、人工智能等数字技术全方位变革整个经济形态，现代社会已经进入了数字经济时代。数字技术的赋能为产业升级和社会进步带来新的机遇与挑战，而企业数字化转型也会对企业未来发展产生深远的影响。在早期信息系统（information system）管理的研究中，IT 技术的商业价值已得到广泛的认可，大量实证研究发现，长期来看，IT 技术投资或使用对提高组织绩效具有显著的积极作用。当下，IT 技术驱动的组织转型正在演化为由数字技术驱动，关于企业数字化转型绩效后果的考察也在从不同维度开展，不仅包括经济绩效，还涵盖非经济绩效。

埃森哲发布的《2022 中国企业数字化转型指数研究》报告指出，5 年来，中国企业的数字化转型进程在质和量上均取得稳步推进，转型成果显著的企业比例从 2018 年的 7%提高到 2022 年的 17%。同时，对受访企业中上市公司的分析也表明，2016—2021 年，领军企业综合绩效的提升幅度高于其他企业 11%，在投资回报、未来价值领域的财务表现也远超普通企业。此外，联合国工业发展组织发布的《2022 年工业发展报告》显示，运用高水平数字化技术的制造业企业，其月销售额、年利润、就业率等多项经济指标的表现也远好于其他企业。这些说明数字化转型对于企业未来价值创造蕴含着巨大潜力，也就是能够为企业带来可观的积极后果。接下来将对数字化转型为企业带来的潜在后果进行介绍，包括改善企业运营、赋能企业创新和提升公司价值三个方面。

6.5.1 改善企业运营

1. 降低交易成本

数字化转型有助于企业实现信息共享、互联互通、跨界融合，降低交易成本。数字技术的开源性、可编辑、广覆盖、自生长等特征，为企业的跨界发展奠定了基础。尤其是相比其他生产要素，数据要素具有更深度、更广泛的融合能力。数字技术对交易成本的优化作用主要体现在以下三个维度上。

第一，数字技术能够盘活存量资源，帮助企业突破资产专用性桎梏。在传统生产模式下，要素闲置常导致资源错配问题。依托数字技术的连接能力，企业可实时共享内外部闲置资源，通过用存量再配置替代增量投入，有效缓解供给端压力。

第二，数字技术有助于重构信息交互机制，弥合企业价值链条鸿沟。线下实体资产在物联网、大数据、人工智能等技术支持下完成数字化映射，其运行状态与数据特征得以实时反馈至管理系统,将显著提升企业各部门之间的数据传递效率。这样一来,企业长期存在的信息孤岛效应可能被削弱。

第三,数字技术将提升市场响应敏捷度,弱化环境不确定性风险。企业借助用户行为数据分析系统,可动态监测消费需求波动趋势,并基于在线营销数据、商品评价信息等数字足迹预判市场价格阈值。此外,通过C2M(顾客直连制造)模式实现按需定制生产,在规避产能冗余的同时降低库存滞压风险,推动供应链"三流"(物流、信息流、资金流)高效协同。

2. 提升信息透明度

数字化转型有助于提升企业的信息透明度,对企业外部投资者释放积极信号,从而帮助企业缓解融资约束和压力。以前,企业生产经营中产生的大量数据由于无法得到有效处理,沉淀在企业内部。现在通过数字技术,可以将企业内部的大量非标准的数据信息转化为标准化、结构化的数据信息,进而展示给企业外部的投资者,尽可能释放诸多信息红利。因此,企业通过数字化转型提升自身数据分析处理能力,将原先沉淀在企业内部的无效信息变成公开透明的有效信息。

具体而言,利用数据管理系统,不仅能够完整登记企业的各类实体资源(如生产设施、基础原料、仓储物资及制成品等)与无形资产(如知识产权等),还能够系统整合各类运营数据。特别地,企业与供应商和客户的交易过程中,蕴藏着海量低价值密度的非结构化数据。数字技术的应用能从中提取关键信息,展示企业真实的还款意愿和能力,促成更加客观的企业自画像。

这样一来,金融机构的风险评估就可以不再局限于财务报表等传统财务数据,而是基于企业披露的多维数据进行精准信用评级。通过科学的资信数据分析,金融机构可及时识别市场主体的资金诉求,动态追踪其运营态势及成长潜力。这一过程不仅能够有效弥合银行与企业之间(尤其是中小微客群)的信息鸿沟,更能够推动资金供需两端金融资源配置的结构性优化。最终,数字化转型将打破企业与市场之间的信息壁垒,及时向外部投资者传递有价值信息,提高投融资决策的科学性。

3. 改善用户关系

在传统生产关系中,制造活动往往以制造商为中心的封闭方式进行,用户方通常为被动接受者,缺乏对产品设计的话语权。而如今,数字技术的应用有助于用户深度参与产品的设计与生产,赋予用户对产品的自主选择权,使市场力量从供给端转移到需求端。这意味着用户可参与到企业的生产活动中,获得个性化的产品供给,也促成了供需之间的有效连接和匹配,有助于企业明确产品制造和创新的方向,降低试错成本,进一步破除低效、无效供给。

一方面,数字技术的发展使生产系统、生产设备的灵活性显著提高。高度自动化、智能化的机器可以通过参数的改变、软件的控制提高生产柔性,在成本可控的情况下生产不同产品。而差异化的产品供给,能够更好地满足用户的多元化、个性化需求,保障了企业产品的吸引力和辐射力。另一方面，利用数字产品或服务与用户频繁交互，让用户参与到企业的生产活动中，为企业提供了关于产品评价、需求偏好等方面的信息，有助于企业改进产品设计、开发新产品、合理规划生产等。通过数字化连接，企业实现了对用户价值的洞察和敏捷响应，在长期互动中与用户建立并维持友好的新型关系，持续增强用户体验，提升用户满意度和忠诚度。

6.5.2 赋能企业创新

1. 促进技术创新

数字化转型可以通过知识赋能与生态赋能来促进企业技术创新。知识赋能侧重企业从数字信息技术的知识层面，通过搭建数智化平台，对研发和生产等全过程的数据实现量化分析，并基于对大数据的高阶集成和分析挖掘，最终直接赋能企业研发决策的精准实现。生态赋能则侧重于企业间、企业与消费者间等多元主体共同合作、参与创新的数字生态共同体的建立，有效打造以用户为中心的创新生态。这有助于企业更广泛地获取和吸纳创意与知识，而异质性知识的交叉融合，能够拓展知识宽度，提高突破性创新的发生概率。

此外，数字技术带来的广泛互联，有助于在企业内部营造一种开放性的文化氛围，促进创新意愿和能力的提升，使企业在资源调配和组织建构等方面不断进行技术创新。在数字环境中，员工更容易从外界获取有用的知识、信息等资源，赋予员工自我学习成长的机会，提高个人工作技能与创造力。

2. 推动商业模式创新

数字化转型可能对企业经营体系产生实质性影响，通过组织架构变革、价值创造机制的调整，以及跨边界组织形式的建构等方式，从根本上革新商业模式。首先，企业进行数字化转型后，会在一定程度上改变组织部门与流程，推动企业形成更适应外部环境的组织新架构，从而实现企业商业模式的创新；其次，通过数字化转型，企业能够快速有效地利用数据来优化研发生产全流程，从而降低运营成本，甚至在数据赋能下为用户创造新产品或新服务，并最终驱动整个商业模式的变革；最后，企业可以基于大数据来预测市场需求，更精准地提供服务，不断开发数字分销渠道与拓展客户，从而超越原有市场，寻找潜在可开发的商业机会以实现商业模式的创新。

阅读案例

小米通过生态链打造新型商业模式

小米的生态链战略源于雷军对互联网发展阶段的预判，他认为第一个阶段是互联网，第二个阶段是移动互联网，第三个阶段是物联网。基于以上判断，小米用自身的平台和资源提前布局智能硬件以及物联网，于2013年着手构建小米生态链，通过生态链将小米公司的更多产品连接至IoT平台。

经过不断的摸索，小米生态链采用"投资+孵化"的模式，打破了传统的商业模式。小米对生态链企业投资不控股，保障生态链企业占据绝对比例的股份，生态链中的企业独立运营，同时，小米帮助生态链企业定义、设计产品，在小米的电商平台上销售。小米与生态链企业之间的关系被称为"竹林生态"，即通过投资的方式，让小米生态链企业成为小米周边的一片竹林，底下根系蔓延不断，不断培育出新的竹笋进而长成竹子，实现自我迭代和内部的新陈代谢。

而"孵化"主要包括：一是对生态链公司的孵化，分为从零孵化、与其他企业合资孵化、小米投资占股孵化（已经创业到一定规模的企业），采用线上和线下相结合的方式，前期是线上，节省了销售成本，后期开展线下扩展市场份额。二是为生态链企业开放小米资源，如品牌红利、渠道红利、用户群红利等。首先，生态链公司和小米共同定义产品、研发设计产品；其次，生态链企业基于强大的资源整合能力进行产品生产；最后，生产后的产品被赋予小米品牌或者米家品牌，生态链企业与小米企业共同销售和推广。

因此，小米生态链以小米手机为核心和基础，形成聚焦于"手机、手机周边、智能硬件、生活耗材"的投资圈层。第一圈层：手机周边产品，如耳机、小音箱、移动电源等。在现有手机用户的基础上进一步开发手机周边产品具有先天优势。第二圈层：智能硬件。小米认为硬件的智能化是必然的趋势，因此投资孵化了包括空气净化器、电饭煲、无人机、平衡车等产品。第三圈层：生活耗材，如毛巾、牙刷、背包、行李箱等。在消费升级的时代，这些产品具有很大的市场潜力。

小米已经形成了较为完整的生态链和生态环境，线上有小米商城，线下有小米之家，自布局 IoT 以来，目前已支持近 2 000 款设备，智能设备链接数超过 1.32 亿台，消费类 IoT 设备排在世界第一。基于此，2018 年底小米制定了未来十年的战略——"AI+IoT"战略，构建一个完整的"三环"布局。这个模型的最内环包括了手机、电视、盒子、路由器和智能音箱等小米的核心产品；中间一环则是小米通过投资孵化构建的 IoT 生态链体系；最外环将是接入小米 IoT 系统的第三方厂商。在"三环"布局基础上，不断增加的连接设备能够帮助小米实现 AI 语音助手的无处不在，并借助这种优势整合内容与服务，实现小米在互联网服务领域的突破。

由此可见，小米公司从最初以高性价比吸引用户，到后续建立生态链扩展盈利范围，再到现在的"AI+IoT"战略，小米基于生态链构建万物互联的系统，不仅提供了"超高性价"的小米产品，而且完成了商业模式的转型升级，不断适应用户需求的变化，增强小米生态链的竞争力和可持续发展能力，使企业获得长远发展。

资料来源：根据公开资料整理，并参考：小米生态链谷仓学院. 小米生态链战地笔记[M]. 北京：中信出版集团，2017.

6.5.3 提升公司价值

1. 提高财务价值

前文提到，数字化转型在改善运营和赋能创新方面对企业有着积极影响。通过"降成本""提效率""强创新"等作用机制，数字化转型将直接有助于提高企业财务价值。比如，生产流程的数字化、模块化、柔性化能够辅助按需生产，极大地减少损耗，降低生产成本；而数字化的库存管理系统则帮助企业降低仓储物流等管理成本。数字工具可能重塑企业的专业化分工，进一步提高资金、人力、设备等资源和资产的使用效率；数据的实时连接、共享，帮助优化生产和管理流程，提高业务利润率。此外，开源的数字技术平台，有助于开发新产品。一方面，数字元件与物理产品的组合，能够创造智能互联产品；另一方面，在数据驱动的创新过程中，数字化工具（如 3D 打印、数字孪生、数字平台）的运用，能够为企业源源不断地输送新的创意和知识，加快新产品开发，增加企业收入和利润增长极。同时，数字化转型有利于企业新旧业务在资源、技术、产品、经验、客户等方面深度融合，不断激发数据和信息要素活力，促使"乘数"创造效应爆发。

2. 提高非财务价值

数字化转型对企业发展的影响是系统性的，需要对数字技术应用的后果进行全面的考察，不仅包括经济效益，还延伸到社会责任、公司治理等领域。有学者提出"负责任的数字化"理念，强调通过采用数字技术来实现企业的社会责任目标。通过数字技术赋能，企业可以更有效地进行内部治理、保护环境和服务社会，积极履行企业的社会责任承诺，促进可持续发展。此外，数字技术可以促成广泛的环境友好型企业行为，如绿色技术创新、绿色包装、循环经济等，为企业改善其环保社会责任创造新机会。

利益相关者压力是企业履行社会责任的重要动机。数字技术所营造的生态具有开放、包容、互联、共享、共生等特性，可以让不同利益相关者都能参与到企业的战略决策过程中，这将促使决策过程更加民主化，加大企业履行社会责任的动力和义务。同时，数字化转型为企业精准感知利益相关者诉求提供了便利，促使企业建立并完善与多方利益相关者对话的数字参与机制，并通过调动企业的内外部资源来协调和满足利益相关者的价值主张，进而强化企业的社会责任导向。此外，数字化转型带来更高的数字成熟度、更完善的治理结构和更全面的道德规范，体现了企业对社会责任要求的积极响应。因此，数字化转型对企业社会责任绩效等非财务价值提升有着巨大潜力。

更具体而言，数字化转型对企业非财务价值的作用可以从企业 ESG 表现，即环境（environmental）、社会（social）和公司治理（governance）3 个维度来理解。首先，数字化转型通过绿色技术创新与管理优化，促使企业更好地践行环境责任。数字技术的引入不仅有助于企业形成高效、清洁的生产技术与方法，赋能企业低碳化生产与绿色技术创新，还能让企业转向数据驱动的精细化、智能化管理模式，实现对全流程能耗的实时监控与优化。其次，数字技术能够帮助企业快速识别、收集并响应利益相关者的多元价值诉求与社会关切议题，促使企业积极践行社会责任。网络化联结让企业与客户、供应商、分销商等利益相关者形成价值共生共创的生态，促使企业约束或改正自身行为，使其更加符合社会规范，进而助长企业为维护声誉而进行慈善捐赠、公益投资等利他主义行为。最后，企业利用数字技术让各项活动可记录可追溯，降低了企业非财务信息管理和披露的成本，激励企业完善内部治理。可追踪的数据工作流和数据治理，极大地提高了企业业务决策与运行的信息披露质量，促成更高效的监管。这有利于限制管理者的机会主义行为，降低代理成本，提高企业内部控制质量。

国家电网加快推进电网数字化转型升级

国家电网有限公司董事长辛保安在《中国网信》杂志2022年第2期发表文章表示，在国家高度重视发展数字经济，对建设网络强国、数字中国作出一系列重要部署的背景下，国家电网始终聚焦数字化，牢牢把握国家能源安全和国民经济命脉，制定实施数字化转型发展战略纲要，编制"十四五"数字化规划，完成新型电力系统数字技术支撑体系框架设计，整体推动电网向能源互联网升级。

一方面，国家电网通过大数据应用实现多维感知与准确预测，大大提高了发电系统调节的灵活性，促进新能源安全高效并网与合理利用。同时，建立了新能源云平台，通过提供新能源建设规划、并网消纳、交易结算等一体化服务，优化新能源布局与科学开发。此外，依托数字化整合各类可调节负荷、储能资源，灵活接入并控制，大大提高了系统稳定性和灵活度。应用区块链、云计算、移动互联网等数字技术搭建绿电交易平台，支撑开展百万市场主体、千亿千瓦时量级的绿电交易业务，满足市场主体的绿电消费需求，合理激发市场主体参与绿色电力交易的热情。

另一方面，国家电网以数据为纽带，以"电力＋算力"实现电力服务的准确化、便捷化与智能化，不断提升服务水平，满足多元化、个性化的客户用能需求。国家电网大数据中心坚持"以用促治、以用提质"，在财务、审计、供应链等重点领域实现数字化质量治理，实现业务应用与数据质量的融合协同，最终源端数据接入率和数据质量技术问题整改率达到100%，有效数据表基础信息维护率达到95%。同时还建成"车、桩、网"协同发展的智慧车联网平台，助推我国电动汽车产业发展。聚焦工业企业、公共建筑等客户，提供用能分析、能效对标、节能提效方案推介等服务，打造省级智慧能源服务平台，应用人工智能算法进行智能派单、故障自动研判，为客户降低运维成本。

国家电网坚持不懈狠抓数字技术与数字管理、构建智慧物联体系、打造能源互联网产业平台，这一系列数字化转型实践告诉我们：在电价持续走低、经营压力日益巨大的严峻背景下，以数字化实现传统业务的改造提升、产业升级及资源价值和潜力的挖掘，奋力开拓数字经济新蓝海，是当下走出发展困境、开辟新发展空间的必由之路。

资料来源：辛保安. 以电网数字化赋能电网生产运营[J]. 中国网信, 2022(2): 33-35.

1. 如何理解数字化转型？

2. 企业数字化转型不仅涉及数字技术在业务上的应用，更是公司战略层面的重要议题，对于这句话你是怎么理解的？

3. 影响企业数字化转型的主要因素有哪些？
4. 数字化转型是如何赋能企业创新的？

扫描此码　自学自测

第7章 数字经济统计与测算

【本章学习目标】

1. 了解数字经济统计的挑战;
2. 掌握数字经济增加值的测算方法;
3. 熟悉数字经济卫星账户;
4. 了解数字经济的指标体系。

引导案例

数字化浪潮席卷全球,数字技术迅猛发展,并全面推动经济形态的数字化转型。互联网搜索引擎成为人们获取知识信息的主要渠道,社交媒体则成为人们进行交流的重要平台。手机和计算机软件使人们能够随时收听音乐、观看视频,而开源代码则为数据统计分析提供了便利。数字化内容产品已经广泛渗透到人们的生产和生活中,极大地提高了生活便利度。

数字经济的迅猛发展给国民经济统计带来巨大挑战。20世纪80年代,针对计算机的迅猛发展,索罗提出了著名的悖论,即:"计算机随处可见,但是在生产率统计中找不到!"如今数字化技术的迅速发展与数字经济随处可见,却在宏观经济统计指标与体系中难以体现。与数字经济迅猛发展的事实不符,不论是反映技术进步与经济增长潜力的生产率指标、还是反映一国经济总体发展水平的 GDP 指标,近些年来在世界范围内呈现增速减缓的趋势。比如,麦肯锡研究院指出,英国的生产率增长率从 2000—2005 年的 2%下降到 2010—2015 年的 0.2%;2010—2015 年,美国的生产率增长率仅为 0.57%。全球性增长放缓的现象与近年来数字经济的繁荣发展及对经济发展的贡献不符。迅猛发展的数字经济与滞后的数字经济统计核算体系之间的矛盾日益突出。

资料来源:戴小勇. 数字经济时代的生产率增长之谜[N]. 中国社会科学报,2020-08-26.

7.1 数字经济统计的挑战

数字经济作为继农业经济、工业经济后的一种新兴经济形态,其发展速度快,辐射范围广,影响程度深,正深刻改变全球生产方式、生活方式和治理方式。数字经济促进了信息技术的发展和应用,改变了传统产业的经济结构,推动了新兴产业的崛起,同时也加强了全球间的联系和合作,重塑了全球竞争格局,成为全球经济社会变革的关键力量。与此同时,这种全方位的变革也给现行的统计体系带来巨大的挑战。本节将梳理数字经济统计的挑战,为完善现行统计体系、改进现行数字经济的测度理论与方法提供参考。

7.1.1 数字经济的统计范围

明确数字经济的概念与范围是数字经济统计与测度的基础。数字经济早期的定义主要针对互联网,随后信息技术(IT)支持的商业活动、电子商务、云计算和大数据等也被纳入数字经济的范畴。联合国 2019 年发布的《数字经济报告》(*The Digital Economy Report*)指出,数字经济统计面临的首要挑战是缺乏统一的数字经济定义。如图 7-1 所示,数字经济的统计口径从小到大包括三个方面。

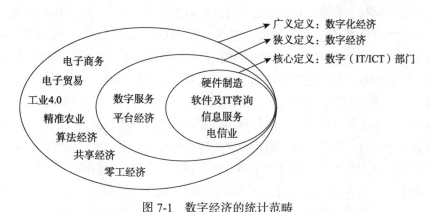

图 7-1 数字经济的统计范畴

资料来源:The Digital Economy Report, 2019, UNCTAD。

(1)数字经济的核心内涵是信息与通信技术(information and communications technology,ICT)产业,即数字经济活动的核心部门。根据联合国发布的《全部经济活动的国际标准产业分类》,ICT 产业是指满足信息加工和通信功能的产品与服务,包括 ICT 制造业、ICT 服务业和 ICT 贸易业。联合国统计司 2019 年发布的《数字经济报告》指出,数字经济的核心包括基础创新、核心技术和赋能化的基础设施,其涵盖硬件制造、软件及 IT 咨询、信息服务、电信业等。经合组织(OECD)于 2020 年发布的《测度数字经济的通用框架出版物》指出,数字经济包括所有与 ICT 货物和数字服务生产相关的经济活动。

(2)数字经济在狭义上指的是利用数字工具进行经济生产活动,即依赖核心数字技术生产的关键产品或服务,如数字平台、支付服务及移动应用等。与核心内涵相比,狭义内涵的覆盖范围更广泛。国际货币基金组织(IMF)认为,数字部门由数字核心活动生产者构成,包括数字平台、依托数字平台的经济活动及 ICT 产业。狭义的数字经济包括数字服务、平台经济、共享经济等经济形式。

(3)数字经济的广义内涵是指数字化驱动产业升级、促进经济发展的过程和效应,也称为数字化经济。它涵盖电子商务、电子贸易、工业 4.0 等经济活动。只要整合了数字技术的经济部门活动都可以称为数字化经济,都需要纳入统计范围。广义的数字经济包括所有依赖于数字投入的经济活动，涵盖使用经济活动中数字投入的生产者与消费者。数字经济的影响渗透至传统社会的各个产业，广义内涵下的数字经济核算范围广、挑战多、难度大。

目前为止，对于数字经济的定义和范围，国内外尚未达成广泛共识。由于对数字经济的内涵界定不同，不同机构的测算结果存在较大差异，这使国际比较难以进行，也无法准确评估各国、地区和行业之间的数字经济发展水平的差异。

7.1.2　传统数字经济核算方法的局限性

传统的国民经济核算方法（如生产法、支出法），主要关注实物量和价值量的统计。然而，在数字经济时代，许多商品和服务同时具有数字化和非数字化的特征，还有一些产品以非实物形式展现或者对消费者来说是"免费"的。在产品数字化部分难以有效剥离、"免费"产品价值难以捕捉的情况下，利用传统核算方法测度数字经济规模面临巨大挑战。

利用生产法对数字经济规模进行测算时，在数字产业化部分，可以相对容易地计算出各个 ICT 相关产业的数字经济增加值，并通过汇总得出数字经济的总增加值。然而，在产业数字化部分，由于数字技术对传统行业的赋能价值难以分离，很难界定一个行业中属于数字经济范畴的部分，因此，如何衡量数字经济在传统行业中的比例仍然是一个待解决的问题。这也导致在利用生产法测算数字经济产业数字化规模时面临困难。例如，在金融服务业中，随着数字技术的广泛应用，金融服务的效率和便利性不断提高，数字化程度也日益增加。然而，从生产法的角度进行核算，数字技术应用所带来的额外增加值都将被归入金融服务业，而没有核算进入数字经济的范畴。

采用支出法对数字经济规模进行测算也面临多重挑战。随着数字技术在各个行业的广泛应用，许多传统行业通过融合数字技术创造出新的产品和服务。然而，支出法难以准确度量这种技术融合所带来的价值增长。数字经济的发展也导致不同产业之间交叉融合，使传统的行业分类和核算方法无法适应数字经济的复杂性。比如，数字内容行业涉及媒体、文化和通信等多个领域，采用支出法难以准确界定数字经济在其中的贡献。除此之外，数字经济以数据为核心，但是数据的价值往往无法直接反映在支出法的核算范畴中。采用支出法核算数字经济面临技术融合、产业交叉和数据问题等挑战，无法准确度量数字经济的规模。

传统的测算方法已无法满足大数据不规则、杂乱无章、难以捕捉的特性。在传统的国民经济核算框架下，传统的经济数据呈现结构化形式，可以反映所有样本信息，如身份特征、经济活动和个人行为特征等。但是，在数字经济时代，非结构化和半结构化数据变得普遍，数据来源于数字中介平台、个体交易行为、互联网平台等，呈现多样化、非标准化的形式，具有高频率、高碎片化等特征。在数字经济的背景下，传统的核算方法和统计方式无法适应大数据的特征，难以全面、真实地刻画数字经济的发展趋势。

传统的统计核算方法无法适应数字经济快速发展的需求，新的统计方法和体系亟须建立。探索合理的数字经济核算方法是加强数字经济产业管理，促进数字经济高质量发展、全面真实反映数字经济的必经之路。

7.1.3 数字经济统计面临的其他挑战

1. 非正式交易方式的统计

尽管目前数字经济尚未形成统一的定义，但国内外普遍认为，数字经济促进了非正式交易（如 P2P 交易）的发展。例如，爱彼迎、京东和淘宝等新型数字中介平台加速了非正式交易的涌现，这为数字经济的统计带来了挑战。以住宿服务为例，现行的统计体系难以准确测量 P2P 形式下住宿服务的交易规模。现有统计核算体系主要利用税务系统的数据统计长期租户，而很少统计短期租户的数据。然而，随着爱彼迎等民宿数字中介平台的兴起，短期租住规模迅速扩大，甚至超过了长期租赁的规模。这导致基于现有核算体系的租住服务统计规模准确性受到冲击。除住宿服务外，其他的 P2P 交易如分销服务、商业与交通运输和金融中介服务等交易在现有核算体系下也难以被准确估计。

2. 数字经济参与者身份模糊

随着数字经济的发展，数字经济中的参与者身份变得模糊。传统经济核算体系无法准确确定经济活动参与者的生产、消费和资产范围，这为数字经济的统计带来挑战。在数字经济中，消费者可能成为生产者，使生产边界变得模糊。以往只有专门机构才能从事生产性活动，但是数字技术的广泛应用使越来越多的家庭参与到生产性活动中。同时，数字中介平台（如滴滴和美团等）广泛地为非法人服务者和家庭提供中介服务，使市场准入条件弹性化。家庭住户不再仅限于消费者的身份，他们同时扮演产品供应商和价值创造者的角色，从而改变了传统消费者与企业之间的互动模式。由于家庭住户创造的价值难以捕捉，这在一定程度上为数字经济的统计带来了挑战。

3. 免费产品的统计

在数字经济时代，数据已经演变成为关键的生产要素，而传统的估计方法可能低估数据要素的价值。用户在使用数字产品时产生了大量数据，这些数据构成了大量的免费数字资产，企业从中获取的价值难以准确评估，给数字经济的统计带来了挑战。许多互联网企业通过提供免费产品服务以吸引消费者，并通过广告等方式实现盈利。数字经济带动了免费数字内容产品的迅速增长，降低了消费者支出。例如，搜索引擎的使用大大降低了搜索和匹配成本，但难以定量测算成本降低的多少。数字经济下免费产品的产生使 GDP 增长和家庭福利增长之间的鸿沟越来越大，免费产品为家庭提供的福利迅猛增长，但未被纳入 GDP 的核算。是否应该将数字经济时代免费产品为家庭带来的福利增长纳入 GDP 核算，各界存在较大的争议。如果将其纳入，消费者获取的免费数字福利如何测度，也是数字经济核算的难点之一。

4. 数字经济时代的跨境活动

数字技术如人工智能、物联网、云计算等推动了知识产权与生产、销售等经济活动分离。在此背景下，知识产权的跨境流动等可能导致数字经济的核算偏差，使各国的数字经济规模被错误统计。知识和技术作为数字化产品的主要投入，衍生出大量数字知识产权和知识型资产。数字知识产权和知识型资产依附于商品和服务的跨境流动。由于知识产权的研发者和使用者通常分别居住在不同国家，跨境转移的数字知识产权或知识型资产往往会被分别计入不同国家的经济核算，可能导致各国的数字经济规模被错误统计。此外，跨境电子商务核算复杂，归属地难以被准确界定，使各国的数字经济规模统计面临一定的挑战。数字经济时代的跨境活动会使各国在数字产品的核算上出现偏差。

5. 数字技术下的价格和物量差异

数字技术的迅猛发展给产品价格的统计带来巨大的挑战。信息通信技术（ICT）的发展带来数字产品的价格下降与质量提升，这事实上体现了实际产出增加（物量增加），但难以准确区分名义价格与实际价格的变动。传统的核算体系基于价格指数缩减法核算不变价GDP。数字技术的发展会影响不变价 GDP 核算结果的准确性。一方面，"定制化"产品的涌现与数字化产品质量的提高会使产品真实价格和物量难以有效测度；另一方面，低廉免费的数字化产品使消费者以较低的成本实现相同的功能，而节约的成本无法准确核算。所以，数字技术的变革对数字经济统计带来冲击，使数字经济的规模难以准确测度。

7.1.4　OECD 数字经济核算议题及方法

2016 年，经合组织（OECD）提出了数字经济核算中亟须解决的前沿议题和核算方法。这些议题和方法的提出旨在应对数字经济核算中的挑战，并更准确地捕捉数字经济的规模和发展。议题内容及核算方法如图 7-2 所示。

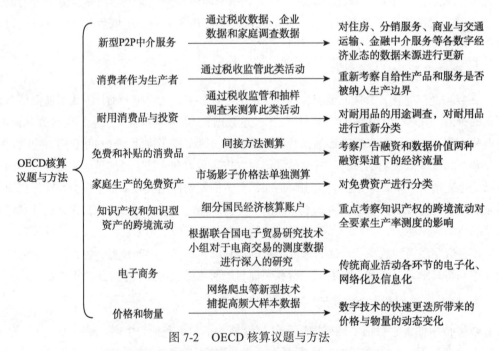

图 7-2　OECD 核算议题与方法

资料来源：Measuring GDP in a Digitalised Economy, 2016, OECD。

1. 数字经济中"免费产品"核算

在数字经济中,消费者可以享受到大量免费的信息、资讯及娱乐产品,消费者实际所付出的是广告流量与数据痕迹。为了核算这类免费产品的价值,OECD 提出了基于广告融资和数据价值两个视角的核算方法。

基于广告融资视角的核算方式是把免费产品背后的非货币交易进行货币转换。具体而言,广告融资涉及三方关系,即服务提供商、数字产品消费者和广告商(图 7-3)。服务提供商向消费者提供免费产品或 App,并通过广告服务从广告商获取收益。数字产品消费者在使用免费产品或 App 的过程中产生大数据进一步反馈给广告商。提供给消费者的免费服务的价值可以等同于相应广告服务的价值。

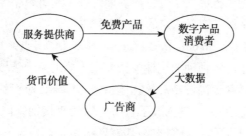

图 7-3　免费产品和三角交易

资料来源:Measuring GDP in a Digitalised Economy, 2016, OECD。

基于数据价值视角的核算方式是收集并商业化用户生成的海量数据。与广告融资类似,消费者与生产者之间存在隐含的交易,数字产品消费者提供数据,生产商提供免费的数字产品或服务。服务提供商通过积累数字资产来为其免费服务提供资金支持,并将这些数据用于数据服务的生产。通过大数据分析,量化这些数据背后的实际价值,以核算免费数字产品的规模。换言之,"免费产品"的规模等于大数据背后蕴藏的实际价值。

2. 知识产权和知识型资产的跨境流动

知识产权和知识型资产的跨境流动给数字经济的估算带来了挑战。受到税基侵蚀和利润转移的影响,知识产权可能会从高税收国家转移到低税收国家,进而导致其附加值的转移。当前的核算挑战在于知识产权的流动是否与国民经济账户中所有权一致。OECD 建议各国把国民经济核算账户细分为增加值、支出、知识产权产品(IPP)销售额和服务四类,并对外国附属公司、国内公司设有海外附属公司以及其他国内公司的生产率、资本—劳动份额和主要收入进行估计,以确保用于生产率分析的资产负债表上的资产与产出保持一致。

3. 数字经济中的价格和物量核算

数字技术重塑了传统的商业模式,为数字经济下价格与物量的测度带来挑战。一方面,数字技术使产品质量提升,单位价格不变的条件下难以有效测度产品质量的变化;另一方面,数字产品或服务"定制化"的特征使传统的市场价格机制不再适用,数字产品的真实价格与物量难以被准确核算。OECD 指出,数字技术在给价格与物量测度带来挑战的同时,也提供了部分解决方案。数字技术的迅猛发展提供了新的数据源与数据收集技术，在一定程度上弥补了传统测量方法的缺陷。比如，网络爬虫技术、数据扫描技术等可以收集高频大规模价格数据，在一定程度上提高了捕捉产品质量变化的能力。利用数字化资源及时收集价格与物量的信息，能为价格与物量的核算提供更可靠、更有效的方案。

7.2 数字经济卫星账户

为了全面测度数字经济规模、分析数字经济活动、监测数字经济的运行动态，各国开始尝试构建数字经济卫星账户的基本框架。在全面刻画数字经济相关活动的基础上，数字经济卫星账户的构建有助于探究数字经济的发展特征，理解数字经济对宏观经济的贡献程度。本节将对国内外数字经济卫星账户的相关研究进行梳理。

国民经济账户体系（system of national accounts，SNA）于 1993 年引入了卫星账户的概念，卫星账户是一种基于经济活动的统计框架，用于测度某个领域或行业的经济活动规模和贡献。具体而言，它是基于国民经济核算体系中心框架，对特殊经济活动进行全面描述而建立的附属核算体系。卫星账户克服了将特殊活动直接纳入国民经济核算体系中心框架所受的限制，满足了不同的核算需求，其核算结果是对传统宏观经济统计数据的有效补充。通过构建卫星账户的方法对特殊的经济模式进行统计分析，对相关产业的运行状况进行统计监测，既避免了对中心框架统一严谨性的破坏，又极大地提高了国民经济体系的分析功能。

数字经济作为继农业经济、工业经济后的新兴经济形态，其交易活动与传统经济深度融合，涉及国民经济的第一产业、第二产业和第三产业。为了全面刻画与数字经济相关的交易活动，克服数字经济测度的挑战，国际上通过编制数字经济卫星账户（DESA）来反映所有机构部门进行数字经济活动的过程。数字经济卫星账户是针对数字经济领域构建的卫星账户，在明确数字经济参与者的基础上，测度数字经济产业的发展规模，探究数字经济行业与传统行业的融合状况，全面反映了数字经济的规模、趋势和贡献。OECD 对数字经济卫星账户进行了探索，在厘清数字经济的概念框架、数字经济的交易活动、数字产品与非数字产品、数字产业的基础上，构建了数字经济卫星账户框架。美国经济分析局（BEA）在明确数字经济范围的基础上，基于供给使用表框架初步估算了美国数字经济规模，为数字经济卫星框架的编制奠定了基础；澳大利亚统计局（ABS）则借鉴 BEA 的测算方法，在 ABS 供给使用表的框架下对本国数字经济规模进行测算；新西兰根据 OECD 数字经济卫星账户的构建方法初步编制了本国的数字经济卫星账户；近年来，我国在构建数字经济卫星账户方面也进行了探索。本节将重点介绍 OECD 与美国构建数字经济卫星账户的相关研究，并简要介绍我国近年来对数字经济卫星账户的探索。

7.2.1 OECD 数字经济卫星账户的编制

OECD 最早提出了"数字化经济"的概念，并自 2015 年起发布了《数字经济展望》系列报告，阐述数字经济发展不同阶段的特征、影响、机遇和挑战。OECD统计数据与统计政策委员会（CSSP）于2016年成立了"数字经济中的GDP测度咨询小组"，并于2017年提出构建数字经济卫星账户来应对数字经济测度的挑战和政策需求。通过引入"数字化产品""数字产业"及一系列辅助资产概念，数字经济卫星账户对数字经济的运行做出系统刻画，有效测度数字经济的规模及其对宏观经济的贡献程度。数字经济卫星账户有多方面的优势：

第一，数字经济卫星账户可以展现数字中介平台提供的商品和服务的总体价值信息；

第二，数字经济卫星账户可以反映数字技术在生产中的作用；

第三，数字经济卫星账户有助于厘清免费产品及数据的价值等。

OECD不仅围绕数字产品或数字产业，而且重点根据数字经济交易的类型核算数字经济。这弥补了以往测度仅聚焦于数字产业和数字产品的狭义范围而忽略了数字经济的其他一些重要维度的缺陷。其整体的概念框架如图7-4所示。

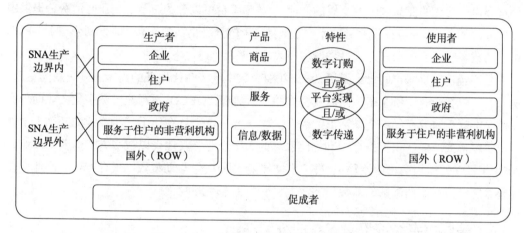

图7-4　OECD数字经济卫星账户概念框架

资料来源：Issue paper on a proposed framework for a satellite account for measuring the digital economy, 2017, OECD。

数字经济不仅包括SNA生产边界内的活动，也包括SNA生产边界外的活动。OECD构建的数字经济卫星账户框架厘清了数字经济的生产者、使用者、促成者、产品和特性，在理解数字经济交易的本质上迈出了重要的一步。随着数字经济的高速发展，生产者与使用者的边界变得模糊。企业、住户、政府和服务于住户的非营利机构既可以是生产者，也可以是使用者。就"产品"而言，数字经济卫星账户在明确界定数字商品和数字服务的基础上，加入信息和数据要素，拓宽了数字产品的边界。"数字订购""平台实现"和"数字传递"是数字经济"特性"的三个主要方面。"促成者"是数字经济的重要支撑，主要包括驱动数字化转型的基础设施和投资等。

数字经济卫星账户围绕交易活动的"特性"进行编制，其核心是使用表。使用表主要反映了四类信息，包括数字产品总购买量、数字服务总购买量、电子商务总购买价值和免费的数字服务的估值。其中，数字产品区分中间产品和最终产品，数字服务区分中间服务和最终服务，电子商务包括数字订购货物和服务。在使用表中仅记录与"数字订购""数字传递"或"平台实现"相关的交易活动。根据交易的产品类型，相关交易活动可以分为货物、服务和数据三大类。根据数字化类型，货物与服务类交易可以进一步划分为：数字化货物、非数字化货物、数字化服务、非数字化服务。各类交易活动按照产品生产的地点（国内生产或国外生产）与中介平台类型（是否为住户数字化中介平台）可再次细分。以上分类框架能够提供非住户平台进行的跨境电子商务贸易和国内电子商务交易的信息，有助于为数字经济的测度与各国数字经济政策制定提供决策参考。

此外，鉴于数字化会影响到传统经济的所有产业，数字经济卫星账户将数字产业分为：区分住户与企业类型的数字产业、数字化赋能产业、数字平台，使每个产业对数字经济的影响是独立的。区分住户与企业类型的数字产业不仅可以反映共享经济下住户部门所提供的商品和服务，也可以更加精确地测度数字经济的范围。数字化赋能产业明确了能够驱动数字化转型的工具，主要包括 ICT 产业，即"旨在通过电子手段（传输和显示）实现信息处理和通信功能的商品或服务所属的产业"。数字平台可以分为三类：企业向消费者提供中介服务的平台、点对点提供服务的平台、免费向个体分享物品的平台（非营利公司）。OECD 构建的数字经济卫星账户，包括供给使用表、投资矩阵表、生产补充表。

数字经济卫星账户的设计是灵活的，并随着数字经济时代发展的需求不断更新与完善。例如，随着新产业、新业态、新商业模式的不断涌现，OECD 不断完善数字化产业的分类以满足准确反映数字经济交易活动的需求。2018 年，OECD 在以上三个产业的基础上增加了电子零售商产业、仅提供金融和保险服务的数字产业、其他仅以数字方式运营的产业；2020 年《OECD 指南（讨论稿）》进一步增加了数据/广告驱动型数字平台产业。因此，在完善数字经济产业的基础上，数字经济卫星账户也不断发展。

7.2.2 美国数字经济卫星账户的编制

数字经济作为推动国家经济增长、提升国家竞争力的"新引擎"，衡量数字经济的规模对理解经济的运行规律至关重要。2016 年美国商务部成立了首届数字经济顾问委员会（Digital Economy Board of Advisors，DEBA），委员会成员提出，应测度数字经济在不同经济部门的渗透程度以及数字经济对宏观经济指标（如 GDP、生产率）的影响，以深入理解数字规模和重要性，为政府政策的制定提供参考。为此，美国经济分析局（BEA）于 2018 年发布了《定义并测度数字经济》的报告，这是美国经济分析局首次在国民经济核算框架下对数字经济进行估算，为构建数字经济卫星账户奠定了基础。BEA 借鉴其他卫星账户，如旅游、户外娱乐等卫星账户的编制方法，在供给使用表框架下对数字经济的产出、增加值、就业等变量进行估算，是对传统宏观经济数据的有力补充。

具体而言，BEA 的估算过程包括三个步骤：第一，厘清数字经济的概念框架；第二，明确供给使用表框架中与数字经济相关的商品和服务；第三，估计供给使用表框架内与数字经济相关的商品和服务所属产业的产出、增加值、就业等变量。

定义数字经济是构建数字经济卫星账户的基础。BEA 主要从互联网及相关信息通信技术（ICT）的角度定义数字经济，内容主要包括数字化基础设施、电子商务和数字媒体。具体内容如图 7-5 所示。

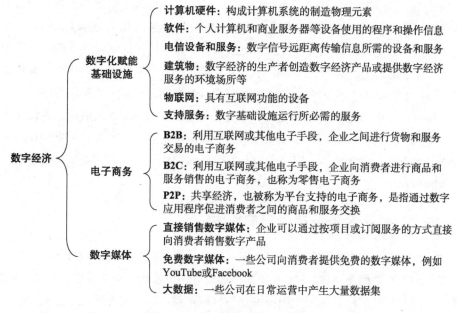

图 7-5　BEA 数字经济定义范围

资料来源：Defining and Measuring the Digital Economy, 2018, BEA。

计算机网络（如互联网）是数字经济的基础。数字化赋能基础设施指基本的物理材料和组织结构，用于支持计算机网络和数字经济，既包括支持数字技术发展的设备，也包括支持数字经济运行的场所和服务。电子商务指的是利用互联网和其他数字化技术进行商品和服务的买卖、支付、物流等商业活动，反映了商品或服务交易的性质，包括数字订购、数字交付或平台支持的交易。这些交易包括 B2B、B2C 和 P2P 交易。数字经济的第三个组成部分是数字媒体。数字经济下消费者的消费模式逐渐从购买或租赁实体产品向在线以数字形式访问这些产品转变。BEA 将数字媒体定义为利用数字技术来生产、传播和展示信息内容的媒体形式，具体包括直接销售数字媒体、免费数字媒体和大数据。

在明确数字经济的概念框架的基础上，BEA 基于供给使用表核算数字经济。供给使用表每 5 年编制一次，依赖于美国人口普查局经济普查等高质量数据，是美国国民经济核算的基准，是编制各种经济账户的重要基石。同时，它也反映了不同行业之间的相互作用，刻画了产业之间的投入产出关系，展现了产业和最终使用交易的完整信息。通过北美产业分类体系（NAICS）对供给使用表中的数据进行分类，BEA 最终在约 5 000 种商品和服务中筛选出超过 200 种商品和服务纳入数字经济核算范围。确定产品目录后，进一步识别产品所属的行业，最终计算出数字经济的产出、增加值、就业等指标。

数字经济卫星账户在理论上包含所有与数字经济相关的货物和服务，但实际上有些产品同时包含数字化和非数字化部分。由于剥离困难与数据限制，BEA 在进行数字经济核算时并没有涵盖数字经济定义范围的全部内容，如不包括数字化赋能基础设施的物联网与环境、电子商务中的 P2P 交易、数字媒体中的免费数字服务和大数据。

BEA 计划从以下五个方面完善数字经济卫星账户，以更加完整地刻画数字经济对经济增长的贡献。第一，引入其他数字化商品和服务，如同时包括数字化和非数字化组成的产品；第二，纳入最新的统计分类、方法和源数据，即数字经济的统计要不断更新完善以跟上数字经济发展的速度；第三，准确估计 P2P 交易，P2P 交易的发展使生产者和消费者边界变得模糊，如何准确衡量 P2P 成为重要核算内容；第四，对用于生产的数字化投入进行核算，即将数字化生产投入作为继资本、劳动、土地、能源等要素之后的一种新型生产要素纳入生产函数；第五，估计与数字经济相关的消费者剩余。数字经济的发展使原来需要付费的产品如今可以免费获得，消费者福利发生巨大变化，因此有必要估计数字经济对消费者福利的影响。

7.2.3 中国对数字经济卫星账户的探索

目前，国内尚未编制官方的数字经济卫星账户，但是在数字经济统计核算、供给使用表编制等方面积累了相关经验。例如，中国信通院等科研机构发布数字经济相关研究报告；国家统计局把新兴经济核算纳入中国国民经济核算体系，并制定专项统计表对"新产业、新业态、新商业模式"产业增加值进行核算。

2021 年国家统计局发布了《数字经济及核心产业统计分类（2021）》，该文件的颁布使我国在数字经济统计上迈出重要一步，为我国未来编制数字经济卫星账户奠定了基础。该分类对数字经济的概念和范围进行了界定，其中数字经济的定义为："以数据资源作为关键生产要素、以现代信息网络作为重要载体、以信息通信技术的有效使用作为效率提升和经济结构优化的重要推动力的一系列活动。"数字经济的产业范围如图 7-6 所示。

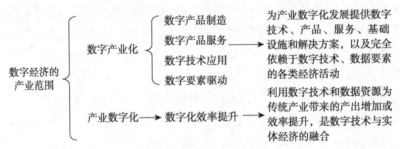

图 7-6　数字经济的产业范围

资料来源：《数字经济及核心产业统计分类（2021）》，2021，国家统计局。

我国对数字经济卫星账户的编制仍处于探索阶段。比如，杨仲山和张美慧（2019）在梳理国际数字经济卫星账户编制经验的基础上，探讨我国数字经济卫星账户的整体框架；通过编制数字经济供给表、数字经济使用表、投资矩阵表、生产信息补充表，对我国的数字产业增加值、数字经济国民消费总额、数字经济直接总增加值、数字经济直接国内生产总值进行测算。向书坚和吴文君（2019）通过构建内部卫星账户，尝试克服现有核算体系下剥离数字部门困难的问题，对现有核算体系未包括的相关经济活动进行补充；对数字经济相关的关键领域进行了细致的分类，参考外部卫星账户编制的做法，扩大了 SNA 中心框架中的生产边界；将数字交易分为三类：一是数字化引致的交易信任提升，二是供求信息数字化引致的交易成本降低，三是内容信息数字化引致的非货币数据交易。

7.3 数字经济增加值测算

数字经济增加值是衡量数字经济规模的重要指标，可用于反映数字经济对国民经济的贡献程度。在测算数字经济增加值的基础上，计算数字经济增加值占 GDP 的比例以及数字经济对 GDP 增长的贡献程度。本节将依据核算方法对数字经济增加值的测算进行梳理。对数字经济增加值的核算方法主要包括生产法、支出法、基于增长核算框架的测算方法。

7.3.1 生产法

生产法是从生产角度对数字经济进行核算的方法。它在确定数字经济产业范围的基础上，对一个国家一年内各数字生产部门的产值进行测算和累加，估计数字经济增加值，并将其计入国内生产总值。国内外研究机构大多数采用此类方法进行核算，比较有代表性的是美国 BEA 及中国信通院对数字经济增加值的核算。

1. 美国 BEA 数字经济增加值核算

在厘清数字经济核算范围的基础上，美国经济分析局（BEA）根据北美产业分类系统（NAICS），筛选出 200 余种数字产品，在供给使用表的框架内确定各产品所属的产业。在计算某产业中属于数字经济部分的增加值时，BEA 假设各行业的数字经济产出中间消耗占总数字经济产出比例与相应产业中间消耗占总产出比例相等。在识别分类的基础上，BEA 计算得到数字化产业的总产出，即所有数字经济产品和服务在每个产业的总产出之和。从而，数字经济增加值可以从数字化产业总产出与相应产业总产出的关系中推算得出。

通过构建价格指数，BEA 对数字经济总产出和增加值进行跨年度比较并计算增长率。数字经济的实际增加值为经过价格指数平减后的增加值。数字产品的总产出指数是将某一产业生产的每一种数字商品和服务进行价格平减后得出的，主要从供给表中获得。而中间投入指数是通过将使用表中所有以数字产品作为中间投入而消费的产品进行价格缩减得出。最后采用双重平减的方法计算增加值指数，而实际增加值是实际总产出与实际中间投入的差值。

2. 中国信通院关于数字产业化增加值核算

中国信通院将数字经济分为数字产业化、产业数字化、数字化治理和数据价值化四个部分。由于数据和测算方法的限制，信通院仅测算了数字产业化和产业数字化部分。其中，数字产业化部分即信息通信产业（ICT）；采用生产法测算，将国民经济统计体系中各个行业的增加值直接加总即可得到 ICT 产业增加值。采用生产法核算数字产业化规模的关键在于确定 ICT 投资的范围。中国信通院把 ICT 投资统计范围确定为三类，即计算机、通信设备和软件。在此基础上计算各类 ICT 实际投资额，测度 ICT 的总资本存量，即数字产业化部分的规模。ICT 投资的范围如图 7-7 所示。

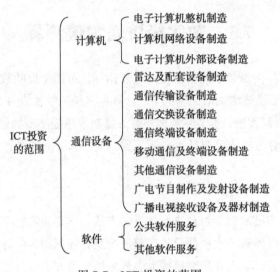

图 7-7　ICT 投资的范围

资料来源：数字经济发展白皮书，中国信通院，2017。

7.3.2　支出法

支出法是从购买者的角度出发对数字经济增加值进行测算。部分统计学者认为，从购买者角度区分数字经济产品比从生产角度容易。一些著名国家机构采用支出法对数字经济进行核算，如麦肯锡（McKinsey）和波士顿咨询（BCG）。

1. 麦肯锡的测算方法（iGDP）

麦肯锡全球研究所（McKinsey Global Institute，MGI）提出了"iGDP"的概念，定量评估数字经济（用互联网代替）在特定经济体中的影响。它使用支出法评估与互联网网络和服务的创建使用相关的所有活动。该方法考虑私人消费、公共支出、私人投资、净出口这四个因素，将每个因素与互联网相关的活动都包含在内，涵盖互联网支持的所有商品和服务。私人消费中包括消费者通过互联网或为获得互联网接入进行的商品和服务的总消费量，包括硬件、软件、宽带、移动互联网接入、智能手机消费和电子商务等私人支出。公共支出包括政府用于消费和投资的互联网支出，包括软件、硬件、服务和基础设施等项目支出。私人投资包括企业对互联网相关技术的投资，包括电信、外部网、内部网、网站及相关基础设施等的投资。净出口包括业务流程外包的出口，电子商务，国际货物、服务和设备减去所有相关进口的差额项。

iGDP 具体的测算方法为：对于电子设备（计算机和智能手机），麦肯锡根据在互联网上花费的总时间与使用该产品的总时间的比率来估计其贡献。对于在互联网上销售的商品和服务，麦肯锡以其全部电子商务价值计算，因为它们验证了互联网行业在分销链中作为一个环节的重要性。对于互联网移动订阅服务和固定订阅服务，麦肯锡假设个人支付了全部费用，不考虑免费产品的情况。对于 ICT 商品和服务投资以及贸易差额，麦肯锡使用自上而下的分析方法，基于 TMT 数据库对每个软件、硬件、服务和电信等类别进行统计。

2. 波士顿咨询的测算方法——e-GDP

2011 年 G20 峰会上，波士顿咨询公司（BCG）首次提出了"e-GDP"的概念。这一概念的提出为数字经济的测算和分析提供了新的视角和方法。基于支出核算方法，e-GDP 涵盖了与数字设备的创造生产、服务的提供和应用相关的所有活动。与 GDP 的核算思路类似，e-GDP 包含与 ICT 相关的消费、投资、政府支出与净出口值。其中，ICT 消费支出指购买数字化商品和服务的全部消费，包括但不限于数字化设备的购买和使用、应用软件的下载和订阅、云存储和云计算服务的购买和使用以及各种电信服务的订阅和付费。ICT 投资支出是个人或企业在 ICT 领域的资金投入，这些投资主要用于促进信息化建设和数字化转型，如服务器、数据中心、网络设备等的建设。政府 ICT 支出是指政府用于 ICT 相关项目的资金支出，这些支出通常包括政府机构购买和更新 ICT 设备、软件、网络基础设施及实施数字化服务等所需要的支出，包括政府补贴等。ICT 净出口值是指一个国家或地区在 ICT 相关的货物和服务贸易中的净出口总额。

7.3.3　基于增长核算框架的测算方法

数字技术的广泛应用和融合使传统行业提质增效，测算传统行业中数字经济部分（产业数字化规模）的重点在于把数字技术的贡献剥离出来。增长核算框架可以分离出不同生产要素对经济增长的贡献度。采用增长核算框架的方法，能够分离出数字技术对传统行业增长的贡献，以确定传统行业中数字经济部分的增加值。

1. 中国信通院的增长核算框架

采用增长核算框架模型测算数字经济增加值，关键在于确定生产要素投入、生产函数形式并准确测算数字资本投入。传统的增长核算框架以劳动和资本为主要投入要素，基于柯布–道格拉斯生产函数测度劳动、资本及技术进步对经济增长的贡献。数字经济背景下，传统的增长核算框架已无法满足数字经济发展的需要。为适应数字经济测算需求，资本要素深化为数字资本（ICT 资本）要素与非数字资本（非 ICT 资本）要素；生产函数也衍生出超越对数函数等新形式。如何准确测度数字资本投入，成为准确核算数字经济增加值的关键。

中国信通院的增长核算框架采用超越对数生产函数的形式，以 ICT 资本、非 ICT 资本、劳动力和中间产品作为生产要素投入。假设技术进步为希克斯中性，根据欧拉定理得出所有生产要素的报酬之和等于社会总产出。在此基础上,测算出各类生产要素对总产出的边际贡献,ICT 资本的贡献度即为传统产业中数字技术的贡献度。

其中,对于 ICT 资本的测算,中国信通院以 ICT 资本存量为代表,采用"永续盘存法"并考虑时间–效率模式测算生产性资本存量。其基本思想是资本投入的生产能力会随时间发生损耗,相对生产率的衰减不等于市场价值的损失。ICT 资本存量($K_{i,t}$)可以表示为:

$$K_{i,t} = \sum_{x=0}^{T} h_{i,x} F_i(x) I_{i,t-x}$$

其中,时间–效率函数 $h_{i,x}$ 反映了 ICT 资本相对生产率的变化;$F_i(x)$ 反映了 ICT 资本退出的情况;$I_{i,t-x}$ 反映了资本使用 x 年后的净投资额。

2. Jorgenson-Griliches 增长核算框架

基于 Jorgenson-Griliches 的增长核算框架,蔡跃洲等(2021)构建了数字经济增加值的测算框架,如图 7-8 所示。

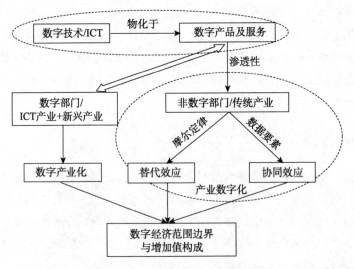

图 7-8 数字经济增加值的测算框架

资料来源:《中国数字经济增加值规模测算及结构分析》,2021,蔡跃洲等。

考虑到数字技术(ICT)具有"渗透性""替代性""协同性"的特征,该核算框架将这些特征衍生出的价值定义为替代效应与协同效应,作为"产业数字化"部分的增加值。该增长核算框架基于索洛新古典增长模型,结合了 Divisia 指数和国民统计核算等方法。该框架区分了"ICT 资本"和"非 ICT 资本",尝试分离 ICT 资本要素增长、非 ICT 资本增长、劳动增长及全要素生产率增长对 GDP 增长的贡献。ICT 资本要素增长效应即为数字经济"替代效应"对 GDP 增长的贡献率。ICT 资本要素的增长来源于 ICT 产品价格不断下降,从而替代了其他资本产品,形成"替代效应"。ICT 资本的测算采用"永续盘存法",在"年限—效率模式"和"退役模式"的假定下,计算"生产性资本存量",衡量 ICT 资本。遵循"先增量后总量、先贡献度后规模"的思路,先测算数字经济对 GDP 增长的贡献率,继而计算数字经济增加值的规模。

7.4 数字经济测度的指标体系

数字经济测度的指标评价是指选取分领域、分维度的数字经济发展水平的量化指标,通过标准化和权重设计等处理,计算数字经济发展指数以反映不同领域或维度的数字经济发展的相对情况。本节分别梳理国际和国内数字经济测度的指标体系与指数构建,国际上重点关注欧盟、国际电信联盟和经合组织(OECD)等国际机构构建的数字经济相关的指标体系,国内主要参考中国信通院、工业和信息化部、北京大数据研究院等权威机构所发布的数字经济指标体系。国内外数字经济相关指标表如表 7-1 所示。

表 7-1 国内外数字经济相关指标表

	指数名称	发布方	一/二/三级指标数	首次发布时间	出处
国际	数字经济与社会指数(DESI)	欧盟	4/10/33	2014 年	Digital Economy and Society Index (DESI) 2021: DESI methodological note
	OECD 数字经济指标体系	OECD 经合组织	4/37	2014 年	Measuring the Digital Economy: A new Perspective
	ICT 发展指数	国际电信联盟	2/9	2009 年	Measuring digital development: The ICT Development Index 2023
国内	中国数字经济发展指数	工业和信息化部	5/13	2023 年	《中国数字经济发展指数报告 2023》
	数字经济指数	中国信通院	4/28	2017 年	《中国数字经济白皮书(2021)》
	数字经济产业发展指数	北京大数据研究院	5/11/24	2021 年	《中国数字经济产业发展指数报告(2021)》
	数字经济发展指数	中国电子信息产业研究院	4/10/41	2017 年	《2020 中国数字经济发展指数(DEDI)》
	国家数字竞争力指数	腾讯研究院	10/31/68	2019 年	《国家数字竞争力指数报告(2019)》
	"互联网+"数字经济指数	腾讯研究院	4/17	2015 年	《中国互联网+指数报告(2018)》
	城市数字经济指数	"新华三"集团	4/12/46	2017 年	《中国城市数字经济指数蓝皮书(2021)》
	中国数字经济指数	财新智库	4/14/38	2017 年	《中国数字经济指数(2022)》
	福建省数字经济发展指数	福建省经济信息中心	5/16/48	2017 年	《福建省数字经济发展指数评价报告》
	江苏省数字经济发展指数	江苏省人民政府	5/29	2022 年	《江苏省数字经济发展综合评价办法》

7.4.1 国际数字经济发展指标体系及指数构建

1. 欧盟数字经济与社会指数（DESI）

自 2014 年起，欧盟委员会每年发布数字经济与社会指数报告并测算成员国的数字经济和社会发展指数（Digital Economy and Society Index，DESI），最新的数字经济与社会指数报告于 2022 年发布，数字经济与社会指标体系从人力资本、网络连接、数字技术融合、数字公共服务四个维度出发，由 10 个一级指标、33 个二级指标构成。在此指标体系架构下，可以对成员国进行以下四个层面的分析。

第一，综合评估。通过计算成员国数字经济发展的综合指数，反映成员国数字经济发展的综合特征。

第二，分维度评估。通过计算成员国数字经济与社会指标体系下各子维度指数，确定成员国还有待改善的发展维度。

第三，纵向比较分析。通过计算各成员国历年的数字经济与社会指数，分析成员国数字经济的发展态势与波动轨迹。

第四，横向比较分析。通过对数字经济发展程度相似的成员国分组，比较处于相似发展阶段的国家的数字经济政策，为各国数字经济政策的制定与评价提供重要参考。

数字经济与社会指标体系是参考 OECD《复合指数构建手册：方法论与用户指南》的建议进行构建的，具有科学性、合理性和可持续性等特点。其数据来源于欧盟统计局、通讯委员会、数字化企业的追踪调查等，具有充分的数据支撑。总而言之，欧盟的数字经济与社会指数具有良好的研究基础与数据支撑，其设计框架与调查数据所采取的机制值得借鉴。DESI 具体的指标如表 7-2 所示。

表 7-2 欧盟数字经济指标体系

一级指标	二级指标	三级指标
人力资本 （Human capital）	互联网用户技能 （Internet user skills）	基本数字化技能（At least basic digital skills）；高等数字化技能（Above basic digital skills）；基本软件技能（At least basic software skills）
	高级技能和发展 （Advanced skills and development）	ICT 专家（ICT specialists）；女性 ICT 专家（Female ICT specialists）；提供 ICT 训练的企业（Enterprises providing ICT training）；ICT 相关专业的毕业生（ICT graduates）
网络连接 （Connectivity）	固定宽带使用率 （Fixed broadband take-up）	固定宽带的整体使用率（Overall fixed broadband take-up）；固定宽带速度至少 100 Mbps（At least 100 Mbps fixed broadband take-up）；固定宽带速度至少 1Gbps（At least 1 Gbps take-up）
	固定宽带覆盖率 （Fixed broadband coverage）	快速宽带（NGA）覆盖率[Fast broadband（NGA）coverage]；固定高容量网络（VHCN）覆盖率[Fixed very high capacity network（VHCN）coverage]

续表

一级指标	二级指标	三级指标
网络连接（Connectivity）	移动宽带（Mobile broadband）	4G覆盖率（4G coverage）；5G准备度（5G readiness）；5G覆盖率（5G coverage）；移动宽带使用率（Mobile broadband take-up）
	宽带价格（Broadband prices）	宽带价格指数（Broadband price index）
数字技术融合（Integration of digital technology）	数字化强度（Digital intensity）	至少具备基本数字化程度的中小企业（SMEs with at least a basic level of digital intensity）
	企业的数字技术（Digital technologies for businesses）	电子信息共享（Electronic information sharing）；社会媒介（Social media）；大数据（Big data）；云计算（Cloud）；人工智能（AI）；ICT促进环境可持续（ICT for environmental sustainability）；电子发票（e-Invoices）
	电子商务（e-Commerce）	中小企业网络销售（SMEs selling online）；电子商务交易额（e-commerce turnover）；跨境网络销售（Selling online cross-border）
数字化公共服务（Digital public services）	电子政务（e-government）	电子政务用户（e-government users）；预先填写表单（Pre-filled forms）；为公民提供数字化公共服务（Digital public services for citizens）；为企业提供数字化公共服务（Digital public services for business）；开放数据（Open data）

2. OECD数字经济指标体系

OECD经合组织于2014年出版了《衡量数字经济》的报告，该报告从教育、创新、创业和经济影响等领域构建指标对数字经济进行测度，并提出前瞻性地推进数字经济测度议程的行动建议。其中，衡量数字经济的指标体系包括四个方面，即基于智能基础设施投资、提升社会活力、释放创新创造能力及推动增长和就业。该指标体系包含38个二级指标，具有良好的国际可比性与普适性。

就构建理念而言，主要包括六个方面：第一，提升对信息和通信技术投资的衡量，包括宽带投资及其与宏观经济绩效的联系；第二，定义并测度数字经济需要的新型技能；第三，构建并测度监控安全、隐私和消费者保护事项相关的指标；第四，提升信息通信技术（ICT）对社会目标影响的测度，如ICT对人口老龄化、气候变化等的影响，并测度数字经济对社会的影响；第五，加强对全面高质量数据库的投入，以提高数字经济测度的影响力；第六，建立适应于互联网发展需求的统计框架，以将其作为信息源。

该统计框架超越了数字经济本身对企业和市场影响的测度，涵盖数字经济对个人及社会的影响，如社交网络的快速增长、儿童在线保护和网络安全等，弥补了现有核算方案仅从经济社会发展考虑的局限性，更加全面地反映了数字经济的发展，具有前瞻性和可比性，对各国数字经济指标体系的构建具有很强的参考意义。表7-3为OECD的数字经济指标体系。

表 7-3　OECD 数字经济指标体系

一级指标	二级指标
智能基础设施投资 （Investing in smart infrastructure）	宽带普及率（Broadband penetration）
	移动数据通信（Mobile data communication）
	互联网发展（The growth of the Internet）
	开发更高速度（Toward higher speed）
	网络连接价格（Prices for connectivity）
	ICT 设备及应用（ICT devices and application）
	跨境电子商务（E-commerce across borders）
	数据安全（Security）
	安全和隐私威胁敏感性（Perceiving security and privacy threats）
增强社会活力 （Empowering society）	互联网用户（Internet users）
	在线行为（Online activities）
	用户复杂性（User sophistication）
	数字原住民（Digital natives）
	儿童在线（Children online）
	教育中的 ICT（ICTs in education）
	工作场所的 ICT（ICT skills in the workplace）
	电子商务的消费者（E-consumers）
	内容无边界（Content without borders）
	电子政府应用（E-government use）
	ICT 和健康（ICT and health）
释放创新创造能力 （Unleashing innovation）	ICT 与研发（ICT and R&D）
	ICT 产业创新（Innovation in ICT industries）
	电子商务（E-business）
	发挥微观数据的能力（Unleashing the potential of micro-data）
	ICT 专利（ICT patents）
	ICT 设计（ICT designs）
	ICT 商标（ICT trademarks）
	知识扩散（Knowledge diffusion）
促进增长带动就业 （Delivering growth and jobs）	ICT 投资（ICT investment）
	ICT 商业动态（ICT business dynamics）
	ICT 附加值（ICT value added）
	信息产业劳动生产率（Labour productivity in information industries）
	测度通信服务质量（Measuring quality in communication services）
	电子商业（E-commerce）
	ICT 人力资本（Human capital in ICT）
	ICT 工作以及 ICT 部门的工作（ICT jobs and jobs in the ICT sector）
	贸易竞争力与全球价值链（Trade competitiveness and GCVs）

3. 国际电信联盟 ICT 发展指数（IDI）指标体系

2009 年国际电信联盟（ITU）首次引入了数字化发展指数（ICT development index，IDI）。2023 年颁布了最新的数字化发展指数报告（Measuring digital development：The ICT Development Index 2023），报告指出构建该指数的目的在于评估一个国家的数字化连接程度是否具有普遍性且有意义。普遍性意味着从个体、家庭到社区、企业都是相互连接的；而有意义的连接取决于"赋能者"，其中包括基础设施、承受度、设备、技能、安全和隐私。ITU 构建的指标体系如表 7-4 所示。

表 7-4 国际电信联盟 ICT 发展指数指标体系

一级指标	二级指标
普遍性连接部分（Universal connectivity pillar）	互联网用户率（Proportion of individuals who used the Internet in the last 3 month）
	家庭宽带接入率（Proportion of households with Internet access at home）
	移动宽带覆盖率（Active mobile-broadband subscriptions per 100 inhabitants）
有意义连接部分（Meaningful connectivity pillar）	互联网覆盖率（Mobile network coverage，3G/4G mobile network）
	平均移动宽带流量（Mobile broadband Internet traffic per mobile broadband subscription）
	移动数据语音价格（Mobile data and voice high-consumption basket price）
	固定宽带价格（Fixed-broadband Internet basket price）
	个人手机覆盖率（Percentage of individuals who own a mobile phone）
	平均固定宽带流量（Fixed broadband Internet traffic per fixed broadband subscription）

7.4.2 国内数字经济指标体系及指数构建

1. 国内各研究机构数字经济指标体系的构建

1）工业和信息化部中国数字经济发展指数

2023 年，工业和信息化部颁布了《中国数字经济发展指数报告（2023）》，以量化模型的方式反映数字经济发展状况。该报告结合数字经济发展的新形势、新特点，增加要素、盈利、资本等指标，完善面向区域、产业、企业的研究框架，并从发展基础、发展要素、发展能力、发展动力及发展应用五个核心维度构建了中国数字经济发展指数，如表 7-5 所示。

表 7-5 工业和信息化部中国数字经济发展指数

一级指标	二级指标	三级指标
发展基础	网络普及能力	5G 基站建设、5G 用户普及、千兆宽带接入量、千兆城市建设、域名分配等情况
	通信服务能力	固定宽带、5G 上传、下载平均速度等情况
发展要素	数据基础服务	数据中心上架、算力规模、存储容量、国家新型数据中心建设等情况
	数据市场情况	DCMM 认证、数据交易、数据安全服务、数商产业化发展等情况
	数据开放情况	数据开放平台建设、数据开放容量、数据开放政策、开放数据利用等情况

续表

一级指标	二级指标	三级指标
发展能力	产业发展规模	数字企业数量、注册资本、营业收入等情况
	产业发展效益	数字企业营业收入增速、利润增速、利润率等情况
	产业发展活力	数字企业上市、专精特新企业等数量及发展情况
发展动力	资本驱动能力	数字企业融资交易事件、融资额、增速等情况
	外部影响能力	数字企业控股、业务拓展等情况
	资质具备情况	数字企业中高新技术企业、科技型中小企业认证等情况
发展应用	数字生产水平	工业互联网平台应用、中小企业数字化转型、两化融合发展、生产设备数字化等情况
	数字生活水平	线上生活、数字消费、数字交通、数字政府等情况

2）中国信息通信研究院——数字经济指数（DEI）

中国信息通信研究院发布的《中国数字经济发展白皮书（2017）》提供了数字经济指数（digital economy index，DEI）。DEI 指数的指标选择遵循相关性、协调性、灵敏性、时效性、稳定性和数据可得性等原则。该指数由四个方面的指标构成，涵盖宏观经济、基础能力、基础产业和融合应用。具体指标体系内容如图 7-9 所示。

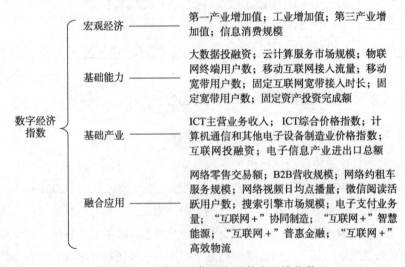

图 7-9　中国信息通信研究院数字经济指数

DEI 相关指标分为先行指标、一致指标和滞后指标。先行指标是先于数字经济变化的指标，其波动发生在数字经济波动前，用于预测数字经济未来的变化趋势和周期性变化，包括云计算服务市场规模、大数据投融资、互联网宽带接入等指标；一致指标是与数字经济波动同步的指标，反映了数字经济发展的现状，描述了数字经济的整体运行情况，包括 ICT 主营业务收入、ICT 综合价格指数、电子商务规模、互联网服务市场规模和"互联网＋"相关的指标等；滞后指标是指在数字经济发生变化后才出现波动的指标，它揭示了数字经济历史上的变化规律，具体指标包括三大产业的增加值和信息消费规模。

3）北京大数据研究院——数字经济产业发展指数

在 2021 年 10 月，北京大数据研究院发布了最新的《中国数字经济产业发展指数报告（2021）》，该报告详细评估了各城市在数字产业化方面的综合发展水平，为了解和比较不同城市在数字经济领域的表现提供参考。北京大数据研究院团队参考 PEST 模型、钻石模型、产业生命周期理论、产业链理论，聚焦于企业微观主体，基于自有数字经济企业库和数字经济政策库构建了三级指标体系，致力于为各地发展数字经济提供参考。

该指标体系目前包括 5 个一级指标、11 个二级指标、24 个三级指标，其中一级指标为数字经济政策与环境、数字经济规模与质量、头部企业情况、产业创新能力及产业投资热度五个维度。该指数的数据来源于北京大数据研究院自建的数字经济企业库和数字经济政策数据库，为数字经济产业发展指数的测度提供了重要的数据支撑。具体指标如表 7-6 所示。

表 7-6　北京大数据研究院数字经济产业发展指标体系

一级指标	二级指标	三级指标
数字经济政策与环境	政策环境	出台数字经济政策数；国家大数据综合试验区布局情况
	支撑服务	数据管理机构设置情况；数字经济产业相关联盟、协会及研究机构
数字经济规模与质量	产业规模	本地区数字经济企业数量
	企业质量	总注册资本；网站建设情况
头部企业情况	上市企业	上市企业数量；总市值；净利润；企业所得税；平均技术人员占比情况；每年新增岗位情况
	独角兽企业	独角兽企业数量；独角兽企业总估值
	瞪羚企业	瞪羚企业数量
	高新技术企业	高新技术企业数量
产业创新能力	研发投入	R&D 经费占 GDP 比例
	知识产权	软件著作权数量；专利数量；商标数量；学术会议数量
产业投资热度	融资情况	总融资额；总融资轮数

4）中国电子信息产业发展研究院——中国数字经济发展指数（DEDI）

在全球各国经济困顿、数字经济逆势而生的背景下，中国电子信息产业发展研究院于 2020 年发布了《2020 中国数字经济发展指数（DEDI）》白皮书，该白皮书构建了中国数字经济发展指数，并对该指数进行了全面解读。该指数由数字经济各维度的典型指标复合而成，用于反映各省份或地区数字经济发展情况。具体指标如图 7-10 所示。

5）腾讯研究院国家数字竞争力指数

2019 年，中国人民大学统计学院和腾讯研究院发布了《2019 国家数字竞争力指数报告》，共同构建了国家数字竞争力指数。该报告界定了国家数字竞争力的定义，强调在数字化技术领域取得和保持竞争优势的重要性，指出这一优势可以推动其他领域的发展。结合国家竞争优势理论，通过对"钻石模型"进行扩展，探讨数字领域的特殊性和影响因素，建立了包含数字基础设施、数字资源共享、数字资源使用等 10 个要素的国家数字竞争力模型。该指标体系在具体测度层面包含了网络设施、通信设施、终端设备、4G 普及等 31 个基本测度维度。该指标体系的具体内容如表 7-7 所示。

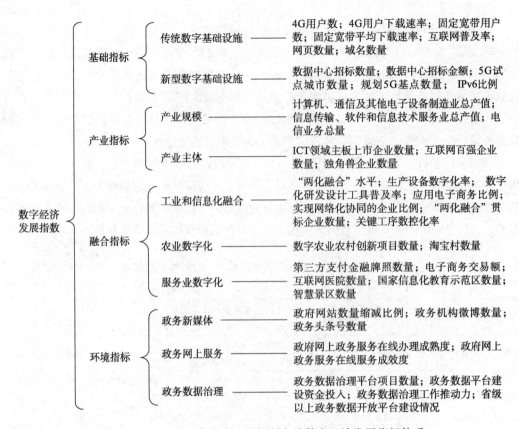

图 7-10 中国电子信息产业发展研究院数字经济发展指标体系

表 7-7 腾讯研究院国家数字竞争力指标体系

一级指标	二级指标	三级指标
数字基础设施	网络设施	人均国际互联网宽带；平均每个用户所享受的宽带；网络就绪指数
	通信设施	固定电话线路
	终端设备	人均计算机数
数字资源共享	4G普及	4G普及率
	宽带普及	固定宽带普及率；移动宽带普及率
	网络普及	互联网普及率；互联网络线路每千人中的联网户主数；浏览器市场份额
数字资源使用	通信用户	每百万人固定电话用户数；每百万人移动电话用户数
	宽带用户	每百万人固定宽带用户数；每百万人移动宽带用户数
	信息成本	移动电话费用高峰时期每分钟本地通话费用；宽带收费；固定电话费用
数字安全保障	网络安全	全球网络安全指数
	安全设施	安全的互联网服务器数量；安全的互联网服务器密度
	技术支持	该国已具备信息技术技能；通信技术非常好地满足企业需要
数字经济发展	经济规模	ICT部门增加值；数字经济占GDP比例；对电信的投资年平均占GDP的比例；信息经济指数
	电子商务	各国电子商务交易额；实物商品网上零售额占社会消费品零售总额的比例

续表

一级指标	二级指标	三级指标
数字经济发展	数字金融	互联网支付交易金额增长率；网上银行用户比例；人均银行卡拥有量；人均银行卡交易量（美元）
数字服务民生	企业服务	企业应用通信技术情况；企业在线销售开展比例
	个人服务	个人使用互联网比例；网络购物使用比例；数字生活指数
	社会服务	网络社会指数；信息社会指数；在线服务指数
数字国际贸易	产品出口	ICT 产品出口；ICT 产品进口
	服务出口	ICT 服务出口；ICT 服务进口
	跨境贸易	跨境电子商务交易额；在线销售跨境比
数字驱动创新	创新产出	PCT 专利；商标申请；科技期刊论文；高技术出口；中、高技术出口
	人才投入	研发领域的研究型人才；每 1 000 个居民中本国高等教育水平学生的人数
	研发投入	研发总支出；研发总支出在 GDP 中的占比
数字服务管理	公共服务	电子政务用户比例；政务使用电子参与度指数；在线政府指数
	服务快捷	创办公司所需的时间；执行合同所需的时间
	办事简便	创办公司所需的程序数；用电所需的程序数
数字市场环境	政策环境	政府对市民是透明的
	法律环境	法律框架支持国家竞争力的发展
	竞争环境	营造公平竞争的市场环境
	市场弹性	劳动力管理（雇佣或解雇惯例）有足够的弹性、劳动力市场灵活性

6）腾讯"互联网+"数字经济指数指标

2015 年起，腾讯研究院结合各大互联网公司如京东、携程等企业的大数据，构建"互联网+"指数，并发行年度"互联网+"指数报告。其中,《中国"互联网+"指数报告（2018）》，在考虑时代环境变化、数据特性要求、指数针对性三个因素的条件下，对原有的指数框架进行了调整，构建新的"互联网+"指数框架，突出体现了互联网对全社会各个方面如民生福利、文化精神等的影响。2018 年的"互联网+"指数由数字经济、数字政务、数字生活及数字文化四个分指数加权平均而得。该指数的数据来源于互联网数据，具有采集成本低、实时性强等优势；另外，在绝大多数互联网基础服务免费的情况下，用户行为数据的经济价值缺乏直接衡量的基础，很难给出价格基准。如图 7-11 所示，"互联网+"数字经济指数以实时互联网大数据为数据支撑，通过构建数字经济、数字政务、数字生活和数字文化分指数，从各个维度反映各地数字经济的发展，为增进民生福祉提供决策支持。

7）"新华三"集团城市数字经济指数（DEI）

在 2021 年的城市数字化峰会上，"新华三"集团发布了《2021 中国城市数字经济指数蓝皮书》。该蓝皮书通过构建一系列指标，对城市的数字化发展水平进行评估，并从总体态势、经济复苏、治理创新、区县发展四个方面进行解读。"新华三"集团城市数字经济指数立足国家和各级政府的政策规划，参考 G20 峰会相关文件内容，实现了对数字经济、数字政府和数字社会三个数字中国核心内容的全覆盖。在保持延续性的基础上，进一步纳入"十四五"

"双循环""新冠疫情""新基建"等影响因素，针对关键领域中的发展目标、重点工作任务和推进事项等制定独立评估指标，并整合对新零售、新金融、云教育、云医疗等数字应用新场景、新业态、新模式等高质量发展新增长极的考察。具体指标如图 7-12 所示。

腾讯"互联网+"数字经济指标体系
- 数字经济指数 —— 微信公众号累计粉丝数；活跃粉丝数；月群发文章数；月均转发次数；月点击PV；菜单月点击次数；菜单月点击人数；客服接口月调用量；模板消息接口月调用量；是否开通支付功能；移动支付总笔数；移动支付总金额；微信支付交易用户数；微信支付商户数；理财通用户数量；理财通资产存量；自选股30天活跃用户数量；证券用户数量；购买用户总数（京东）；有效单量（京东）；购买金额（京东）；订单总数（滴滴）；司机人数（滴滴）；DAU（携程）；酒店间夜量（携程）；机票出票量（携程）；可预订酒店量（携程）；交易流水（新美大）；交易笔数（新美大）；浏览量（新美大）；检索量（新美大）；独立商户数（新美大）；云消耗金额；CVM核数；IDC宽带；CDB存储
- 数字政务指数 —— 服务项目价值；服务质量星级；月活跃用户数；回流率；满意度；重点行业丰富度
- 数字生活指数 —— 微信好友数；微信群数；微信公众号数；微信朋友圈数；微信点赞数；微信评论数；手机QQ消息数；群消息数；表情消息数；离线文件数；图片消息数；语音消息数；视频次数；说说操作次数；语音通话次数；日志操作次数；相册操作次数；分享操作次数；1ike操作次数；好友数；群个数
- 数字文化指数 —— 新闻评论量；新闻点击量；视频点击量；游戏次数；游戏时长

图 7-11　腾讯"互联网+"数字经济指标体系

"新华三"集团城市数字经济指标
- 数据及信息化基础设施
  - 信息基础设施 —— 固网宽带应用渗透率；移动网络应用渗透率；城市云平台；信息安全
  - 数据基础 —— 城市大数据平台；政务数据共享交换平台；开放数据平台
  - 运营基础 —— 运营体制；运营机制
- 城市服务
  - 政策规划 —— 覆盖民生领域的政策数量；民生领域的数字化政策项目
  - 建设运营 —— 教育数字化；医疗数字化；交通服务数字化；民政服务数字化；人社服务数字化；扶贫数字化；营商环境数字化；生活环境数字化；均衡性指标
  - 运营成效 —— 示范工程应用；城市服务综合指数
- 城市治理
  - 政策规划 —— 覆盖治理领域的数量；治理领域数字化项目的数量
  - 建设运营 —— 公共安全治理数字化；信用治理数字化；生态环保数字化；市政管理数字化；应急管理数字化；自然资源管理数字化；均衡性指标
  - 运营成效 —— 示范工程应用；城市治理综合指数化；自然资源管理数字化；均衡性指标
- 产业融合
  - 数字产业化 —— 数字产业化驱动产业；数字产业化主体产业
  - 产业数字化 —— 农业；金融；制造业；能源；生活服务；交通物流；科教文卫；医疗健康
  - 运营成效 —— 示范工程应用；产业生态；产业融合综合指数

图 7-12　"新华三"集团城市数字经济指标

8）财新智库中国数字经济指数（CDEI）

财新智库于 2023 年 12 月发布了《中国数字经济指数》报告。该指数旨在评估和衡量中国数字经济的发展水平和竞争力。基于全面收集的数据和多维度指标，CDEI 涵盖数字经济的多个方面，包含数字经济产业指数、数字经济溢出指数、数字经济融合指数、数字经济基础设施指数。CDEI 的计算结合了定量数据与定性分析方法，试图呈现不同地区和行业在数字经济领域的表现。通过对指标的综合评价和排名，CDEI 旨在为政府、企业和研究机构提供有关数字经济发展的参考和决策支持。指标体系的具体内容如图 7-13 所示。

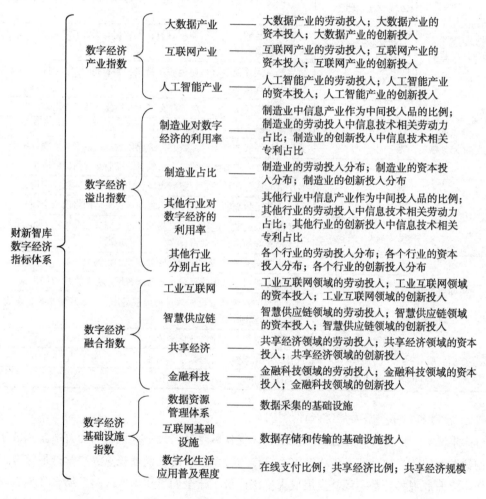

图 7-13　财新智库数字经济指标体系

2. 典型省份的数字经济指标体系

1）福建省数字经济评估指标

为了推进数字经济高质量发展、切实落实福建省数字经济发展战略，福建省新型中心

2017年组织编制了福建省数字经济发展指标体系及指数,对全省的数字经济政策制定与评价具有参考意义。该指标体系由数字发展基础、数字技术创新、数字社会应用、数字治理水平、数字产业发展五部分构成,在此基础上挑选反映福建省数字经济产业发展的指标,结合统计、调研、第三方数据进行综合评估,以反映数字经济发展水平。具体指标如表7-8所示。

表7-8　福建省数字经济发展指标体系

类别	一级指标	二级指标
数字发展基础	传统设施基础	互联网用户数;固定网络宽带用户数;移动网络用户比例;移动电话用户比例
	新型基础设施基础	物联网项目数;人工智能项目数;大数据与云计算中心数;信息技术产业投资增速
	公众载体基础	数字经济人才储备;数字经济支持机构数;每百万人拥有手机数;移动网络普及率
	公众素养基础	公众教育素养水平;公众教育支撑;人均公众教育投入
数字技术创新	数字研发	数字研发投入额;发明专利数;数字新产品
	数字创新项目	数字经济发展扶持项目;数字经济项目数量;数字经济项目投资
	数字技术应用	数字企业技术中心数;数字平台数量;工业互联网标杆应用
数字社会应用	数字民生	数字教育服务应用数;智慧城市应用场景;数字化应用得分
	数字消费	网上零售销售总额;网上零售销售增速;人均网络消费金额
	电子商务	电子商务采购额;电子商务交易额;电子商务交易额占GDP比例;电子商务交易活动企业占比
数字治理水平	数字技术市场	技术市场交易额;技术市场合同数;技术市场成交额
	数字政务	闽政通资源对接和保障得分;政府服务网上办事大厅应用得分
	数字共享与保障	数字共享与保障基础设施数量;数字运用、共享环境指数;在线政务数据共享得分
数字产业发展	数字产业化	数字产业规模;数字产业化增速
	产业数字化	产业数字化规模;产业数字化增速
	数字经济结构	占GDP比例;占GDP比例变化

2)江苏省数字经济发展综合评价指标

为推动数字经济与实体经济深度融合,优化数字经济发展环境,努力打造全国数字经济创新发展的新高地,江苏省将数字经济作为转型发展的关键增长点,科学开展综合评价工作,全面展现各地数字经济发展成果。该评价工作全面落实国家战略、结合江苏省经济发展实际、兼顾创新与未来发展趋势。基于此,江苏省于2022年制定了数字经济发展综合评价指标体系。该体系在全面性、导向性和操作性的基础上,紧密结合了江苏省"十四五"数字经济发展规划要求。该指标体系考虑了指标数据的可获取性,重点选择代表性较强的指标,确保指标数据质量,科学反映江苏省数字经济的发展情况。具体指标体系内容如表7-9所示。

表 7-9 江苏省数字经济发展综合评价指标体系

类 别	指 标
数字基础能力建设	千兆宽带用户数（万户）
	5G 用户普及率（%）
	物联网连接数（亿个）
	5G 基站数（万座）
	10G PON 端口数（万个）
数字产业化	数字经济核心产业增加值占 GDP 比例（%）
	信息通信业电信业务收入（亿元）
	信息通信业电信业务总量（亿元）
	电子信息制造业业务收入（亿元）
	软件和信息技术服务业规模（亿元）
产业数字化	新建省级数字农业基地（个）
	省级数字商务企业数（个）
	省级智能制造示范工厂建设数（个）
	省级智能制造示范车间数（个）
	两化融合发展水平
	省重点工业互联网标杆工厂和平台数（个）
	新增星级上云企业数（个）
数字治理	公共数据按需共享率（%）
	江苏政务服务移动端标准应用接入率（%）
	应开放公共数据开放率（%）
	"公共文化云"城乡覆盖率（%）
	省级数字乡村示范数（个）
数字生态体系建设	数字经济产业有效发明专利占比（%）
	数字安全防护指数（%）
	IPv6 活跃用户数（亿）
	备案网站数（万个）
	区块链信息服务备案项目数（个）
	DCMM 贯标企业数（个）

1. 数字经济统计面临哪些挑战？
2. 数字经济统计的方法有哪些？
3. 数字经济卫星账户是什么？与传统的国民经济账户体系有什么区别？
4. 建立数字经济指标体系的目的是什么？相比于直接测度数字经济规模，其优势是什么？

扫描此码
自学自测

第8章 数据要素的隐私与安全防范

【本章学习目标】

1. 掌握隐私数据要素保护的重要性；
2. 了解隐私数据要素的分类标准；
3. 熟悉数据安全保护的相关立法；
4. 理解破除数据要素保护制约的应对之策。

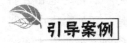
引导案例

数据要素之争——华为 VS 腾讯

2017 年，华为公司与腾讯公司展开了有关用户数据的激烈竞争。起因是华为通过旗下手机广泛收集来自微信应用中的用户数据，腾讯以侵犯微信用户个人隐私为由，控诉华为对隐私安全的侵犯以及对腾讯数据的违法获取。而华为表示，第一，数据收集在提前告知并获得用户授权后展开，侵犯用户隐私这一控诉并不成立；第二，用户数据所有权并不属于腾讯，收集行为无须征得腾讯同意。由于二者始终未对用户数据所有权与使用权的归属达成一致，数据要素之争进一步发酵。

此番争端缘何而起？数字时代，个性化的用户数据已成为企业发展瓶颈的重要突破口。对用户数据的充分挖掘与精准分析能够同时为企业带来营销推广的商业价值、战略布局的决策价值、颠覆模式的创新价值及增强忠诚度的客户关系价值。因此，用户数据获得难度较高的硬件企业会积极争夺数据要素，如华为将人工智能融入智能手机布局数据挖掘网络；掌握大量用户数据的互联网企业会持续垄断数据要素，如腾讯通过社交网络进一步打通游戏、电商生态领域。数据要素已然成为夯实企业发展主动权的重要抓手，因此，华为与腾讯的用户数据之争是数字经济发展进程下的必然结果，也是当前数据要素市场内普遍现象的缩影。

资料来源：

1. 梁晓静. 用户数据商业使用的伦理问题——以华为腾讯的数据之争为例[J]. 河北企业，2019(5): 7-8.

2. 王超. 从华为和腾讯数据之争看规范用户数据管理的重要性[J]. 网络空间安全，2018, 9(1): 27-29.

习近平总书记指出，发展数字经济是把握新一轮科技革命和产业变革新机遇的战略选择,数据赋能成为重要的推动力。自中共中央、国务院《关于构建更加完善的要素市场化配置体制机制的意见》提出将数据作为新型生产要素后,数据要素在激发经济增长潜力、畅通国内国际双循环、激发产业创新活力、推动发展成果普惠共享等方面均产生了深远影响。然而,作为"21世纪的新石油",隐私数据泄露、网络诈骗等诸多数据安全问题不断涌现。随着数字技术的不断发展与非中立使用,隐私保护制度似乎"形同虚设"。

数据要素流动的过程中为何会频频出现安全问题?个人隐私保护如今正面临哪些棘手问题?如何破除数据要素有序流动的障碍?在本章,我们将解答这些疑问。

8.1 数据要素流动中的数据安全与个人隐私泄露

8.1.1 数据价值——为什么会产生数据安全风险

威廉·配第提出"土地为财富之母,而劳动则为财富之父和能动因素",将土地和劳动作为生产的两种必要要素。法国经济学家萨伊认为资本、土地、劳动是一切社会生产中创造价值的三种必要要素。而后,马歇尔将其扩充为生产要素四元论,独创了企业家才能这一要素,认为资本、土地、劳动与企业家才能共同创造了价值。随着与经济活动的不断融合,数字技术带来前所未有的数据生产规模与流通速度,突破了马歇尔的生产要素四元论。在党的十九届四中全会中央首次提出将数据作为新的生产要素参与分配后,数据要素在数字经济时代的核心引擎地位不断深化,积极拥抱数据要素发展的新时代正式开启。

自亚当·斯密"看不见的手"的提出到阿罗的"干中学效应",再到罗默的"知识溢出"理论,我们能够发现,信息在经济活动中的重要地位不言而喻。有别于实体要素,信息往往以数据为载体碎片化地分散在各处。我国幅员辽阔、人口众多,具备海量的数据资源和丰富的应用场景优势。2022年底,我国数据产量达8.1 ZB,全球占比10.5%,数据储存量为724.5 ZB,全球占比14.4%。最近三年,我国数据产量和数据储存量以30%的增速持续高速增长。但由于传统市场的数据搜集和分析能力受限,数据一直被看作生产过程中的"辅助性资源"。数字技术通过构建"人与数据对话""数据与数据对话"的智能模型,实现了海量数据的整合与隐藏信息的挖掘。我们发现,从前的稀缺性资源——信息,如今能够如此迅速、便捷、低价地被获取,通过信息的经营与应用,不断涌现的创造性知识能够积极应对复杂多变的经济形势,一定数量的知识积累通过自我反省与升级转为具有预测未来能力的智慧,数据已然成为"21世纪的新石油"。

数据聚集到一定规模就形成了资源,数据资源的流动可以协同带动技术流、人才流、资金流、工具流,促使各类资源汇聚,提高资源利用率。当前,数据作为一种服务或产品,普遍被认定为具有使用价值,但资产属性不明确。在确定数据权属、赋予主体进行数据流通和交易的权利之后,数据才能彻底从"资源"角色转向可量化的"数据资产"。数据资产在交易后完成增值,此时,数据进一步迈向"资本"角色。通过金融创新,数据转化为具有增值属性的生产性的数字资本,真正释放其内在价值。当数据要素的内在价值真正实现,数据要素对经济社会发展将产生深远影响，有助于激发经济增长潜力，大幅推动大数据中心、移动基站等基础设施建设；有助于畅通国内国际双循环，克服市场资源配置中的信息壁垒，有效对接市场需求，促进国内和国际市场联通；有助于激发产业创新活力，催生城市大脑、智能机器人等新技术新产品研发；有助于推动发展成果普惠共享，促进教育、医疗、养老、社区等多个公共服务场景应用。

　　数字技术赋予了数据全新价值。数据不具备垄断性，它可以在不同时间甚至同时同地被不同主体无损耗地使用，从而可以提高数据相关产出效率，带来质与量的大幅跨越。传统市场中的数据也并无"交易"之说，因此也不存在排他性。无限接近公共产品的特性使市场主体一度认为数据难以创造生产价值。数字技术模糊了数据生产与消费的界限，激活了数据的多维度价值，同一组数据通常能够反复利用满足多主体的异质化需求。例如，对于一组区域人口分布数据，运输类企业可以用于打造智慧物流系统；出行类企业可以用于优化智慧交通路线；服务类企业可以用于预测客流高峰……人们逐渐发现，数据越被使用，价值越高。它以几乎为零的边际成本无休止地进行"生产—被消费—再生产"的过程，最大限度地承担着消费者数量而不被损耗，巨大的潜在价值催生了数据交易，数据要素正在实现从资源变为资产、从资产变为资本的市场化路径（图8-1）。

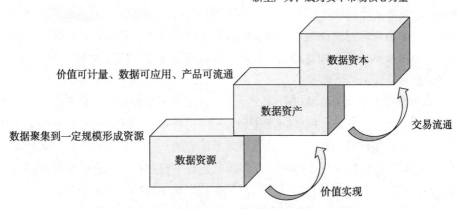

图 8-1　数据要素市场化路径：从资源到资本

资料来源：杨兵兵. 商业银行数据要素市场化建设探索与实践[C]//2022 全球数字经济大会，2022-07-29.

　　数据的强协同性使其与资本、劳动力、技术等其他要素都可以深度融合，并且具有较好的互补性，能更好地促进生产率提升。数据要素和土地要素组合可以发掘并盘活土地资源的潜在价值，实时监测土地要素的相关发展规划，促进土地市场流转。结合数字技术便可以实现智能交通、智慧城市、现代物流。数据要素和劳动力要素组合可以预测劳动力市场结构走向，减少结构性失业或优化劳动力冗余，同时还可以用于工、农、服务业机器人，加快职业的更新换代。数据要素和资本要素组合可以提高资本要素市场化程度，缓解资本配置不合理不协调的问题，通过金融创新，还能应用于移动支付、科技金融、数字货币。数据要素和技术要素组合可以应用于大数据决策、辅助研发、类脑计算等。

第 8 章　数据要素的隐私与安全防范

数据的多样性既指数据种类以及数量繁多，又指使用者数据价值感知的个体多样性。在大数据时代，万物皆可数字化，一切都会被记录，一切都会变成数据。不同于石油等资源，数据的价值不是一次性的，我们发现的可能只是它的很小一部分的价值，它的全部价值还等着我们去探索和挖掘。而且，数据是越用越有价值。对于不同的人来说，在不同的场景下，通过不同的数据分析方式，得到的数据价值可能完全不同，这也造成了数据价值的差异性。

数据外部性产生于分析手段之下的有效信息，独立数据不会对外部主体造成收益或损害，有效信息的处理方式和挖掘深度决定了外部性的正负走向。近年来，不断进步的深度学习和人工智能技术与数据要素配合，大幅节约了社会成本：在交通出行领域快速计算最优路线，在生物医药领域提高药物筛选效率，在跨境电商领域精准捕捉个性需求，数据价值因此得到了充分的体现。

在有效运转经济体的内循环与外循环中，让生产要素"活"起来和"动"起来是最关键的，只有做到这两点，数据才能成为经济增长的动力。随着数据价值的提高与数据信息技术的大力发展和应用，数据要素流动中的安全问题也越来越突出，数据泄露、黑客攻击等数据安全事件频发。Verizon《2022年数据泄露调查报告》显示，2022年全球共发生23 896起数据安全事件，82%违规行为涉及人为因素。在我国，《中华人民共和国网络安全法》出台五年内，公安部累计侦破3.3万余起个人信息犯罪事件，抓获7.6万余名犯罪嫌疑人。随着各种数字技术的兴起与广泛应用，我国经济发展已经进入了新时代。数据是数字经济发展的核心，是国家重要资产和基础战略资源。在数据要素流动的过程中，数据价值是导致安全风险的直接原因。

（1）数据使用的正负外部性共存同时危害个体隐私安全和集体信息安全，侵犯他人权利或国家利益。例如，各类手机App于平台无形之中收集着用户的信息，从而达到精准推送的目的。用户在移动社交网络上的数据暴露了他们的兴趣与行为倾向，这些信息正是企业细分市场与精准投放的关键。结果就是，相关企业平台对用户数据收集和储存的胃口越来越大，不惜以客户隐私作为推广及盈利的代价。作为坐拥数亿活跃用户的国内第一大出行平台，滴滴公司的"滴滴出行"经营范围涉及全国城市交通。在长期业务开展中，其通过"互联网+"和数据挖掘、云计算和人工智能等技术采集存储了大量的用户数据与城乡地理信息。这些信息的整合不仅能为滴滴精准分析用户的行为模式提供源源不断的数据基础，还能支持商业策略的动态调整，还让其真实而全面地掌握了公民群体行动轨迹、活动规律，以及全国地理道路数据。其中重要军事设施、涉密军工单位、科研院所的地理信息或重要涉密人员的出行轨迹，一旦泄露或被境外敌对势力掌握，会给国家安全带来非常严重的威胁。除此之外，数字技术大规模造成的风险叠加错综复杂，风险演化难以预估。尤其对于个体公民来说，不仅遭受的信息安全威胁与侵害难以溯源举证，缺乏有效的补救措施，网络的连通性更使政府也难以对信息安全事件的全部相关责任人追究补偿责任。

（2）数据的强协同性与非垄断性导致数据交易市场乱象频生。数据作为生产要素逐渐被商品化，而国有数据资源和公共数据资源有限，资本逐利性导致"谁都想分一杯羹"。强协同性促使数据资源多了一重"一般等价物"的角色，与各行业各要素都拥有高适配度，可建立融洽的"百搭"关系，因而导致了"谁都能分一杯羹"。在非垄断性的加持下，数据黑市横行，用户数据被非法盗用、买卖，甚至形成了一条一站式的产业链。电信诈骗是数据交易市场中的一种常见交易乱象，不法分子通过电话、短信、网络通信等电信手段，首先利用非法取得的用户隐私数据征得信任，进而对个人财产或高敏感信息进行肆意窃取，最后对所获信息进行再次售卖，完成了数据非法买卖的流程闭环。

（3）数据的多元性导致数据产权难以确定。数据要素种类繁多、来源复杂、数据量庞大。任何行为主体集数据资源的"生产者""提供者""使用者"三种角色于一身，任何数据资源在生产、清洗、解读、传播等不同阶段经由不同主体处理。且随着数据要素及互联网的发展，数据的含义也得到了广泛扩大，不仅包括结构性数据，还包括非结构数据。而数字经济发展的主体是平台企业，数据要素的多元性导致其在传播过程中难以对平台的权责加以确定，致使目前数据行业的发展仍有很大立法空白，给数据安全保护带来了挑战。

8.1.2 个人隐私数据泄露的危害

数据来源于社会而又服务于社会，大数据中的大部分数据来源于行为人。不过，关于个人数据究竟包含哪些内容目前仍未达成普遍共识。根据数据获得方式，可分为自愿提供的数据、观测到的数据和推断出的数据；根据数据敏感度，可分为敏感性个人数据与非敏感性个人数据；根据数据应用场景，可分为交易数据、电子邮件数据、社交媒体数据、位置信息数据、医疗信息数据和身份信息数据（表8-1）。

表8-1 个人数据划分

划分方式	数据名称	举例
数据获得方式	生产方自愿提供的数据	社交平台上发表的言论、注册网站时提交的信息等
	需求方观测到的数据	上网记录、购物记录、搜索记录等
	需求方推断出的数据	消费需求、购物偏好、社交层级等
数据敏感程度	敏感性个人数据	姓名、身份证号、密码、征信记录等
	非敏感性个人数据	社交网络用户偏好、网约车出行轨迹、账户等级、物流信息等
数据应用场景	电商交易数据	支付记录、消费商品记录、电子账户余额
	电子邮件数据	学历、商务机密、联系方式等
	社交媒体数据	行为特征信息、意识形态信息等
	地理位置数据	实时位置、行程轨迹等
	医疗健康数据	个人病史、健康状况、医疗保险等
	身份信息数据	姓名、年龄、身份证号、联系方式、职业等

资料来源：金元浦. 大数据时代个人隐私数据泄露的调研与分析报告[J]. 清华大学学报（哲学社会科学版），2021，36(1): 191-201，206.

数据价值不仅仅来自它的基本表征用途,个人数据的二次利用通过精准预测、推送、个性化服务,在提高消费者剩余价值的同时也提升了企业的市场竞争力。随着企业对个人数据的深入挖掘,有些数据表面上并不触及隐私,但经数字技术处理重组之后便能轻松追溯到个人隐私信息。甚至受资本逐利性驱使,企业之间狂热地收集、争夺用户隐私数据以拓展双边平台的用户基础。在数字经济普及的当下,危害隐私数据的行为不断升级,用户"被自愿"地、无感地产生数据、贡献数据,个人隐私数据泄露成为全球共同关注的重大社会问题。表 8-2 列举了 2019—2023 年全球部分隐私数据泄露事件。

表 8-2 隐私数据泄露事件

时间	国家或地区	涉及企业/政府部门	泄露数据	泄露原因
2019年2月	中国	中国深网视界科技有限公司(SenseNets)	256 万条个人身份信息、人脸识别图像及图像拍摄地点等	数据库公开
2019年12月	美国	微软(Microsoft)	2.5 亿客户明文电子邮件和 IP 地址	数据库配置错误
2020年2月	美国	雅诗兰黛公司	4.4 亿条用户敏感数据	数据库未受保护
2020年2月	以色列	利库德集团	650 万公民的个人详细资料、政治偏好等	选举应用程序配置错误
2020年10月	美国	Broadvoice	超 3.5 亿客户个人信息、通话记录及留给医疗机构及金融服务公司的语音邮件	服务器配置错误
2021年4月	美国	Facebook	5.33 亿用户账户名、位置、生日、电子邮件等信息	黑客入侵
2021年8月	美国	OneMoreLead	至少 6 300 万条个人身份信息,以及有关其工作和雇主的类似数据和信息	数据库公开
2022年3月	南非	TransUnion 的南非公司	5 400 万消费者征信数据	黑客入侵
2022年4月	美国	投资公司 Cash App Investing	820 万客户的名称和经纪账号等	内部员工违规下载
2022年7月	中国	滴滴出行	近 650 亿条个人信息	违法处理
2023年1月	德国	T-Mobile	3 700 万用户基本客户信息	黑客入侵
2023年3月	中国台湾	宏碁公司	160 GB 企业机密数据	黑客入侵

资料来源:根据公开信息整理。

从表 8-2 可以看出,近几年来,数据泄露事件与日俱增,且发生在各行各业,影响范围甚广,甚至连国家机构也无法幸免于难。随着数字经济的迅速发展,我们在享受大数据带来的便利的同时,也承担着个人隐私泄露的风险。

随着数据价值的提高,企业对隐私数据的需求度不断攀升:电子商务平台记录着消费者的购物偏好;搜索引擎监视着消费者的浏览足迹;社交平台构建出消费者的社交关系网……出入行为、位置变换,我们越来越多地被暴露在"第三只眼"的监视下,数字时代下的个人隐私数据泄露具有不可预估的破坏性与危害性。

对于消费者来说,个人隐私数据泄露扰乱了正常生活秩序,垃圾信息、垃圾邮件、骚扰电话的识别难度与处理成本逐渐提高，甚至威胁到了个人安全与财产安全。2022年，全国公安机关破获的电信网络诈骗案件已达46.4万余起，社交平台泄露的身份信息、电商平台泄露的购物信息、金融平台泄露的征信信息为实施网络诈骗提供了有利条件。另外，社会事件中个人隐私数据的泄露与传播易引起舆论发酵，造成被泄露用户的心理创伤。

对于企业来说，个人隐私数据的泄露降低了企业声誉，损害了企业经济利益。个人数据通过企业泄露，无论企业处于被动或主动地位，均会使消费者对其产生不信任感。如2016年，雅虎邮箱遭黑客入侵致30亿用户邮箱泄露，虽然并非雅虎的主动售卖数据行为，但仍发生了大量用户弃用现象，雅虎股价跌幅超过6%。并且泄露的数据免费为其他企业创造了价值，提高了其他企业的市场竞争力，间接削弱了企业的收益能力，引发企业内部的经济震荡。

对于国家来说，个人隐私数据的泄露涉及国家利益，威胁国家安全。如"滴滴出行"同时掌握用户姓名、手机号、身份证号码等一般公民个人信息；出发地、到达地、时长、里程数等行程轨迹信息；银行卡号、征信记录等财产与征信信息。这些基础与敏感信息一旦落入境外后，大数据技术将轻而易举地推断用户身份，挖掘个体隐私数据。若其监测对象涉及国家执法部门人员、国家机关工作人员等，造成的后果将无法估量，国家安全的"最后一公里"将难以维系。又如，基因等重要生物特征数据一旦外泄，我们将有可能面临科研、产业甚至军事上的境外钳制。

灰色数据产业链条迅速扩张，黑色数据要素市场"野蛮生长"，数据信息由于技术盲点的偶然泄露现象或由于暴利追逐的违法滥用现象难以遏制，加大了对个人隐私、商业秘密及国家主权的信息安全威胁，利用技术手段和立法措施共同建立起一套完善的数据安全监管体系已刻不容缓。

8.1.3　个人信息保护的立法

在人们享受大数据时代带来的红利的同时，隐私安全风险也随红利提升持续叠加演化，顺应大数据时代的阶段性特征建立个人信息保护体系、完善个人信息保护的技术支持和立法支持，是世界各国需要共同面对解决的问题之一。下文综合参考并整理现有公开资料，对国外与国内的个人信息保护相关政策进行梳理，将个人信息保护萌芽阶段至全方位保护阶段的部分立法简单列示，以便读者对相关立法具备一个基础了解。

1. 国外个人信息保护政策的发展及变迁

1）个人信息保护萌芽阶段（20世纪70—80年代）

第三次科技革命的结束标志着人类迈入了信息化时代的新阶段。在这一阶段，电子计算机技术迅速发展，各种各样的新事物走进了我们的视野，个人计算机、电子邮件给人类带来了前所未有的便利。因此，个人计算机用户数量也不断增长，随之而来的就是个人信息安全问题。在国际上，个人信息保护引起重视，相关国家和国际组织拟定并颁布相关法律法规（表8-3）。

表 8-3 20 世纪 70—80 年代国外个人信息保护政策

国家或组织	年份/年	政 策 名 称	政 策 核 心 内 容
美国	1970	《正当信用报告法》	世界首部个人信用信息保护法
	1973	《公平实务法则》	规定信息收集组织的收集基本原则，规定对个人隐私信息的基本保障原则
	1974	《隐私权法》	该法律旨在保护公民隐私权，对个人信息获取、存储、处理、公开和保密等节点提出明确行为规范，赋予个体信息决定、知情和更正等权利
	1986	《电子通信隐私权法》	旨在解决随现代通信发展进程而来的个人隐私权相关问题，对于互联网隐私保护具有重要意义
德国	1970	《个人数据保护法》	世界首部专门性个人数据保护法
	1977	《联邦数据保护法》	规定无个人授权，任何机构与主体无权收集个人信息
欧洲委员会	1981	《有关个人数据自动化处理之个人保护公约》	世界首部个人数据保护公约，声明个人数据必须通过公正、合法的途径收集与处理，数据生产者有权对数据进行查看、传输、更正和删除
澳大利亚	1988	《隐私权法》	数据主体拥有对数据信息的知情权、请求权、拒绝权、纠正权和确认权，政府机构和私营企业不可随意收集、处理、传输

资料来源：占南. 国内外个人信息保护政策体系研究[J]. 图书情报知识，2019(5)：120-129.

2）个人信息保护探索阶段（20 世纪 90 年代初—20 世纪末）

20 世纪 90 年代开始，电子通信服务得以普及，人们通过电子邮件、文件传输、图像通信等在全球范围内建立联系。互联网不再仅供计算机研究人员和政府机构使用，由学术研究和公共管理走向娱乐场景与社交场景，从此互联网成为覆盖全球的网络，极大改变了人们的生活方式。表 8-4 是 20 世纪末国外部分个人信息保护政策。

表 8-4 20 世纪 90 年代初至 20 世纪末国外部分个人信息保护政策

国家或组织	年份/年	政 策 名 称	政 策 核 心 内 容
联合国	1990	《计算机个人数据档案的管理准则》	个人信息保护与使用的立法行为的规范与指南，提出收集合法、信息准确、数据保存、目的明确、主体参与、安全当先和监督处罚等原则
美国	1996	《健康保险便利及责任法》	针对公民医疗健康信息的保护规定
	1998	《儿童在线隐私保护法》	强调对儿童信息的收集和使用必须征得家长的同意
英国	1998	《数据保护法》	处理和保护个人数据的法律框架
欧洲议会和欧盟理事会	1995	《关于涉及个人数据处理的个人保护以及此类数据自由流动的指令（95/46/EC）》	提出保护个人信息隐私权的全面约束条件，设定欧盟成员国个人数据保护立法的最低标准

资料来源：占南. 国内外个人信息保护政策体系研究[J]. 图书情报知识，2019(5)：120-129.

3）个人信息保护持续完善阶段（2000—2011 年）

智能手机等电子媒介和网络社交媒体的出现，大大加快了信息流通的速度，同时也引发了数据保护的热潮。随着智能移动设备的普及使用以及互联网场景的日常渗透，网络环境中的个人信息数据量呈指数级增长态势，个人的信息安全需求规模迅速扩大。各国纷纷启动了立法程序，除了欧洲地区，亚太地区部分国家也同样颁布了个人信息保护的法律条例（表8-5）。

表8-5　2000—2011年国外个人信息保护政策

国家或组织	年份/年	政策名称	政策核心内容
欧盟	2000	《欧洲联盟基本权利宪章》	明确成员国民众享有数据被保护的权利
欧盟	2002	《隐私与电子通信指令》	规定互联网和通信服务商只可以在用户授权下对个人数据进行存储和使用
欧盟	2009	《欧洲Cookie指令》	规定电商网站中Cookie的使用权限及强制的信息披露，为欧盟规范互联网运营、保护互联网用户隐私权益提供依据
加拿大	2000	《个人信息保护和电子文件法》	规范企业和组织在商业活动过程中个人信息的收集、处理、公开和存储。为数据信息交易机构的行为活动提供法律框架，平衡个人利益与社会利益
澳大利亚	2000	《隐私权法》	将个人信息保护的约束主体从政府和征信组织等公共机构扩大到部分私营机构
德国	2001	《联邦数据保护法》	贯彻个人信息自决权理论，声明数据主体拥有个人信息的知情权、修改权、收集同意权、披露权及使用权等权利
日本	2003	《个人信息保护法》	个人可以自由决定向他人传递与自己有关的信息的时间、方式及程度，具有个人信息强控制权
亚太经合组织	2004	《隐私保护框架》	对亚太地区国家的个人隐私信息流通提出统一规制，推动区域性整体隐私保护策略的实施
韩国	2011	《个人信息保护法》	确立了个人信息保护的基本原则、保障信息主体权利及个人信息自主权等方面的规定

资料来源：占南. 国内外个人信息保护政策体系研究[J]. 图书情报知识，2019(5)：120-129.

4）大数据时代个人信息全方位保护阶段（2012年至今）

随着数字技术的快速发展与广泛应用，我们已经无可避免要参与到数字化场景当中去，也无法控制自己的个人信息被采集或使用，因此个人信息泄露的风险也在不断增加。数据贩卖、隐私泄露等信息安全事件层出不穷，世界各国开始加大对信息保护相关的法律法规的修订力度，以确保个人信息安全。2012年至今国外主要个人信息保护政策如表8-6所示。

表8-6　2012年至今国外主要个人信息保护政策

国家或组织	年份/年	政策名称	政策核心内容
美国	2012	《网络世界中消费者数据隐私：全球数字经济中保护隐私及促进创新的框架》	将隐私保护理念融入互联网创业创新活动当中
美国	2015	《网络安全信息共享法案》	旨在强化网络安全，为企事业间的网络漏洞信息和安全威胁提供共享渠道

续表

国家或组织	年份/年	政策名称	政策核心内容
美国	2018	《加利福尼亚州消费者隐私保护法案》	提出了州内企业收集和使用消费者个人信息的统一规制
	2019	《维护美国人工智能领导力的行政命令》	旨在预警人工智能发展进程中的社会伦理、公民隐私、国家安全等问题，制定治理标准以推动人机平衡
	2021	《统一个人数据保护法》	为各州提供了一个统一的综合数据保护法，以便在没有任何法律的情况下将其纳入其中。包括数据控制者和处理者的义务、数据主体权利、数据保护评估要求，还为个人建立了私人诉讼权
新加坡	2012	《个人资料保护法令》	旨在保障数据主体对个人信息的知情权，规范个人信息的机构流动，设立个人信息纠纷解决委员会
	2019	《个人资料保护条例》	规定了商业从业者不得任意收集、使用并公开个人资料信息，并明确了问责、罚款等处罚机制
德国	2015	《联邦数据保护法》	旨在加强个人信息控制强度
欧盟	2016	《通用数据保护条例（GDPR）》	最为严苛的互联网隐私与数据保护法，强制企业记录对个人数据的操作痕迹，约束主体包括向欧盟用户提供互联网和商业服务的所有企业。强化数据主体的个人信息控制权，明确互联网用户具有知情权、访问权、更正权、反对权、个人数据可携带权、被遗忘权和反对自动化处理的权利
	2018	《欧洲人工智能战略》	强调人工智能应坚持以人为本，引导人工智能技术的发展符合道德和社会价值观
	2019	《人工智能伦理准则》	旨在解决人工智能产业的伦理道德问题，提出建立"可信任的人工智能"
英国	2017	《新数据保护法案：改革计划》	旨在强化个人信息控制权，强化机构的数据保护责任
澳大利亚	2017	《数据泄露通报法案》	强制企业向相关数据主体和信息专员办公室报送披露信息泄露情况
日本	2022	《个人信息保护法》	规范了个人相关信息，适用于任何个人信息控制者（PIC），即在日本提供个人相关信息用于商业的个人或实体。该法案也适用于在日本处理数据主体（委托人）的个人信息，以便向这些人提供商品或服务的外国PIC。该法案确保了个人的隐私权以及合法使用个人数据促进经济发展
韩国	2020	《个人信息保护法》《信用信息法》《信息通信网法》修订法案	三部法律被合称作"数据三法"，此修订案着重关注数据利用效率，对企业可搜集可处理的数据范围予以宽限，是推动数据产业发展的立法基础
巴西	2020	《一般数据保护法》	适用于位于巴西的所有数据主体，他们从巴西境内外的公司获得不同的产品或服务，也适用于巴西的公共当局。该法规定了合法处理数据的10个法律依据以及问责要求、强制性违约通知和对违法行为施加严厉的处罚
泰国	2022	《个人数据保护法》	旨在保证个人数据的保护，并对处理个人数据的收集、使用和披露的企业施加义务。《个人数据保护法》适用于位于泰国境内的任何组织以及在泰国有消费者的组织，这些组织需要处理泰国居民的个人数据
瑞士	2023	《新联邦数据保护法案》	取代瑞士存在已久的《联邦数据保护法案》（Federal Act on Data Protection），扩大了敏感个人数据的范围，包括遗传和生物识别数据。各机构将承担更多的信息义务，并被要求事先对高风险的数据处理活动进行数据安全风险评估

资料来源：根据"占南.国内外个人信息保护政策体系研究[J].图书情报知识，2019(5)：120-129."与公开资料整理。

2. 国内个人信息保护政策体系

为了适应大数据时代的到来,我国同样逐步完善数据安全保护体系,强调安全与发展要始终共存,在保障个人隐私和涉密、机密信息安全的同时充分发挥数据的经济潜力,利用数据价值助力实现经济高质量发展。《中华人民共和国网络安全法》《中华人民共和国数据安全法》和《中华人民共和国个人信息保护法》组成了信息安全法规领域的"三驾马车",共同构成我国的网络安全以及隐私保护框架,为我国互联网领域的蓬勃合理发展提供坚实支撑。目前,我国已出台个人信息保护领域相关法律法规70余部和规章制度上百余部,如表8-7所示。

表8-7 我国颁布的主要的个人信息保护法律法规

时 间	政策名称	政策核心内容
2009年6月	《中华人民共和国统计法》	统计机构及统计人员对在工作中涉及的国家、商业机密和个人隐私信息应绝对保密
2012年1月	《中华人民共和国居民身份证法》	规定国家机关或金融、电信、交通、教育、医疗等涉及居民身份信息的公共单位的工作人员不得泄露居民信息
2012年12月	《关于加强网络信息保护的决定》	旨在制定互联网电子信息的保护管理办法,开启了我国个人信息保护的立法之路
2015年8月	《中华人民共和国刑法修正案(九)》	将个人隐私信息犯罪行为纳入刑法,加大了公民个人信息的保护力度
2016年11月	《中华人民共和国网络安全法》	规范互联网运营者在网络环境收集、分析、处理、传输个人信息等各类操作
2017年3月	《中华人民共和国民法总则》	明确个人信息权和隐私数据受法律保护
2017年11月	《中华人民共和国公共图书馆法》	我国第一部图书馆专门法,规定公共图书馆对读者身份信息、借阅信息等隐私数据应绝对保密,不得以买卖等方式非法向他人提供
2018年3月	《中华人民共和国宪法修正案》	第四十条明确了中华人民共和国公民通信自由和通信秘密受法律保护
2018年8月	《中华人民共和国电子商务法》	明确了我国电商消费者个人信息受法律保护,电商经营主体(平台企业、经营商家、支付业务提供者、物流业务提供者)等不得违法泄露或使用
2021年1月	《中华人民共和国民法典》	个人信息受法律保护,任何单位和个人不得非法收集、使用、加工、传输他人个人信息,不得非法买卖、提供或者公开他人信息
2021年8月	《中华人民共和国个人信息保护法》	旨在保护个人信息权益,规范个人信息处理活动,促进个人信息合理利用
2021年9月	《中华人民共和国数据安全法》	规范数据处理活动,保障数据安全,促进数据开发利用,保护个人、组织的合法权益,维护国家主权、安全和发展利益,存在境内整体与境外必要的适用效力

资料来源:根据"占南. 国内外个人信息保护政策体系研究[J]. 图书情报知识, 2019(5): 120-129."与公开资料整理。

第8章 数据要素的隐私与安全防范

目前，我国已在网络安全法、电子商务法、民法典等法律法规对个人信息保护作出了相应规定，及时解决了人民的诉求。但目前，我国个人信息保护制度还不够健全。在立法之后，只有打好司法与执法组合拳，个人信息保护才能真正落到实处。

8.2 数据要素隐私保护面临的制约及应对之策

随着数字经济时代的到来，数据的价值也不断地被发掘。但是，围绕数据价值的挖掘也出现了众多问题。例如，商家使用"价格歧视""大数据杀熟"等方法利用所获取的数据赚取巨额利润；不法分子利用黑客技术窃取个人隐私信息，加深个人信息安全风险；用户画像被恶意利用等。个人信息的过度采集和广泛流通为隐私安全埋下了隐患，不但造成个人信息的严重泄露，还极易危及国家安全。数据泄露同时导致电子商务相关企业卷入高度的商业风险，造成了严重的经济损失。根据 IBM Security 统计，在新冠疫情期间，数据泄露造成的成本损失创历史新高，2021 年企业平均成本增加到 424 万美元，高于 2020 年的 386 万美元[①]。针对这些数据泄露所带来的危害，数据要素隐私保护成为一个亟待解决的问题。本节通过对数据要素保护过程中所面临的制约进行分析从而提出相应的应对之策。

8.2.1 数据要素隐私的经济价值

"隐私"一词在中国最早出现于周朝，但在当时，它的词义是衣服，和现代词义虽有不同，却是现代词义的延伸基础。如今"隐私"一词更多指不愿意公开的信息，广泛出现在法律、哲学、心理学等社会科学中。根据贾传昌等学者梳理分析，有关隐私一词的学术概念记载首次出现在 1890 年发表在《哈佛法律评论》(*Harvard Law Review*) 上的一篇文章，美国法学家 Warren 和 Brandeis 认为"不受打扰的权利"可被称为隐私权。20 世纪后半叶，随着信息技术的快速迭代，有关隐私概念的讨论异常激烈，一度成为学术争论的前沿议题。

隐私经济学研究起源于"交易商品"的隐私定义方式。作为无形资产，个人数据的内在信息与衍生信息对商业经营、法律判定和政策评估指标具有重要经济价值。实际上，个人是数据资源的主要生产者，是数据价值的主要生成者。例如，企业数据大多是对个人数据进行收集、整理、分析，产生衍生数据并反过来对人们的行为进行预测。个人数据的商业价值越来越重要，已被喻为数字经济时代的"新石油"。尽管经济学家已普遍承认个人隐私具有高经济价值，但由于隐私难以作为独立商品进行售卖，通常依附于实体产品或服务，因此量化隐私的具体价值仍较为困难。尽管目前对于数据要素隐私的经济价值估计还存在

---

① 数据来源：IBM Security。

诸多挑战，然而，学界对差异化场景下隐私经济价值的计算研究并未停滞。例如，Taylor（2004）认为，隐私价值可通过互联网企业的识别能力以及企业对用户收取的服务价格表现。具体来说，可利用两个货币价格表示隐私的经济价值：一是用户自愿披露个人隐私时能够接受企业支付的最低价格；二是用户希望保护个人隐私时，愿意向企业支付的最高价格。隐私定义的分类如表8-8所示。

表 8-8 隐私定义的分类

定义方式	核心内容	相关文献
将隐私定义为一项权利	隐私是一项基本的人权，是不受打扰的权利	Warren & Brandeis (1890) Solove (2008)
将隐私定义为一种商品	基于无形资产的中间商品或最终商品；公共品	Xu & Gupta (2009) Farrell (2012) Spiekermann et al. (2015) Fairfield & Engel (2015) Acquisti et al. (2016)
将隐私定义为一种控制	个人对信息共享、信息访问、信息保护的控制强度	Westin (1968) Flaherty (1989) Acquisti et al. (2016)
将隐私定义为一种状态	一定情境下的个人状态（孤独、亲密、匿名、保留），影响我们与他人的互动方式	Westin (1968) Laufer & Wolfe (1977)
将隐私定义为集体规范	集合数据价值远高于独立个人数据，隐私应是集体规范	Sheaffer & Keever (2021)

资料来源：贾传昌，朱建明，高胜. 隐私经济学研究进展[J]. 经济学动态，2022(3): 139-157.

需要注意的是，个人隐私信息并非同质产品，不同类型的隐私数据在不同使用场景下具有不同的经济价值，不同主体对于同类型隐私数据的保护意愿与侵犯感知也并不相同。因此，对于隐私经济价值的研究需要考虑多种异质性组合的复杂情况，不可一概而论。如Acquisti et al.（2016）认为，隐私经济价值是多维度下的价值组合，具有高度环境属性。因此，对于数据要素隐私的经济价值的研究还有很长的路要走。

8.2.2 数据要素保护面临的制约

随着信息技术、大数据、人工智能的发展，数据的重要性凸显，同时催生了很多新形势、新业态。2020年4月9日，中共中央、国务院发布《关于构建更加完善的要素市场化配置体制机制的意见》，提出"土地、劳动力、资本、技术和数据"5个要素领域改革方向，在国家层面明确数据已成为新的生产要素，参与到社会生产生活的各个环节。针对5种不同的生产要素，有学者对其不同的特性做出对比。表8-9是5种不同要素之间的对比。可见"数据"作为新的生产要素比其他生产要素权属更加复杂，价值溢出效应更大，与其他资源交叉更紧密，具有非稀缺性、非均质性、非排他性等性质。正是由于这些性质，在利用数据去创造价值时，个人信息安全仍需要重点关注，且在进行数据要素保护过程中仍然面临许多制约。

表 8-9　土地、劳动、资本、技术和数据的综合对比

对比项目	土地	劳动	资本	技术	数据
要素主体特征	主体单一	主体单一	主体多样	主体多样	主体多样
要素权属界定	权属清晰	权属清晰	权属清晰	权属清晰	权属复杂
价值溢出效应	不明显	不明显	明显	明显	价值增倍
交叉关联性	相对独立	存在交叉	存在交叉	存在交叉	紧密交叉
资源稀缺性	稀缺性	稀缺性	较为稀缺	较为稀缺	非稀缺性
资源均质性	一定均质性	一定均质性	均质性	一定均质性	非均质性
资源排他性	排他性	排他性	排他性	非排他性	非排他性

资料来源：田添. 数据作为新型生产要素的对比性分析，2022-04-24.

1. 数据权属界定不清

由于国内外对产权的理解不同，其论述也可谓是五花八门，但所谓"仁者见仁、智者见智"，难以一致。一种观点认为，数据产权应归属于生产方，数据所有权与使用权应属于产生该数据的用户。另外一种观点认为，数据应该归属于搜集到该数据的企业。若不进行互联网企业的加工处理，原始数据混杂难使用、不以数字化形式存在，根本无法发挥任何价值。因此只有使相关权利归企业所有，才能最大限度地发挥规模经济和范围经济。

上述旷日持久的争论使数据要素的权益配置成为世界共通性难题，数据要素权益配置的实践探索从未停止，包括对数据本身进行分类处理作为配置基础、利用顶层设计完善数据配置的路径立法、利用技术设计对数据要素配置予以科技保障等。而"数据"作为新的生产要素，不同于其他生产要素，在市场机制的条件下，在某些情况下，数据的所有权和使用权脱钩使得信息安全风险日益加剧。例如，为了享受商家服务，用户通常被迫同意商家收集其个人信息。这不仅涉及个人隐私的保护问题，还可能引发数据滥用和安全漏洞等风险。用户所提供的原始数据，经过企业运用大数据技术进行采集和储存，尽管每一份单一的数据所包含的信息有限，但当这些海量的单一数据汇集在一起时，它们所蕴含的信息量和价值便产生了质的飞跃。商业企业通过各种方式获取数据资源，经过深度分析和加工，形成高价值的衍生数据。这些数据可以为企业带来丰厚利益，如售卖给其他组织或机构。然而，作为数据所有者的用户却无法分享这些收益，甚至可能因数据滥用而被侵犯隐私。由于保护数据安全对数据控制方来说意味着成本和利益冲突，他们缺乏实施保护的积极性。因此，需要法律明确规定数据控制者的安全保护责任，同时建立数据权属与利益分配机制，以平衡各方权益，并鼓励市场化的数据资源配置。

2. 数据交易（流通）和数据保护之间存在矛盾

国内数据交易市场从 2014 年开始进入大众视野，与国外相比起步晚但发展势头迅猛。在大数据时代下，数据交易使数据流通速度加快。图 8-2 给出了数据交易的全过程。在实践中发现，数据交易与数据保护之间的矛盾日益突出。数据的交易与保护之间存在着某种程度上的不均衡，这种不均衡一方面会使数据要素保护制约数字经济发展速度，另一方面数据要素流通又会产生数据泄露风险。主要表现在以下两个方面。

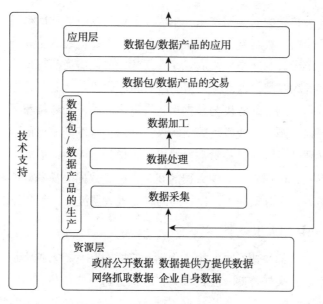

图 8-2　数据交易全过程

资料来源：王卫，张梦君，王晶. 数据交易与数据保护的均衡问题研究[J]. 图书馆，2020(2)：75-79.

1）数据安全问题——数据保护程度小于数据交易（流通）程度

如今，数据流动速度加大，互联网与线上交易快速发展，大数据将成为未来经济发展的主要动力。

在数据交易与流通中，数据安全问题日益凸显。由于数据体量大、种类多、流通广且联系紧密，具有非排他性和可复制性的特征，因此，确保数据交易过程中数据的安全性至关重要。数据交易涉及多方主体。首先，政府作为数据交易的监管方，职责在于出台有效的监管制度；其次，交易的参与方既要加强相互间的监督，又要积极履行自我管理责任。值得注意的是，当前我国正在积极探索数据交易的监管模式，这使得"互查"与"自查"变得尤为关键。但因为没有实现数据在法律规范上的标准统一，不同机构对数据安全保障的有关规定也始终坚持利益导向而大相径庭，难以共同建立标准化的数据交易环境，数据保护与数据流通之间的矛盾也就逐步凸显。

大数据时代的到来使社会环境与社会市场对数据的需求与日俱增，如果对数据的保护程度较交易程度较弱，那市场上对数据的限制就会较少，使市场交易秩序混乱而出现数据不规范使用等情况，进而为多主体带来不可估量的损失。因此，数据安全是以数据为基础做交易的前提条件，只有确保数据安全才能使数据交易市场繁荣发展。

2）数据价值难题——数据保护程度大于数据交易（流通）程度

数据安全对于社会稳定与经济发展具有不可否认的重要性。然而，我们不应因此忽视数据的流通与共享，以免造成数据垄断并限制数据的价值发挥。我们需要在保护数据的同时寻求平衡，采取适当的措施确保数据的安全性，同时促进数据在市场中的流通和应用，以实现数据的最大化价值。如今，数据已成为第五大生产要素，数据的价值体现在通过整合、分析等方法提炼数据中的实用信息，生成以数据为基石的功能产品，大规模限制数据流通不利于数据价值的挖掘与释放。对于交易所一类数据流通的主要场所，过度的数据保护很可能产生"需求者难获所需，供应者无人问津"的供需失衡现象。因此，数据保护程度应与数据交易程度相匹配，以确保数据的流通和价值的充分发挥。

综上所述，确保数据交易程度与数据保护程度之间的平衡非常重要。过度保护可能导致数据交易市场停滞，降低产业发展的活跃性。同时，过度开放可能引发隐私安全隐患，降低主体参与的活跃性。因此，在对数据要素进行保护过程中，需要考虑数据交易与数据保护程度之间的界限，做到既能减少数据的冗余，提高数据交易的效率和价值，又能增强风险预警与处理能力，在对数据进行保护的同时促进数据流通，刺激经济发展。

3. 数据安全的认知意识薄弱

现在，随着互联网的快速发展，个人生活与互联网联系越来越密切，手机支付、网页浏览、短视频观看等越来越普遍，公民个人信息价值随着信息凸显出的人格利益、公共利益和经济利益而快速提升。个人作为数据要素提供方，生产的数据也越来越多，同时数据泄露的风险也越来越大，各种各样的数据泄露导致的问题种类与数量都在增加。而我国许多公民对个人信息保护处于无意识或是意识淡薄的状态，这使许多不法分子有机可乘。淘宝、拼多多等 App 都会向顾客定向推送产品，这在一定程度上帮助顾客降低信息不对称带来的选择成本，在大量的产品信息中节省时间成本并快速选中自己的意向产品，而商业企业对于其采集公民的个人信息数据进行加工处理得到衍生数据获取增加值利润等操作并未告知数据生产者。另外，大数据技术不可避免地对一定个人信息进行同步收集，技术差异性会导致个人信息的错误匹配，诱发安全风险。对于数据提供者以及数据使用者，目前均缺乏普及度与便捷性较高的信息安全宣传平台，一则导致数据要素相关主体缺乏信息安全意识，二则导致相关主体欠缺信息安全知识。因此，我们需要进一步研究和探索解决方案，确保在大数据应用能够充分保护个人信息的安全性的同时，增强公民个人信息保护意识和知识储备，从而减少电信诈骗、预防个人隐私泄露。

8.2.3 针对数据要素保护制约问题应对之策

近年来，数字经济、互联网、大数据、云平台等网络技术快速发展。高频的数据流动需要依赖网络，而网络环境安全配置的薄弱环节为数据泄露、信息窃取等恶性事件提供了可乘之机，是国家政治清明、经济发展及社会稳定的潜在威胁。因此，确保数据安全和网络安全是维护国家利益的重要任务。习近平总书记指出："数据作为新型生产要素，对传统的生产方式变革具有重大影响。要切实保障国家数据安全，要加强关键信息基础设施安全保护，强化国家关键数据资源保护能力，增强数据安全预警和溯源能力。"数据要素的合理保障是维护网络环境安全的关键环节，在对数据要素进行保护的过程中会面临诸多制约因素，在本节我们将针对 8.2.2 节提出的问题给出应对之策。

1. 健全数据产权制度

数据确权是指通过法律手段明确不同来源数据的产权归属，以解决数据主体之间复杂的关系，这是数据要素市场化改革的重要先决条件。建立健全的数据产权制度赋予数据使用方式与共享方式的合法解释与政治意义，对于实现数据要素的合理分配，确保数据的所有者和使用者的权益得到合理保护至关重要。为解决数据权属问题，首先需要对数据进行分类。不同的数据类型具有不同的属性，根据数据特征对不同的数据设定不同的制度，以在不影响数字经济发展的条件下，提高数据要素保护程度。目前，可以将数据分为以下三大类（表 8-10）。

表 8-10 数据的类型与属性

数据类型	数据属性
个人数据	个人数据通常被视为私有产权，基础个人数据一般为个人直接相关数据，例如姓名、身份证号码、地址、个人联系信息、个人健康信息等身份数据；衍生个人数据一般为个人间接相关数据，如金融交易记录、上网行为数据、社交媒体活动等行为数据。个人数据可通过多种技术挖掘，从而生成具有特定价值的信息，例如个性化推荐、风险评估、行为预测等。然而，此类数据具有"个人弱控制"和"产业强需求"的特定属性，因此泄露或滥用的风险较高
企业数据	企业数据包含但不限于商业数据、集合数据、脱敏化和模型化数据及人工智能化数据等。通俗地说，企业数据是指其运营过程中自身产生（市场数据、销售数据、财务数据等）或其他途径收集（客户数据、调研数据、合作数据等）的多种信息。由于相当一部分企业数据是个人数据脱敏而得，并且企业数据在数据交易中占比较高，因此这类数据的产权冲突问题最为严重
公共数据	公共数据指可以被公众合理获取和广泛利用的数据资源，例如党政部门统计数据与管理数据、公共服务信息数据、环境与地理数据。公共数据具有开放透明的特定属性，自觉接受公众监督，存在更普遍的跨部门、跨机构、跨境共享与合作。对于宏观系统性风险来说，公共数据的安全传输、脱敏处理及绝对分类是规避系统性风险的重要节点

资料来源：刘方，吕云龙. 健全我国数据产权制度的政策建议[J]. 当代经济管理，2022, 44(7): 24-30.

个人数据与个人隐私紧密相关，应赋予个人对数据的知情权、控制权、获取权等维护个人利益的权利。而企业数据的产权数据所属企业，从效率与经济原则出发，在明确范围以及期限的情况下，应该赋予企业收集数据，尤其是个人数据的所有权、使用权、开发权等有限权利，在可操作的最大限度下实现规模经济和范围效应。政府对公共数据具有一定处置权，然而公共数据具有一定的社会属性，应当在符合法律法规的前提下进一步促进其交流和共享，可赋予公众一定程度的监督权与处置权。

数据确权是平衡数据生产者、数据收集者、数据开发者的权益，协调个人与社会利益冲突的必要环节，有助于维护国家安全、社会安全和公众利益，减少个人隐私侵犯和数据垄断行为的发生。数据确权应以安全和发展为价值导向，既不能为促成数据交易模糊产权边界，也不能为追求绝对信息安全阻断交易链条。要充分利用数字技术，动态管理数据权属界定，以便在相应的生成、收集及使用等不同场景形成适宜的多方权属界定模型。这样的确权模型有助于推动数据的合理流通和最大化社会效益。下面是进一步建立健全有利于推动数据确权的制度。

1）完善个人信息授权和产权保护制度，保障个人数据安全

保障个人数据安全，一方面，要鼓励平台企业通过联合隐私计算与其他数据脱敏技术对用户数据进行分析处理。达到个人数据可用不可见的效果，从而完成大数据的分析应用；要求平台企业提前告知并申请授权，降低仅授权后服务的业务比例，确保用户能够充分了解数据使用的目的、范围和可能的风险，并给予用户真正意义上的选择权。强制规定脱敏程序与合规程度，杜绝平台企业将脱敏数据复原为原始个人信息的可能，进一步降低对个人隐私的潜在危害。另一方面，遵循安全与发展并重的原则，需要加强对个人数据生产者基本权利的维护，对于数据生产主体建立透明可追溯的数据流通机制。针对不可避免的特殊收集或应用情境，应适度扩大权利范围与可视程度，以进行风险防范与风险补偿。为积极实现经济高质量发展，需要进一步探索符合中国国情、具有中国特色的个人信息授权和产权保护制度，将信息安全与数据流通内化于心、外化于行，逐步建立起个人自卫、企业自纠、行业自律的整体意识，打造良好推动数据确权的社会环境。

2）着眼于区块链技术的基础研究与确权应用，优化行业大企业对数据的垄断监管，保证企业数据安全流通

区块链依托将交易记录连接为不可篡改的透明账本的技术手段，高效解决了信息传输和价值交换的安全难题。在数据确权方面，可以将区块链技术应用于数据交易机构，将大数据交易所等确权机构、企事业单位等交易部门置于去中心化的区块链网络之中。一是确保数据权利、数据权益及数据交易的可公开、可溯源、可保障；二是能够缓解行业内龙头企业、领先企业对数据要素的垄断与支配，吸纳更多中小型企业参与到数据要素流通过程中来，从而增强业内数据要素流通的活力与数据要素的利用效率。首先，要着眼于基础研究，加大对以区块链为代表的新型数字技术的科研投入，发挥区块链技术的固有优势；其次，要坚持技术中性原则，切实规范区块链等数字技术的使用权限与开发权限，杜绝大企业滥用技术与算法引致安全风险；最后，对于区块链技术的确权应用，要形成明晰的记载脉络，以便总结经验、形成规律，更高效地制定可推广应用的行业标准与技术标准。

3）健全数据开放与交易制度，最大限度地开放开发公共数据，促进公共数据的共享

相较于个人数据和企业数据，公共数据具有较高的可得性和便利性，能够先行创造基于宏观社会的总体价值。而当前公共数据开放与交易之间尚存在部门壁垒与辖区壁垒，公共数据应用效率偏低。推动数据确权制度建立首先要构建健全的公共数据开放许可制度，打造和谐透明的公共数据环境。总的来说，对于各级部门、各个管辖区域，应该规范一般公共数据开放、共享准则，明确划分无条件开放共享的数据类型、有条件开放的数据类型及无法开放的数据类型，并说明原因。同时，由于数据要素的动态特征，公共数据开放、共享准则也需要及时响应，有针对性地调整数据开放的类型及强度。特别地，跨部门之间的公共数据共享与流通需要进一步简化流程，制定公共数据授权规范，对满足授权要求的不拖延，对不满足要求的不越权。此外，要积极建立公共数据统一开放共享平台，形成官

方认定的公共数据池。在不涉密的严格监管下,为个体、企业对公共数据的应用提供便利,建设良好的数据流通环境。

2. 利用技术手段解决数字经济发展与安全的问题

在经济增长的压力下,数字经济已成为未来中国经济增长的承重墙。然而,数字经济的"双刃剑"表现由来已久,机遇与挑战的对立愈演愈烈,到底应该如何看待数字经济?如何发展数字经济?数字经济以技术为基石,技术的更新突破才是解决问题的关键。例如,区块链技术解决的是"信任"问题,云计算解决的是"存储"问题,大数据解决的是"信息收集"问题,人工智能解决的是"信息处理"问题。因此要高度重视数字技术的发展,不应将数字技术视为威胁信息安全的"洪水猛兽"。在此背景下,隐私计算的重要作用逐渐显现。曾经的数据加密、量子通信等方法在数据保护方面一直承担着大部分工作,但是这些或多或少都要牺牲一定的便利性或者高昂的成本,并且其带来的效果比较极端。相比之下,现在最具可行性的方案是隐私计算,隐私计算是指在保护数据本身不对外泄露的前提下实现数据分析计算的技术。就目前而言,隐私计算是解决数据分析问题中的最优方案。隐私计算技术的核心思想是在保护原始数据不暴露的情况下,实现对数据的深入分析和挖掘。它比起明文计算和加密计算来说恰好处于其中间,具有"可用不可见""适度分离"的优势,是信息发展与信息安全的高效手段。隐私计算可以将具体的身份信息整合为抽象信息,相当于一个"安检工具",摘除隐私数据,输出可用数据。这样能在促进数据流通的同时保护数据安全。未来隐私计算的发展也将会带动其他行业变革,给社会带来正外部性,促进社会就业,加快经济发展。未来随着隐私计算的发展,市场需求或许会促进一个能将数据公司和视频公司连接起来的新的中介行业产生,数据未来或许作为一种资产像货币一样被存入银行获取利息以供政务数据内部使用。因此,发展高新技术,利用技术手段解决技术发展带来的问题是大势所趋。

阅读材料

姚氏"百万富翁"难题——多方安全计算

姚期智院士曾提出过一个有趣的问题:两个百万富翁如何在不相互透露各自财富的情况下,比较出谁更有钱?这一问题被称为"百万富翁"问题。最优的方法是,两人寻找一个共同信任的第三方,通过第三方进行秘密比较。在"寻找第三方"的行为基础上,数字技术中诞生了多方安全计算(multiparty computation,MPC)这一密码学方法,通过数据所有权和使用权的分离实现信息安全下的联合计算。

多方安全计算是隐私计算技术的一个分支。根据数据和计算任务的不同特性,隐私计算主要可以分为三个方向,每一种方向都有其独特的技术路线。首先,当数据和计算都不集中时,主要采用多方安全计算技术,包括混淆电路和秘密共享两种方法;其次,当数据不集中但计算集中时，主要采用数据脱敏、差分隐私保护和同态加密等技术；最后，当数据和计算都集中时，主要采用可信执行环境和数据沙箱等技术。多方安全计算这一研究方向就起源于 1982 年提出的"百万富翁"问题。在这个问题中，如果存在双方可信的第三方，问题就能轻松解决。多方安全计算的目标就是用密码学技术来代替"百万富翁"难题中这个可信的第三方，在保护参与者隐私数据不被泄露的同时完成计算任务。

资料来源：姚期智. "百万富翁难题"是如何破解的[N]. 文汇报，2022-06-05.

3. 增强公民数据要素安全保护意识

大数据技术的发展为人们的生活带来了极大的改变，通过使用相关设备，使用者能够借助大数据获取需要的数据信息。随着自然人信息逐渐"公之于众"，公民必须重视个人信息保护。首先，自己是个人信息安全的第一责任人，公民必须承担起保护个人信息安全的重要责任，谨慎透露个人信息给他人或商家，避免浏览不安全网站，警惕诈骗信息，以防止不法分子进行侵权或犯罪行为；其次，政府也要加强个人信息保护的宣传和教育，如定期举办网络安全教育宣传大会、将个人信息保护教育融入义务教育的思想政治教育中，将数据保护与信息安全作为"人生必修课"；最后，完善并大力宣传个人数据保护法律体系，鼓励信息安全受害者利用法律武器维权。具体地，政府可定期开展对《中华人民共和国民法典》《中华人民共和国消费者权益保护法》等法规中个人信息安全保护相关条例的学习与解读讲座；同时，公安部门、互联网管理部门等相关机构也应提供个人信息安全的免费咨询服务，助力公民提升法律意识，引导公民学会通过法律手段进一步维护自己的合法权益。

8.3 数据安全监管体系的构建

新事物的发展往往伴随着很大的不确定性，我国数据要素市场目前正处于"摸着石头过河"的初级探索阶段，制度设计尚未成型。在数字经济进入快车道、大数据逐渐成为国家实力象征的背景下，数据安全尤为重要。数据安全治理是贯穿数据要素应用全过程的重要环节。开展数据安全治理，提升全社会的信任感、稳定感与安全感，已成为当前普遍关注的问题。《中华人民共和国网络安全法》《中华人民共和国数据安全法》和《中华人民共和国个人信息保护法》，共同组成了网络安全领域的"三驾马车"。虽然三法联动为提升行业数据安全治理水平、进一步促进数据产业的健康发展指明了方向，但落地化程度并不高。数据安全治理并非对数据进行绝对的保护与统一的部署。如何规范数据流通规则、建立可信流通环境？如何在合规条件下提高数据供给的"质"和"量"？如何在数据治理全过程确保安全底线不被突破、坚守监管红线不被突破？本节提出从政府监管、大数据交易所监管、行业自律三个方面进行多方协同的数据安全监管体系构建，让三种主体成为数据要素市场的"守夜人"（图 8-3）。

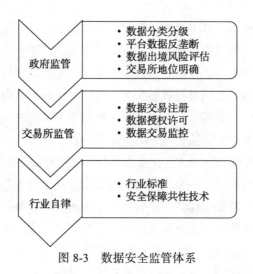

图 8-3 数据安全监管体系

8.3.1 政府监管

完善的管理制度能够激发市场主体的积极性与创造性,政府作为监管体系中的统筹指导者,需要负责数据安全监管的整体规划和顶层设计,保障数据流通过程中的保密性、完整性和可得性,防止数据被窃取、丢失、垄断,具体而言,包括以下四个方面,如图 8-4 所示。

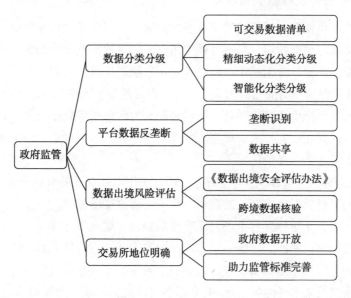

图 8-4 政府监管体系

1. 明确数据分类分级原则,构建数据统一监管体系

《数据安全法》第二十一条明确规定"国家建立数据分类分级保护制度,对数据实行分类分级保护"。数据分类指将有相同特征的数据按一定规则归类以便分析和管理,数据分级是指根据数据的敏感程度和一旦出现安全事故的危害程度进行安全定级。对数据进行分类分级意义重大，有序合规地利用数据资源是数字经济稳定发展的重要抓手。然而，现行的国家层面文件中并未进一步指出分类分级的具体方案，部分行业与地方性文件虽然提出分类分级办法，但偏重对生产流程可见数据分类、依托泄露后果分级，具有组织内部的主观性。出于对利益的考量，企业很可能将自身商业数据置于最高级别，而不愿意耗费成本为个人数据提供高水平的保护，有违数据分类分级的初衷。并且，不同的分类分级路径导致组织数据之间的互操作性降低，加大了企业合作与统一监管的难度。

政府需要建设自上而下的统一分类分级管理制度，采用精细化的分类分级方式，针对同一数据，建立同时依托数据主体、敏感程度、应用场景等多维度指标分类的原则。在数据流通全生命周期的每个阶段，数据要进行动态分类分级，明确流通过程中的价值增益与风险变更。根据数据类别与安全等级，政府能够构建全面而具体的"可交易数据清单"，制定配套的交易机制、监管措施，确定哪些市场主体可以参与哪类数据交易，明确参与交易市场主体的责任，建立统一的数据标准，打破部门、行业间的数据壁垒，构建全国统一的数据要素大市场。另外，政府要及时根据新颁布新调整的法律法规进行数据类别与安全级别的调整，支持以人工智能为代表的数字技术在数据分类分级领域的发展，实现数据的动态监管与智能监管。

2. 构建平台数据反垄断长效机制

数字技术在提供便利、促进消费者福利的同时，也引发了"数据垄断"问题。平台企业通过排他性交易与掠夺性定价等手段锁定用户，随着锁定效应的加深，平台对个人信息的收集日益猖獗，我们日常生活中产生的几乎所有数据都被汇入算法，平台通过"深度伪装"无感预测或控制用户的潜在行为。这一行为不仅侵害个人隐私，催生伦理与道德风险，更有可能对国家安全产生威胁。并且，数据垄断行为导致弱势数据收集平台难以通过数据量的积累进行算法优化，客户流失严重。为维护切身利益，数据黑市交易屡禁不止，黑灰产业链不断趋于多元化、复杂化。

《中华人民共和国反垄断法》对于数据垄断并未作出针对性的具体规定。政府需要建立"先堵后通"的平台数据反垄断长效机制。第一，通过市场份额、收集数据的维度、历史经营状况等对平台企业主体进行市场支配程度的判定，重点关注具有市场支配能力与市场支配倾向的企业动向。然而，垄断地位并不等同于垄断行为，针对数据安全，政府需要对企业使用数据的合规性作出明确规定。包括但不限于收集数据前以醒目方式告知被收集者将被采集的数据以及未来可能的用途；收集数据时清楚标注该类数据对于用户的平均价值；赋予用户对不同数据选择是否被收集、以何种形式被收集且不影响平台基础功能使用的权利。第二，政府牵头积极探索数据共享方式，缓解数据垄断的严峻形势。政府需要积极引导大型平台对小型平台的"数据资产援助"，具体可采用业务合作、脱敏预处理等方式，建立去中心化全局监管模式。这里的"脱敏"不仅指用户敏感信息，也包括平台企业数据二次加工产生的商业敏感信息，打造参与方可信、执行环境可信的数据共享生态圈。

3. 探索数据跨境流动合规模式

发展数字贸易是我国经济发展的必然要求。《中国互联网络发展状况统计报告》显示，2023 上半年，我国跨境电商进出口额达 1.1 万亿元，同比增长 16%；其规模占外贸比例 5 年间由不足 1%上升至 5%左右，激发了外贸新活力。数据有序、安全的跨境流动为国际数字贸易的飞速发展提供通路，但如何平衡数据跨境流动与个人信息安全、数据产业发展及国家数据安全之间的关系，成为当前的热点与难点。数据跨境流动带来的风险主要体现在五个方面：数据主体的数据控制能力差别较大、数据跨境流动的适用法律难以匹配、境内监管机构对境外主体不存在管辖权、个人数据主体维护自身合法权益困难和国家安全风险。对于数据跨境流动，我国政府既不能绝对限制也不能全面放开，要探索提升流通效率、降低制度性成本的中国方案。第一，政府要积极助力《数据出境安全评估办法》落地。2022 年 7 月，网信办公布《数据出境安全评估办法》，第一次界定了数据出境概念，不仅对评估对象与评估场景作出规定，更提出了事前事中事后全流程监管的整体方针，是提高数据治理水平和依法治国的具体实践以及应对复杂国际环境和长臂管辖的有效举措。第二，政府要对跨境数据进行精细审核与严格限制。确需跨境流动的数据必须实行脱敏处理。对于可公开的数据应做模糊性处理，既与原数据类型保持相同，也保持了数据监管的合规性。针对绝对保密的数据，只能进行本地化储存，坚决不能传出中国。辅以 DSA 数据安全隔离技术等，构建数据安全区域，防止源代码泄密，实现数据泄露源头控制。对数据跨境流动的全周期实行交易登记制度，保证数据的可审计、可追溯。

4. 推动数据交易通过各地交易所的正式渠道完成

新一轮数据要素市场发展浪潮已经到来。自 2015 年全国乃至全球第一家大数据交易所——贵阳大数据交易所正式运营之后，我国目前已有 26 个省市推进本地大数据交易中心的建立，具体成立情况如表 8-11 所示。然而，当前各地交易所的交易量并不大，甚至有些交易所处于业务停滞状态。缺乏数据储备且交易标准不清晰、模式不健全是交易所业务被数据黑市挤压的首要原因。隐私数据黑色产业链超范围收集个人信息、超限度调取个人信息，"一切需求皆可爬"的黑市数商已严重威胁到数据交易市场的正常秩序。政府需要引导数据交易回归正轨，让更多的数据交易见得了光。第一，针对数据交易所欠缺数据资源的问题，政府要牵头将政府类数据开放给交易所。不断落实《关于构建更加完善的要素市场化配置体制机制的意见》指导精神，加快推动政府数据的流动与共享，逐步打破数据不愿共享、不敢共享、不能共享的局面。第二，政府要助力交易所建立数据全交易周期的监管标准，以清晰的流通机制设计降低交易风险。具体监管标准将在 8.3.2 节给出。

表 8-11 我国部分数据交易机构成立情况

省市	数据交易所	省市	数据交易所
北京	中关村数海大数据交易平台 北京大数据交易服务平台 北京数据交易平台 中关村医药健康大数据交易平台 北京国际大数据交易所	广东	交通大数据交易平台 广州数据交易平台 南方大数据交易中心 华南数据要素交易平台 深圳数据要素交易所 广州数据交易所

续表

省市	数据交易所	省市	数据交易所
四川	重庆大数据交易平台 成都数字资产交易中心	江苏	华东江苏大数据交易中心 无锡大数据交易平台
贵州	贵阳大数据交易所 贵州数据流通交易平台	山东	青岛大数据交易中心 山东数据交易平台
湖北	武汉东湖大数据交易中心 武汉长江大数据交易中心 华中大数据交易所	河南	河南平原大数据交易中心 河南中原大数据交易中心 郑州数据交易中心
陕西	西城新区大数据交易所	新疆	亚欧大数据交易中心
湖南	湖南大数据交易中心	甘肃	丝路辉煌大数据交易中心
浙江	杭州钱塘大数据交易中心 浙江大数据交易中心	上海	上海数据交易中心 上海数据交易所
河北	河北大数据交易中心	吉林	东北亚大数据交易服务中心
黑龙江	哈尔滨数据交易中心	海南	海南数字资产交易中心
山西	山西数据交易平台	广西	北部湾大数据交易中心
安徽	安徽大数据交易中心 合肥数据要素流通平台	香港	香港大数据交易所 香港数据资产交易所
内蒙古	内蒙古数据交易中心	江西	江西大数据交易市场
重庆	西部数据交易中心	福建	福建大数据交易所

8.3.2 交易所监管

交易所对数据的监管上承政府要求，下接行业标准，是与数据要素流通过程的最直接对话，能够在实践方面有效规范数据流通过程中的不同行为。交易所的监管体系如图 8-5 所示。

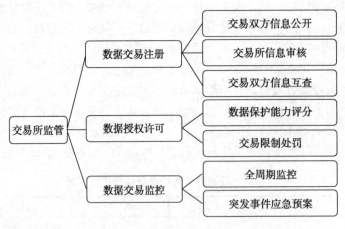

图 8-5　交易所的监管体系

1. 实行数据交易注册制度

对于参与数据要素交易的各主体，无论是数据提供方还是数据使用方，都要按交易所规定公开提供相应信息方可进行下一步交易。除基本个人或组织信息外，数据提供方还需公开数据的内容摘要、获取方式、使用条件、所有权与使用权的分配方式等信息；数据使用方应公开数据用途、使用方式、权属需求等信息，双方的历史交易记录包括信用评价、数据质量评价、使用效果评价等也应全部公开。交易所需要对交易双方提供的信息进行细致审核，保障数据提供的真实与完整，保障数据使用不丢失、不泄露。一旦发生数据丢失、泄露等事件也可追根溯源，通过之前的公开信息判定责任。同时应赋予数据提供方与数据获取方相互查验信息的权利，若有一方拒绝交易，交易所需要再次查验双方资质以降低利益侵害风险。

2. 实行数据授权许可制度

对于数据获取方，交易所需要评估其数据保护能力再进行数据授权。交易所可从历史信息、注册资本、企业规模、行业风险等多个维度对数据使用方进行数据保护能力的综合评分。对于不同类别、不同安全级别的数据，交易所设置阶梯式数据保护能力分数，仅授予达标对象数据使用权。对于产生数据安全问题的主体，根据其危害程度的大小进行不同时长的交易限制处罚，推动数据保护能力发展成为数字时代下企业全新的市场竞争力。

3. 实行数据交易全周期监控制度

交易所要借助区块链、智能合约等技术对数据交易的全周期进行监管，比如，交易前的沟通问询，交易过程中的传输、存储，交易后的处理、销毁等，确保交易过程可控可追溯。对于交易过程中可能出现的任何问题，交易所要提前预测、模拟，做好应急预案，进而高效高质量解决突发问题。

8.3.3 行业自律

美国第三任证交会主席道格拉斯曾指出："政府监管存在一些难以触及的行为和活动。一些行为虽然容易受到政府监管，但由于琐碎且不连贯而无法得到充分控制；而另一些行为则超出了法律范畴，触及道德伦理问题，这时自律便可以在广泛领域内发挥有效作用。"对于数字经济时代的颠覆性新兴行业，相关法律制度的构建正处于摸索阶段。由于数字技术的复杂性与数据资源的多样性，上层制度无法监管到数据流通中的每个微小细节。出于对数据安全的全面保护，行业自律也是数据安全监管体系中不可或缺的一环。行业自律体系如图8-6所示。

1. 建立完善具体的行业标准

2020年11月，工业和信息化部网络安全管理局指导中国互联网协会，号召以中国电信、中国移动、中国联通、阿里巴巴、腾讯、百度、京东、奇虎360、爱奇艺等为代表的133家基础电信企业和重点互联网企业签署了《电信和互联网行业网络数据安全自律公约》（以下简称《自律公约》）。总结来说，《自律公约》倡导企业在网络数据安全管理上要做到责任明确、体系清晰、合规依法、有问必答。行业协会需要在指导性文件的基础上对行业

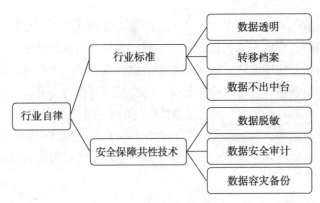

图 8-6 行业自律体系

的行为标准作出具体规定。比如，建立数据流通过程透明公开的行业标准。当然，透明公开并不针对所有人，而是对于数据流通的参与主体，尤其是数据生产者，在一定范围与力度下公开数据产生、流通、使用和决策的流程。一方面赋予数据生产者知情权与控制权，另一方面也保障了数据的准确性与决策结果的可信程度。又如，互联网平台企业可联合建立跨平台档案转移标准，降低用户的转移成本。从行业内部阻断数据垄断行为，解决数据垄断引发的数据伦理问题，平衡各方利益。另外，数据安全的自律同样体现在数据中台里。数据中台是一种数据管理体系，在企业中是独立部门，其本质是"数据仓库+数据服务中间件"，核心是提高数据的共享能力、避免数据的重复加工、赋能数据的前沿应用。在企业前台与后台之间，数据中台能够应对前台的需求变化并屏蔽后台的数据储存，数据中台架构已成为行业内部的实践热点。构建数据安全防护体系需要形成"数据不出中台"的行业规范，通过数据水印对中台数据进行监控，隔离前台与后台的数据交互，实现数据可用不可见。

2. 安全保障共性技术

数字经济是一门跨学科领域的集成学问，现有的核心认知与特征理解差异导致数据安全框架尚未形成相对统一，此时需要安全技术的相对统一来应对大数据安全问题。为完成对数据安全的可保障、对安全风险的可预测、对数据损失的可挽回，行业内部需要致力于数据脱敏、数据安全审计、数据容灾备份等安全保障技术的普及应用与共研共创，同时持续深化技术创新，早日实现核心领域技术工作的国产替代。

数据脱敏（data masking）指在保留敏感数据的数据结构同时，去除或替换其中的敏感信息，以降低数据泄露的风险。行业内部需要首先建立敏感信息标定的相对统一标准，建立敏感信息知识库。然后针对不同信息格式与信息领域制定相应的脱敏标准，例如，使用静态数据脱敏还是动态数据脱敏，使用可恢复类脱敏技术还是不可恢复类脱敏技术。在数据规模急剧增长的大环境下，行业内部统一的数据脱敏方法使用是辅助数据安全体系搭建的重要路径。

安全审计技术是指对互联网上的行为形成体系的操作记录，以备对用户违规行为进行快速责任追查。行业需要建立统一的资料收集技术，具体通过日志数据、网络流量、用户决策等信息来检测潜在的安全威胁、追溯违规行为。另外，行业内部要汇总安全问题，形成全行业历史安全问题库，便于企业在安全审计过程中将新收集到的系统状态信息与历史问题进行对比，提高发现一般安全问题的效率与挖掘隐蔽安全问题的概率。

容灾备份是通过异地建立存储系统，将已有数据传输备份，利用距离上的物理空间分离维持系统对灾难性事件的包容能力和数据对灾难性事件的抵抗能力。因此，容灾更多指操作系统在灾难下的正常连续运行，而备份是指数据库面对数据丢失问题仍能够利用异地备份快速恢复。行业内部需要联合应用多种容灾技术，例如，基于网络通信协议（TCP/IP传输协议）的技术、快照技术、远程镜像技术、互联技术等将数据备份到多个站点。备份站点应满足"两地三中心"模式，"两地"是指备份数据同时保存在本地和异地；"三中心"是指数据同时存在于生产中心、本地备份中心与异地备份中心。针对数据动态可扩展的特性，行业内部普及容灾备份技术是对数据安全一定程度上的物理保障。

1. 数据隐私的经济价值主要体现在日常生活的哪些方面？
2. 针对目前的技术发展，预测隐私计算技术在解决数据要素保护与交易方面会遇到什么问题。
3. 以某个平台为例，探讨数据垄断与数据共享对其短期与长期的影响。
4. 中外国家制定个人信息保护政策时的出发点有何异同？是否造成了消费者利益差距？差距具体体现在哪些方面？

自学自测　扫描此码

第9章 发展数字经济的政策体系

【本章学习目标】

1. 了解国际组织数字经济愿景；
2. 熟悉世界主要国家数字经济发展政策；
3. 掌握我国数字经济发展政策体系；
4. 理解数字经济政策对国家数字经济发展的意义。

数字技术的迅猛发展正在重塑世界经济发展格局，各国政府纷纷将数字经济作为国家发展战略，数字技术领域的国际竞争日益激烈。近年来，中国在5G等技术领域与美国的差距加速缩小，导致中美之间的竞争关系更加突出。针对中国的5G技术与产业，美国制定了一系列对华竞争战略，以抑制中国的技术优势和未来发展。《美国国家安全战略》（2017年）将中国确定为战略竞争对象，并指出核心战略竞争领域之一便是5G技术。2020年6月，美国将中兴和华为列入"威胁美国国家安全"黑名单。与此同时，美国联合盟国禁用5G技术，试图建设"去中国化"的数字经济多边体系，扩大对中国数字经济技术和产品的打击面，将技术竞争政治化。美国与多个欧洲国家签订《清洁网络计划》联合声明，建立"清洁网络联盟"，以"安全"为名共同抵制中国数字技术企业。

中国秉承的数字理念是包容普惠、共生共长，在密切关注自身5G产业发展的同时，积极推进国际合作，促进全球数字经济共同发展。自2013年建立IMT-2020（5G）推进组以来，中国制定了一系列5G产业技术政策，如《中国制造2025》《智能制造工程实施指南（2016—2020）》《信息通信行业发展规划（2016—2020）》《扩大和升级信息消费三年行动计划（2018—2020）》。中国与美国在5G技术领域的竞争是中美数字竞争、科技竞争乃至国家战略竞争的一个缩影，数字领域的竞争不仅是国家间的技术与经济竞争，更是国家战略与实力的政治竞争，数字经济的发展与国家经济战略政策密不可分。

资料来源：徐康宁. 在数字经济的高质量发展中构筑国家竞争新优势[J]. 红旗文稿，2022(8)：32-35.

9.1 国际组织关于数字经济发展的愿景

数字经济发展对全世界经济社会发展具有重要意义，世界经济论坛（WEF）、经济合作与发展组织（OECD）、世界银行（WB）、联合国各机构部门、国际货币基金组织（IMF）、全球移动通信系统协会（GSMA）、二十国集团（G20）、亚太经合组织（APEC）等国际组织提出诸多支持数字经济发展的相关举措（图 9-1），以促进全球数字经济发展。

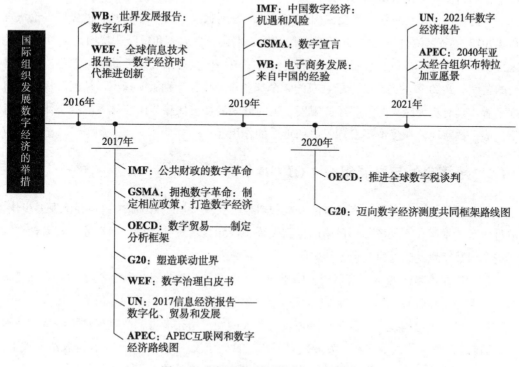

图 9-1　国际组织发展数字经济的举措

9.1.1　世界经济论坛（WEF）

世界经济论坛在发展全球数字经济中做出了许多研究和贡献。《未来就业报告：第四次工业革命的就业、技能和劳动力战略》（2016 年）中估计，2016—2020 年全球将总计流失 500 万个就业岗位，这些岗位主要分布在 15 个主要发达和新兴经济体中；与此同时，其他关键领域增长的就业机会将会弥补部分就业损失，主要包括数学、计算机、建筑、工程等领域。报告认为，第四次工业革命后，就业市场对于以信息化产业、智能化制造发展为核心的数字经济人才将具有较强需求。2016 年 3 月，世界经济论坛联合国际贸易与可持续发展中心（ICTSD）发起"E15 项目"，为研究数字经济如何健康持续发展开展研讨，并发布"E15 项目"报告，为全球数字经济发展提出了数字贸易协定谈判、发展数字贸易规则合作、世界各国各组织协同支持数字贸易等建议。随后发布的《2016 年全球信息技术报告——数字经济时代推进创新》指出，第四次工业革命中数字技术具有重要地位，国家的未来取决于其接受数字经济的程度。

2017年6月召开的新领军者年会指出，中国数字经济的进步助推了普惠金融的发展，中国正在成为实践第四次工业革命理念的领先国家之一。同年11月，世界经济论坛圆桌会议在深圳举行，会议探讨了如何在第四次工业革命中实现"弯道超车"，为中国数字经济与数字技术的发展提供解决思路。

世界经济论坛也关注世界范围内数字治理的发展状况。2017年9月，世界经济论坛发布《2017年数字治理白皮书》，通过探讨英国、瑞典、肯尼亚和哥斯达黎加的4个不同地区案例，指出营造科研、政府和企业的高科技三位一体生态系统是推动国家数字经济的增长的关键。2020年世界经济论坛发布的《全球竞争力报告特别版》指出，从经济韧性的角度来看，具有更为庞大的数字经济规模、更为健全的社会保障与医疗体系的经济体更具竞争优势，数字经济在疫情下发挥了更加重要的作用。

9.1.2 经济合作与发展组织（OECD）

经合组织对世界各国数字经济的发展报以极大关注，建议各国加快数字经济发展步伐，推进数字技术与数字经济基础设施的创新发展，消除数字贸易壁垒，加强数字贸易合作，促进全球数字贸易的健康和谐发展。

OECD在《2015数字经济展望》中指出，为了更大限度地开发数字技术的社会和经济潜力，大部分OECD国家选择制定国家数字战略、政策、议程或计划。但大多数国家的数字政策仅局限于通信技术，数字经济还具有巨大的经济增长潜力，应重视数字经济的发展与负面影响，并对解决数字经济发展问题提出了具体建议。2016年6月，在部长级会议上，经合组织对全球互联的机遇与风险、实现数字经济的创新与效益最大化等问题展开讨论，数字经济已成为各国政府重视并探讨的重要议题。《2016科技创新展望报告》指出，未来10~15年的科技创新以数字经济相关创新为主，如大数据分析、人工智能、区块链、物联网等，将对未来10~15年的社会经济发展产生深远的颠覆性影响。

经合组织同样关注世界范围内数字贸易的发展状况，2017年发布的政策论文《数字贸易——制定分析框架》指出，数字技术正在改变交易渠道、生产方式、服务方式和交付方式。文中指出，数字贸易的基础是数据的流动，数据贸易将成为未来全球贸易价值链的重要组成部分，并针对数字贸易问题提出了解决方案与政策框架。《2017数字经济展望》报告展现了世界范围内数字经济的发展趋势，讨论各国的数字经济政策制定，并探讨了数字化转型对社会和经济发展的影响，指出数字创新和新兴商业模式推动了多个领域的变革，信息通信技术的发展需要全球对数字安全制定更有效的制度保障。2019年，OECD发布《衡量数字化转型：未来路线图》，介绍了数字经济测度指标体系，为测度数字经济提供了有效方法。

制定合理的数字税制是世界数字贸易发展的重要一环，2020年1月，经合组织推进全球137个国家和地区进行数字税谈判，推动修改现行跨境税则，并争取就"全球共同框架"达成协议，以应对数字经济发展带来的税制挑战。

9.1.3　世界银行（WB）

世界银行致力于推动世界各国特别是发展中国家发展数字经济，近年来，世界银行投资项目中一半以上涉及数字经济与数字技术，2012年所进行的投资项目中有74%的项目包含通过ICT应用提升流程现代化水平并升级服务提供方式的内容。

世界银行年度旗舰报告《世界发展报告》（2016年），将"数字红利"作为其报告主题，指出数字技术有带来巨大收益的潜力，但数字红利实现速度与其潜力不匹配，并为实现数字红利、发展数字经济提出了政策建议。2019年《世界发展报告》指出，近十年，以人工智能为代表的数字技术正在重塑新一轮社会经济格局，数字平台企业的发展拓宽了交易界限，促进非强势交易对象深入参与数字市场，推动市场经济稳健持续发展。2019年发布的《电子商务发展：来自中国的经验》报告指出，中国电商发展速度不断加快，在增加就业、减少贫困、推动产业转型创新、促进社会经济发展等方面为发展中国家推动电子商务数字经济发展提供了重要参考。

9.1.4　联合国各机构（UN）

1. 联合国贸易和发展会议

联合国贸发会议近年来持续关注数字经济相关问题，自2005年起，几乎每年都会发布《信息经济报告》，从电子商务到ICT发展，再到软件产业与数字经济、数字贸易的发展，《信息经济报告》几乎涵盖了全球数字经济的发展历程。《2017信息经济报告——数字化、贸易和发展》指出，在全球范围内，经济活动的数字化被推上了一个快速通道，数字经济在被称为"南方国家"的发展中国家迅速扩张。但是，随着数字化进一步发展，数字经济使财富更加集中，不平等现象进一步加剧，数字鸿沟越来越大，信息和通信技术上落后的发展中国家如何迎头赶上新一轮数字经济发展，是一项十分艰巨的挑战，各国都应对数字经济相关领域的现行法律、监管制度等进行调整。

随着全球数字经济发展的不断深化，2019年联合国贸发会议发布的《数字经济报告》用"数字经济"取代了"信息经济"。报告指出，数字化正在以不同的方式改造价值链，并为增值和更广泛的结构变革开辟新的渠道，数字经济扩张的驱动因素是数字数据和数字平台。为了防止对数据驱动的全球经济日益依赖，国家发展战略应寻求促进数据价值链中的数字升级，并提高本国"提炼"数据的能力，以实现各种合法的公共政策目标。《2021年数字经济报告——数据跨境流动和发展：数据为谁而流动》则深入探讨了跨境数据流动的发展和政策影响。跨境数据流动是所有快速发展的数字技术的核心，如数据分析、人工智能、区块链、物联网、云计算和其他基于互联网的服务。跨境数据流动政策，将影响各国贸易往来、数字创新，进而影响各国数字经济发展；数据流动也将影响世界范围内的数字化成果分配体系建设、数字技术相关的人权、执法、国防安全等一系列问题。因此，全球亟须建立新的数据治理框架，确保数据跨境流动的安全、自由和发展。

2. 国际电信联盟

国际电信联盟（International Telecommunication Union，ITU）致力于促进全球电信发展，并向发展中国家提供电信援助，以缩小"数字鸿沟"，实现信息通信技术的普遍接入。近年来，国际电联有关 ICT 的出版物（如《衡量信息社会报告》），以及一系列以 ICT、物联网、人工智能等数字技术为主要内容的研究报告和数据库，已成为数字经济研究的重要参考资料库，被国际组织、各国政府、研究机构广泛采用。

3. 联合国宽带促进可持续发展委员会

联合国宽带促进可持续发展委员会旨在加大力度实现宽带互联网在全球的普及。委员会认为，扩大互联网的宽带接入是加速各地经济和社会进步的关键，委员会确定了处于不同发展阶段的国家与私营部门合作实现这一目标的实际方法。

自 2012 年起，委员会每年发布全球宽带状况报告。比如，2016 年的报告指出，数字鸿沟已从语音电话转移到互联网。2017 年的报告分析认为，世界各国经济发展不平衡，是导致发达国家与发展中国家之间的数字鸿沟不断加深的原因之一。2019 年的报告指出，2019 年是全球一半以上人口开始参与数字经济的第一年，世界各国应采取新的合作策略，通过更加强调资源共享和更全面的方法，来推动"有意义的普遍连接"。2020 年报告指出，宽带普遍接入是推动数字经济发展、推动全球经济复苏所需的重要催化剂。

4. 联合国国际税务合作专家委员会

数字经济相关税收是世界数字贸易发展中亟待解决的国际问题。2017 年，联合国国际税务合作专家委员会发布了新版《联合国关于发达国家与发展中国家间避免双重征税的协定范本》，其中新增了第 12A 条，允许来源国通过预提税的形式对数字服务进行征税。2020 年 8 月，进一步发布关于联合国税收协定范本第 12B 条的讨论稿，拟就数字服务税这一原先的"单边"税收措施，为成员国提供一个"双边"的技术性框架，允许来源国通过预提税的形式对数字服务进行征税，并通过双边税收协定谈判对税率达成共识。

9.1.5 国际货币基金组织（IMF）

近年来，国际货币基金组织密切关注全球数字经济的发展，调查数字经济对财政政策的影响，研究数字经济的衡量问题，启动数字化平台建设。早在 2006 年，国际货币基金组织就发布了《金融发展，资本市场结构和全球数字鸿沟》，指出金融发展对 ICT 发展具有重要作用，金融市场发达的国家在 ICT 领域的发展具有更多优势。

国际货币基金组织密切关注数字经济在财政、货币等领域的应用。2017 年，国际货币基金组织出版《公共财政的数字革命》，指出数字化能够通过改变政府收集、处理、分享信息的方式来改变财政政策。各国应制定相应的新政策来应对数字经济给财政制度带来的新挑战。2018 年，国际货币基金组织发布了《数字经济测度》，讨论数字经济统计核算问题。

中国的数字经济发展也引起了国际货币基金组织的关注。2019 年，国际货币基金组织发布《中国数字经济：机遇和风险》，指出中国数字经济快速发展，但经济数字化的平均水平仍不及发达国家。政府应当发挥主导作用，最大化数字化效用的同时，减少诸如潜在的劳动力中断、隐私侵犯、新兴寡头垄断及金融风险等风险，为中国数字经济的健康发展提供制度保障。

9.1.6　全球移动通信系统协会（GSMA）

全球移动通信系统协会是移动通信领域全球最具影响力的展览会。随着数字技术革命的进一步深化，新兴数字技术已对人类的生产生活产生了深远的影响，全球移动通信协会也持续关注全球数字经济发展，并针对数字经济提出了一系列的举措和倡议。2017 年，GSMA 联合波士顿咨询公司编制了《拥抱数字革命：制定相应政策，打造数字经济》报告，指出，随着数字和移动革命进一步加速，人工智能、机器人和物联网等新技术有望创造巨大价值，将迎来众多行业领域数字化产生的持续颠覆，呼吁政策制定者激励数字经济发展，为未来数字技术革命带来的改变未雨绸缪。2019 年，GSMA 在达沃斯世界经济论坛上发表了《数字宣言》，该宣言阐述了作为数字时代道德行为指南的主要原则，旨在呼吁并帮助企业向数字公民、行业和政府提供最重要的信息，已有来自不同行业的 40 位商业领袖对宣言做出承诺。

GSMA 还紧密关注 5G 技术与数字经济的发展。2021 年，GSMA 发布的《移动经济 2021》预测，到 2025 年底，全球 5G 连接数将达到 18 亿，占移动连接总数的五分之一以上，届时，5G 网络将覆盖全球五分之二的人口，中国将拥有 8.28 亿个 5G 连接，几乎占据全球 5G 连接总数的一半。2022 年世界移动通信大会以"连接释放无限可能"为主题，会上讨论指出，随着全球数字化需求快速增长，供给侧瓶颈已然显现，亟须探索新理论和新架构，支撑数字化可持续发展，而在全球奋力奔向碳中和目标之时，绿色发展成为构建未来数字世界的主题。

9.1.7　二十国集团（G20）

二十国集团（G20）的目标是推动发达国家与发展中国家间展开合作与交流，推动国际社会齐心协力应对经济危机，推动全球治理机制改革。随着数字经济的不断深化发展，G20 峰会讨论的议题也与数字经济息息相关。在 2015 年安塔利亚峰会上，《二十国集团领导人公报》指出，互联网经济将给全球经济增长带来机遇与挑战。2016 年杭州峰会上发布的《二十国集团数字经济发展与合作倡议》首次明确定义了数字经济概念，并提出一系列合作原则，包括创新、伙伴关系、协同、灵活、包容、开放和有利的商业环境、促进经济增长、信任和安全的信息流动等。

在 2017 年德国 G20 数字化部长会议上，G20 正式发布了《G20 数字经济部长宣言》《职业教育和培训中心的数字技能》《G20 数字贸易优先事项》《数字化路线图》等一系列数字经济相关报告。其中，《G20 数字经济部长宣言》指出，数字经济与数字技术在当今时代具有重要作用，世界各国要加强数字基础设施建设，推动传统产业数字化转型与数字产业创新，加强数字经济治理，促进国家间数字经济对话与合作，减小数字鸿沟。《G20数字贸易优先事项》《职业教育和培训中心的数字技能》《数字化路线图》分别就国家间数字贸易、数字化与职业技能培训与数字化发展中的关键问题提出了具体解决方案。汉堡峰会公报《塑造联动世界》中指出，数字化转型是经济全球化的重要推动力，数字经济的发展能够增强创新动力，加强各国的联系与包容，减少非可持续增长，缩小"发展鸿沟"。世界各国应制定相应数字政策，充分发挥数字潜力，促进数字经济发展和数字贸易增长。

G20也密切关注数字经济指标与测度等领域。2018年，在阿根廷担任G20主席国期间发布了《衡量数字经济的工具箱》，通过基础设施、赋权社会、创新与技术应用、就业与增长等指标衡量数字经济发展。2019年大阪峰会上，G20发布了《大阪数字经济宣言》，宣布启动"大阪轨道"，这意味着G20主要成员国联合建立了"数据流通圈"，初步达成了允许数据跨境自由流动的共识。2020年G20在沙特担任主席国期间发布《G20迈向数字经济测度共同框架路线图》，致力于推动形成衡量数字经济的共同框架，包括数字技术、新型基础设施、数字服务和数据。

9.1.8 亚太经济合作组织（APEC）

亚太经合组织始终重视数字经济与数字贸易的发展。早在2002年APEC第十次领导人非正式会议中，成员国就通过了《关于执行APEC贸易和数字经济政策的声明》，首次制定了数字贸易与数字经济政策框架，并在部分成员国率先实行，之后逐步推广到整个亚太地区。2010年召开的组织部长级会议再次强调了数字经济的重要性，并在部长联合声明中指出，各国政府应重视数字经济政策的制定工作，为数字经济的创新与发展提供良好的政策环境。2013年APEC发布的《APEC基于信息技术的创新服务链研讨会》报告指出，应缩小成员国之间的经济差距，推动基于信息技术的创新服务链项目，促进各经济体之间的经济与技术合作。2014年，《亚太经合组织促进互联网经济合作倡议》（2014年）发布，这也是APEC首次将互联网经济与互联合作纳入框架中。2016年APEC发布的《APEC区域趋势分析（重新思考数字时代的技能发展）》指出，在数字经济发展中，应重视就业与社会保障问题，同时，不同区域间也应注重合作，促进信息共享与经济共同进步。2017年,《APEC互联网和数字经济路线图》发布，目标是推动亚太地区的数字技术及互联网合作，推动各国数字相关政策互联互通，促进创新与可持续发展，减小"数字鸿沟"。

2018年，APEC第二十六次领导人非正式会议围绕"把握包容性机遇，拥抱数字化未来"的主题进行探讨，这是APEC会议主办方首次将数字经济列为"重中之重"。会议指出，数字技术将使亚太地区广大中小微企业有更多机会获得资金和市场，利用不断发展的新技术是亚太地区实现包容性增长的趋势所在，应反对保护主义，推进亚太地区共享数字经济红利。2020年，APEC发布《2040年亚太经合组织布特拉加亚愿景》，启动2020年后的合作愿景，成员国将共同促进地区间数字经济新产业、新模式发展，推动亚太地区充分发挥数字经济潜力。

9.2 世界主要国家的数字经济发展政策

随着互联网、大数据、人工智能等数字技术的不断进步，数字经济发展已经成为世界经济发展中的重要一环，世界各国政府也正在密切关注数字经济进程，制定相应的数字经济发展战略与政策，推动国家信息化、数字化转型，更好地适应数字时代下的社会经济变革。

9.2.1 美国的数字经济发展政策

美国作为互联网等数字技术的发端国家，从20世纪90年代起就开始推行数字经济相关战略。美国的数字经济发展战略主要从发展规划、基础设施、技术研发、制度保障等方面展开（图9-2）。

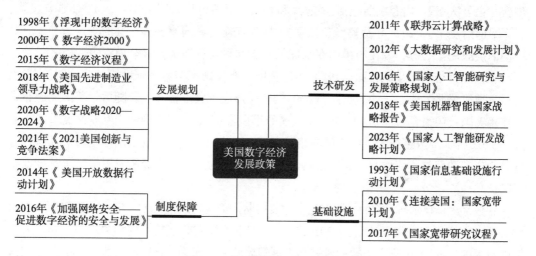

图 9-2 美国数字经济发展政策

在数字经济发展规划方面，早在1991年，美国国会通过《高性能计算法案》，开启了美国数字经济战略的进程。1998年，美国发布《浮现中的数字经济》报告，系统阐述了美国官方的数字经济理论，是美国数字经济历史上里程碑式的重要文献，标志着美国数字经济的发端。为进一步完善数字经济发展相关政策，美国政府又相继颁布了《浮现中的数字经济（二）》（1999年）、《数字经济》年度报告、《探索数字国家：美国新兴在线体验》（2013年）等一系列总体规划文件。2015年，美国商务部发布了《数字经济议程》，主要聚焦四个方面，分别是建立自由开放的互联网环境；保护用户的互联网安全与隐私，建立企业和消费者对互联网的信任；提升互联网的基础设施建设，加强对劳动力互联网技能和手段的教育培训；推动数字经济创新和技术革新。同时，在《数字经济议程》发布会上，美国商务部同时宣布成立数字经济咨询委员会（Digital Economy Advisory Committee），其主要目标在于为美国经济在数字化时代的增长和机遇提供建议和发展方向。自成立以来，委员会组织了多次研讨活动，为数字经济关键问题提出了具体有效的政策建议。

为进一步适应数字技术发展进程、引导数字经济快速发展，2018年6月，美国政府发布《数据科学战略计划》，同年9月，发布《美国国家网络战略》，指出要在"促进美国繁荣"的前提下，提升在数字技术与数字经济上的优势，建立充满活力与弹性的数字经济。同年10月，美国政府发布《美国先进制造业领导力战略》，指出先进制造业是美国经济实力和国家安全的重要支撑，设定了发展目标，包括推动先进制造技术的开发和应用、通过教育和培训提高制造业劳动力的技能水平及促进国内制造供应链的扩展。2020年4月，美国国际开发署发布《数字战略2020—2024》，提出增加全球范围的数字投资、提升技术落后国家的互联网普及率等，旨在使用数字技术来实现重大发展和人道主义援助，加强国家级数字生态系统的开放性、包容性和安全性，以此在全球范围构建以自身为主导的数字生态系统。

随着中国数字技术进步不断加快，为维护自身国际地位，美国政府颁布了《2021美国创新与竞争法案》，内容主要包括：《芯片和开放式无线电接入网（O-RAN）5G紧急拨款》《无尽前沿法案》《2021年战略竞争法案》《国家安全与政府事务委员会的规定》和《应对中国的挑战法案》等，旨在与中国在全球供应链和科技创新上开展全面竞争。

在数字经济基础设施方面，1993年，美国颁布《国家信息基础设施行动计划》，提出"信息高速公路"战略，计划投资4 000亿美元建设家庭电信光缆。随后，美国又颁布了《连接美国：国家宽带计划》（2010年）、《数字国家：21世纪美国通用互联网宽带接入进展》（2010年）等数字技术设施建设的相关政策。2017年，美国颁布《国家宽带研究议程》，旨在为未来数字技术研发与数据收集构建顶层框架，为美国数字经济发展提供了基础设施保障。

在数字经济技术研发方面，数字技术发展初期，美国就颁布了《联邦云计算战略》（2011年）、《大数据研究和发展计划》（2012年）等一系列发展数字技术的相关规划。随着人工智能技术的兴起，《国家人工智能研究与发展策略规划》于2016年10月发布，提出增加人工智能投资、确保人工智能系统安全与可操作性、建立人工智能技术评估标准等内容，较为全面地制定了美国人工智能发展规划。2018年3月，美国国际战略研究所发布《美国机器智能国家战略报告》提出六大国家机器智能策略，要通过加强创新技术巩固美国的领先地位。2019年，《维护美国人工智能领导地位的行政命令》颁布，指出，为巩固在智能机器等关键技术领域的国际地位，美国将对这些领域的研发支出提供大幅度支持。随着全球数字经济发展进入新局面，美国先后发布了《人工智能与机器学习战略计划》《量子信息科技人才培养国家战略规划》《下一代电信技术法案》等一系列法案，2023年5月更新发布《国家人工智能研发战略计划》，为确保美国数字技术安全发展、提升美国在全球数字领域地位提供技术保障。

在数字经济制度保障方面，《美国开放数据行动计划》（2014年）提出"主动承诺开放，并分阶段释放数据资源"的原则，旨在为数据开放与应用提供良好环境。2016年，美国政府颁布《网络安全国家行动计划》,建立国家网络安全促进委员会并发布《加强网络安全——促进数字经济的安全与发展》,报告旨在为数字经济的发展与数字社会的全面推进提供安全保障,同时指出公众的网络安全意识与能力有待提高。

不断完善的数字经济相关政策为美国数字技术进步、数字经济稳定发展提供了有利的政策环境,促进了基础设施与网络安全建设,推动数字经济成为美国经济增长的新动能。

9.2.2 英国的数字经济发展政策

英国的数字经济发展水平、电子政务发展水平均居于世界前列,数字经济为英国经济发展带来了新增长,成为英国社会经济的重要支柱。英国数字经济的健康发展与政府紧抓数字经济发展机遇,及时制定完善数字经济发展政策与战略密不可分(图9-3)。

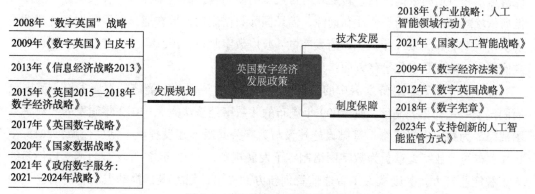

图 9-3 英国数字经济发展政策

为应对2008年金融危机,适应国际经济形势新变化,发现新的经济增长点,2008年10月英国启动"数字英国"战略。随后,英国政府制定了一系列的数字经济发展规划,2009年6月,英国政府发布《数字英国》白皮书,旨在提升国家在数字时代的整体竞争力,将英国打造成为世界数字之都。白皮书在升级数字网络基础设施、吸引数字经济投资、打造独具特色的数字经济文化、构建数字经济社会及提升公民的数字素养和发展数字政府等方面提出了发展目标,对英国经济、社会、文化等方面提出了全方位的数字化发展规划。这是数字化第一次以国家顶层设计的形式出现,标志着英国正式开启了数字经济发展战略。

随着世界范围内数字经济的不断发展,2013年6月,英国政府发布了《信息经济战略2013》,同年10月颁布了《英国数据能力战略》,确立信息经济发展的四项关键目标和数据经济发展的三项重要能力,旨在建设一个蓬勃发展的信息经济和数据交易市场,为英国数字经济发展指明了方向。2015年2月,《英国2015—2018年数字经济战略》发布,制定了对数字化创新者给予鼓励,建设以用户为中心的数字化社会,为数字化创新者提供帮助,促进基础设施、各个平台及各个生态系统发展,确保数字经济创新发展的可持续性等五个发展目标,延续了《数字英国》与《信息经济战略2013》的核心精神。

为全面推进数字化转型,《英国数字战略》于 2017 年 3 月发布,对英国数字经济发展情况制定具体措施,主要涵盖七部分内容:①连接战略,即打造世界级数字基础设施,推进数字网络全覆盖;②数字技能与包容性战略,即提升公民数字素养和数字技能,加大数字经济人才培养力度;③数字经济战略,即支持数字创新与创业,建立健全技术友好型的监管制度,促进数字技术创新与数字经济增长;④数字转型战略,即政府支持企业数字化转型,提升生产效率;⑤网络空间战略,即提升数字网络安全系数,增加公民对数字经济的信任度;⑥数字政府战略,即推动政府数字化转型,打造数字政府平台;⑦数据经济战略,即多举措激发数据的发展潜力,加强数据保护与共享。同年 7 月,英国成立数字经济理事会和数字经济咨询组,为确保《英国数字战略》的顺利实施提供了组织保障。2020 年 9 月发布的《国家数据战略》明确了五项优先任务:实现经济中数据价值释放、建立促进经济增长和可信的数据体制、转变政府对数据的使用以提高效率并改善公共服务、确保数据所依赖的基础架构的安全性和韧性、倡导国际数据流动,旨在通过发展数据经济帮助经济从疫情中复苏。2021 年英国政府发布的《政府数字服务:2021—2024 年战略》则在数字政府建设、政务数字化平台方面指出了新的发展方向。

数字安全是数字经济发展中的关键一环,为保障英国数字经济的健康发展,英国政府制定了一系列相关制度,如 2009 年颁布的《数字经济法案》、2012 年颁发的《数字英国战略》为数字网络安全、基础设施建设与数字公共服务建设提供了制度保障;2018 年 1 月发布的《数字宪章》为数字网络制定了发展规则;2023 年 3 月发布的《支持创新的人工智能监管方式》则从人工智能监管创新方面提出计划方案,推动人工智能的安全稳健发展。

在数字技术发展与应用方面,英国政府也积极制定相关政策,以适应数字技术发展进程。2018 年 4 月发布的《产业战略:人工智能领域行动》针对人工智能制定了发展战略,力争打造最具创新性的经济体;2021 年 9 月发布的《国家人工智能战略》提出英国未来十年人工智能发展方向,目标是推动人工智能产业的迅速发展,以确保英国在科学和人工智能领域保持领先地位。

英国近年来对数字经济多方位、多角度的政策与战略为英国数字经济发展提供了有利的制度环境与政策环境,为英国社会经济全方位数字化提供了良好的基础。

9.2.3 欧盟的数字经济发展政策

欧盟的数字经济发展总体水平处于世界领先位置,这与欧盟一直以来对数字经济发展的重视是分不开的。根据上海科学院发布的《全球数字经济竞争力发展报告(2017)》,可以将欧盟的数字政策发展分为五个阶段(图 9-4)。

第一阶段是信息社会规划阶段,以"信息社会"战略提出为标志。在 1993 年发布的《成长、竞争力与就业白皮书》中,欧盟第一次对建立欧洲信息社会提出具体意见。欧盟成立之际发布《增长、竞争、就业——迈向 21 世纪的挑战和道路》,正式提出建立欧洲信息社会战略，明确指出了发展数字经济的重要性。1994年3月，欧盟执委会成立了欧盟工业和信息技术委员会，研究世界"信息高速公路"建设和发展趋势，旨在为欧洲发展数字经济制定相关措施和政策。1994年6月，欧洲首脑会议发布《欧盟和全球信息社会报告》，7月制定了"欧洲通向信息社会之路"行动计划，1994年底再次重申信息社会建设，提出了建设信息社会的具体行动方案。1995年，欧洲首脑会议针对基础设施建设、信息高速公路建设等方面提出了具体意见；1997年提出建设知识型信息社会，旨在通过建设信息社会来促进欧洲经济增长。

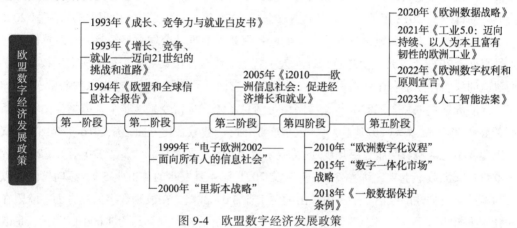

图 9-4　欧盟数字经济发展政策

第二阶段是数字经济起步战略阶段，以"电子欧洲 2002"战略提出为标志。1999 年 12 月，欧盟委员会提出首个信息社会战略"电子欧洲 2002——面向所有人的信息社会"，确立了三大目标：让整个社会群体和组织都进入网络世界；创建一个创新的、具有新发展的知识型欧洲；普及信息化福利，提高社会凝聚力和消费者的信任度。"电子欧洲 2002"战略提出了包括促进电子商务发展、提升网速、发展风险资本市场等多项具体措施。2000年发布的"里斯本战略"目标是通过鼓励创新，使欧盟在 2010 年成为基于知识经济的、全球最具竞争力的经济体，对欧盟数字经济发展产生了深远影响。在"电子欧洲 2002"的基础上，欧盟随后提出了"电子欧洲 2050"，旨在建立更加现代化、数字化、更有活力的欧洲社会经济。

第三阶段是数字经济战略升级阶段，以 2005 年欧盟发布以"里斯本战略"为依据的《i2010——欧洲信息社会：促进经济增长和就业》为标志。"i2010 战略"是推动欧洲数字经济与数字社会发展建设的综合性战略规划，提出创造单一的开放市场、加大对数字技术的研发和投资、推动包容性信息社会建设等三项重点任务，开启了欧洲数字经济发展的新征程。

第四阶段是数字经济战略深化阶段，以 2010 年推出的"欧洲数字化议程"与 2015 年推出的"数字一体化市场"战略为标志。2010 年 5 月推出的"欧洲数字化议程"是 2010 年 3 月推出的"欧洲 2020 战略"的重要一环，也是首个付诸实践的战略规划。"欧洲数字化议程"的内容包括在成员国架设超高速宽带、推动成员国和欧盟整体信息经济增长、建设应对网络攻击的"防火墙"等,旨在推动欧盟全社会宽带接入人口和商业服务的快速增长。2015年5月,为打破数字市场壁垒,欧盟提出了"数字一体化市场"战略,旨在创建能发挥数字网络和数字服务最大潜力的发展环境,提供更好的数字产品和服务。随后,《一般数据保护条例》出台,为欧盟各国数字安全提供了制度保障。

第五阶段是数字经济新发展阶段。近年来,欧盟的数字经济政策在人工智能、数据安全、数字技术创新、产业数字化与数字化社会方面发布了一系列的相关政策。在人工智能方面,欧盟颁布了《欧盟人工智能战略》(2018年)、《促进人工智能在欧洲发展和应用的协调行动计划》(2018年)、《人工智能白皮书》(2020年)、《人工智能伦理罗马宣言》(2020年)等,其中《人工智能伦理罗马宣言》的签署是欧盟推动全球数字经济监管新标准的标志性事件。2023年6月,全球首个针对人工智能的综合性法案《人工智能法案授权草案》通过欧洲议会的立法程序获得授权。在数据安全方面,颁布了《通用数据保护条例》(2018年)、《欧洲数据战略》(2020年)、《网络与信息系统安全指令》、《非个人数据自由流动条例》、《网络安全法案》(2021年)等。数字产业化与产业数字化方面,有2016年提出的"欧洲工业数字化战略"产业数字化规划、《数字服务法》、《数字市场法》(2020年)、《2030数字罗盘:欧洲数字十年之路》(2021年)及2021年4月发布的《工业5.0:迈向持续、以人为本且富有韧性的欧洲工业》中提出的"工业5.0"战略。在鼓励数字创新方面,欧盟在2018年提出了"欧洲地平线"科研资助框架,该项目的临时预算约为1000亿欧元,是欧盟历史上最大手笔的科研资助费用,重点关注三大领域:基础研究、创新和社会重大问题。2022年12月,欧盟通过了《欧洲数字权利和原则宣言》,承诺实现以人为中心,可靠、安全和可持续的数字化转型,旨在为政府制定政策及企业发展数字技术提供指导。

与时俱进的数字经济战略推动欧盟数字经济打破国别壁垒,提升了欧盟经济的创新能力与竞争力,使欧盟成为世界上发展最好的数字经济体之一。

9.2.4 德国的数字经济发展战略

德国作为老牌工业强国,其数字经济发展也处于世界前列,成为拉动德国经济增长的强大动力。德国的数字经济稳定发展得益于德国政府的大力支持。近年来,德国政府相继发布一系列的数字经济发展政策与战略,为德国实践"工业4.0"计划、推动产业升级提供了有利的政策土壤(图9-5)。

在数字经济发展方面,德国政府出台了一系列层层递进的宏观规划与具体举措。2010年11月,德国政府发布《德国ICT战略:数字德国2015》,为德国未来五年的数字经济与数字技术发展规划了重点领域,旨在推动德国数字化信息化建设,深入挖掘数字经济发展潜力,创造新的经济增长点。《数字议程(2014—2017年)》于2014年8月出台,提倡以数字化创新为动力,挖掘数字化创新潜力推动社会经济发展,目标是打造数字化社会,提升数字经济的竞争力,使德国成为欧洲数字经济龙头。数字议程同时也为德国"工业4.0"计划提供了数字化信息化保障,与"工业4.0"计划相辅相成。2014年11月,德国联邦政府

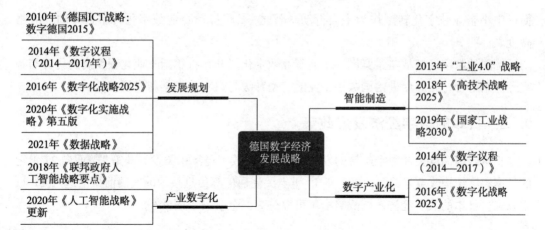

图 9-5 德国数字经济发展战略

发布了新的高科技战略,明确了未来 6 个重要的研究与创新领域,其中包括数字经济。2016 年 3 月,德国政府发布进一步的数字经济发展规划《数字化战略 2025》,为未来十年的数字化发展进行了宏观规划,提出了 10 个实施步骤,包括建设千兆级光纤网络、支持创业与合作、建立管理框架、巩固智能化联网地位、加强信息安全和信息主权、推动新商业模式、推进工业 4.0 建设、提升数字化技术研发水平、促进数字化教育实践及成立数字化职能部门等。经济领域信息技术安全,为未来数字经济发展指明了方向。2020 年 9 月,德国发布了《数字化实施战略》的第五版,覆盖数字化相关项目 145 个,包括步骤节点 663 个,是在 2014 年《数字议程 2014—2017》和 2016 年《数字战略 2025》基础上的延续、更新和细化,延续了战略的核心精神。2021 年 1 月,德国发布《数据战略》,提出要增加全社会数据提供与使用,增强德国数据竞争力,力争成为欧洲创新使用和共享数据先行者。

在智能制造方面,2013 年 4 月,德国政府正式提出"工业 4.0"战略,聚焦三大主题,分别是智能工厂、智能生产、智能物流,智能化系统覆盖全部工业环节,将生产制造、物流销售等环节数字化,以实现产品供应的快速、有效和个性化,进一步推动生产模式智慧化、数字化。2018 年出台的《高技术战略 2025》确定了德国未来研究与创新资助三大行动领域的总共 12 项使命,旨在为德国高技术创新与发展提供建议,提升德国科技创新的地位。2019 年 11 月,德国发布《国家工业战略 2030》,提出了五大发展目标,聚焦十大关键工业领域,为德国及欧洲的产业政策提供了战略性指导方针。

在产业数字化方面,2018 年 7 月,德国政府发布《联邦政府人工智能战略要点》,提出发展人工智能技术的三大核心目标、12 个行动领域及相关具体措施。为应对疫情中的复杂经济形势,2020 年 12 月德国政府对《人工智能战略》进行了更新,未来的发展方向将集中在五个重点领域,即专业人才、科研、技术转移与应用、监管框架和社会认同,这些领域将成为推动人工智能发展的关键方向。

在数字产业化方面,《数字议程(2014—2017)》提出为中小企业建立最佳实践展示中心,为企业提供数字技术支持,鼓励企业进行数字化创新。《数字化战略 2025》中将促进中小企业数字化转型作为十大行动步骤之一,将推动企业数字化转型提升到了战略高度。

德国的数字经济战略紧紧围绕工业产业数字化展开,将德国工业化程度高的优势与数字经济相结合,充分促进德国数字工业的转型升级与数字技术创新发展。

9.2.5 日本的数字经济发展政策

日本政府高度关注数字经济的发展,首次提出数字经济相关发展政策是《面向21世纪的日本经济结构改革思路》(1995年),重点关注通信等信息技术的发展前景。进入21世纪以来,日本的数字经济发展战略沿革可以分为三个阶段(图9-6)。

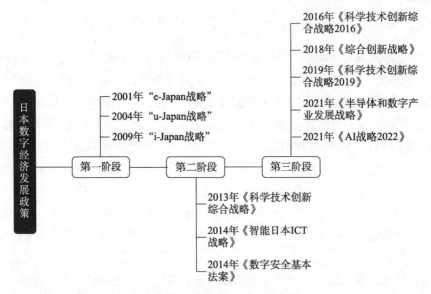

图9-6 日本数字经济发展政策

第一阶段为2000年至2012年,主要关注数字技术的普及与应用。2001年,日本政府推出"e-Japan"战略,从建设超高速互联网、制定电子商务交易规则、实现电子政府、重点培养数字经济人才等方面为数字经济发展提供了战略规划。随后,日本政府相继发布了"u-Japan"战略(2004年)、"i-Japan"战略(2009年),提出重视数字教育与数字经济相关人才培养、提升公民数字专业技能,旨在通过数字化社会的实现提升国家的经济实力与国际竞争力。

第二阶段是2013年至2015年,主要关注数字技术革命带来的产业结构变革。2013年起日本政府开始每年发布《科学技术创新综合战略》,《战略2015》重点阐述了科研改革、借助物联网和大数据库培育新产业,促进产业结构变革。2013年日本政府出台《ICT成长战略》,随后发布的《智能日本ICT战略》(2014年)旨在通过基于ICT的创新来推动数字经济的增长,以使日本成为全球最具活力的国家之一。2014年,日本政府出台《数字安全基本法案》，通过将责任与义务落实到责任人，推进数字安全防范措施具体化，为数字经济发展提供了法律保障。为了制定国家数字安全战略，日本政府于2015年专门成立了隶属于内阁的数字安全战略小组。

第三阶段是2016年至今，主要关注新兴数字技术的发展与应用，并致力于促进社会数字化转型。2016年，日本政府发布《第五期（2016—2020年度）科学技术基本计划》，首次提出了"超智能社会"这一概念。随后，日本政府出台《科学技术创新综合战略2016》，根据第五期基本计划制定综合战略，包括实现"超智能社会5.0"，创新构建人才、知识、资金的良性循环系统，加强科学技术创新推进功能等五个重点项目。2018年，日本政府相继出台了《集成创新战略》《第2期战略性创新推进计划（SIP）》《综合创新战略》等政策，关注人工智能等领域的技术创新，提出增强创新基础设施建设、推动科研技术创新、建设超智能社会的发展目标。《科学技术创新综合战略2019》再次强调建设"超能社会"的重要性，提出从多方面打造下一代数字化平台。2020年，日本政府加大对数字技术创新与数字经济基础设施建设的投入，同时，成立数字厅，推动数字经济相关问题的立法工作，以营造有利于数字经济发展的软硬环境。2021年起，日本政府先后颁布《半导体和数字产业发展战略》《AI战略2022》和《量子未来社会愿景（草案）》等一系列政策，旨在推动数字产业、半导体产业与人工智能技术、量子技术的发展。

日本政府通过制定数字技术、经济、文化、人才培养等方面的发展战略与政策，为日本数字经济发展提供了丰富的人才储备与经济条件，也为日本数字经济的进一步提升提供了有利的政策环境。

9.2.6 其他国家的数字经济发展政策

1. 韩国

韩国在信息化政策制定上起步较早，20世纪80年代启动了国家基础信息系统工程，20世纪90年代中期启动信息高速公路计划，出台了《促进信息化基本法》，加大力度发展数字基础设施。随后，出台了网络韩国21世纪计划、信息化村建设计划、"IT-839"计划等战略规划，从促进智能互联网络发展，创建先进的数字基础设施建设等方面提出了发展方向（图9-7）。

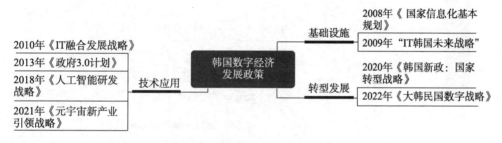

图9-7 韩国数字经济发展政策

在数字基础设施建设方面,2008年至2009年间,韩国相继发布了《国家信息化基本规划》《国家信息的实施规划(2009—2012)》《IT韩国未来战略》《物联网基础设施构建基本规划》等,从建设数字经济基础设施方面弥补因发展时间较晚带来的发展差距。

在数字技术应用方面,2010年以来,韩国政府相继发布了《IT融合发展战略》(2010年)、《政府3.0计划》(2013年)、《实现创造经济,制造业创新3.0战略》、《第四期科学技术基本计划2018—2022》、《创新增长引擎》、《人工智能研发战略》(2018年)等规划,为数字经济发展提供了方向指引。2021年,韩国政府发布《元宇宙新产业引领战略》,目标是到2026年实现全球元宇宙市场第5位,通过元宇宙迈向数字新大陆。

在数字经济转型发展方面,面对疫情对经济发展的冲击,2020年韩国政府推出以数字和绿色为两大政策主轴的《韩国新政:国家转型战略》,这是承接韩国2018年《数据产业促进战略》、为应对第四次工业革命而制定的DNA战略,其中D代表大数据(data),N代表5G网络(network),A代表人工智能(AI)。2021年,韩国政府计划到2025年前将投入49万亿韩元推进"数字新政2.0",发展"数据大坝"项目,向民间部门开放"数据大坝"和5G高速公路基础设施,旨在通过数字经济发展实现疫情下经济的平稳过渡,实现新的经济增长点。2022年9月,韩国政府发布《大韩民国数字战略》,提出5个战略方向19个具体任务,将"再飞跃、共同生活、实现数字经济社会"作为战略目标。

2. 新加坡

新加坡的数字经济政策可以划分为起步阶段、建设阶段与合作发展阶段(图9-8)。早在20世纪80年代初,新加坡政府就认识到信息化对国家竞争力发展的重要作用,启动国家信息通信技术(ICT)总体规划,旨在提升公民信息化素养,提升新加坡的国际竞争力。1981年,新加坡成立国家计算机委员会(NCB),旨在发展和推动全社会计算机化发展。1992年,新加坡政府启动"IT2000"战略,目标是将新加坡建设成为社会全方面信息化的智能岛屿,广泛利用信息技术提升经济质量与公民生活质量。在这一阶段,新加坡政府推行"新加坡一号"工程,通过了《电子贸易法案》等,采取种种举措推动了新加坡的信息化进程。

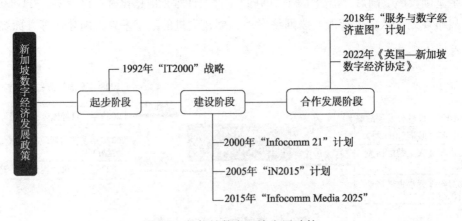

图9-8 新加坡数字经济发展政策

建设阶段为 2000 年至 2015 年间，新加坡政府先后推行了"Infocomm 21"计划、"互联新加坡"计划和"iN2015"计划。"Infocomm 21"计划旨在培养高素质数字技术人才，创造数字信息化普及的社会环境。"互联新加坡"计划重点关注互联网基础设施建设，扩展新加坡的数字宽带能力。"iN2015"计划关注数字基础设施建设、培育优秀数字人才和发挥数字经济潜力三大重点，旨在将新加坡发展成为全球 ICT 资本电子经济体和电子社会。2014年，新加坡政府启动"智慧国家"计划，旨在改善公民生活，通过数字技术提高生产力，探索新的经济增长点。2015 年，新加坡政府启动"Infocomm Media 2025"计划，旨在创建一个具有全球竞争力的信息通信媒体生态系统，以支持和补充新加坡的智慧国家愿景。

为促进新加坡数字经济的进一步飞跃，在合作发展阶段，新加坡政府制定了一系列相关政策。2018 年，新加坡政府推出"服务与数字经济蓝图"计划，发展新加坡在数字服务领域的创新能力。2019 年，新加坡政府成立"数字产业发展司"，旨在为新加坡数字技术、数字经济发展提供帮助。2022 年，新加坡与英国签订《英国—新加坡数字经济协定》，积极推进双边数字经济合作，共同把握数字经济的市场机遇。

3. 俄罗斯

俄罗斯具有较为坚实的工业产业基础，为促进数字化时代产业转型，俄罗斯政府提出了一系列数字经济发展政策推动国内经济数字化与产业数字化发展（图 9-9）。

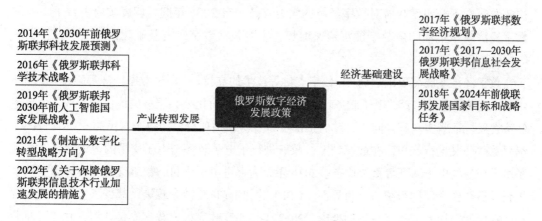

图 9-9 俄罗斯数字经济发展政策

在数字产业转型发展方面，俄罗斯政府于 2013 年 11 月颁布了《2014—2020 年信息技术产业发展战略和 2025 年前景展望》计划，提出加速信息技术在关键经济领域的应用。2014年俄罗斯政府发布《2030 年前俄罗斯联邦科技发展预测》，指出信息通信技术等七项技术是未来俄罗斯科技发展的优先领域。同年 12 月，俄罗斯政府提出"国家技术倡议"，目标是在 20 年内推动俄罗斯经济实现数字化转变，成为全球技术领先国家。2016 年，俄罗斯政府先后出台《2013—2025 年俄罗斯电子和无线电子工业发展规划》及《俄罗斯联邦科学技术战略》，要求通过数字产业发展和数字生产技术转换实现技术进步与经济增长。2019 年，俄罗斯政府出台了《俄罗斯联邦2030年前人工智能国家发展战略》，旨在发展人工智能技术，加速数字经济建设，为俄罗斯在国际竞争中发挥新优势提供保障。2021年11月，俄罗斯政府签署《制造业数字化转型战略方向》，规定制造业在生产实践中积极应用6项关键数字化创新技术。2022年3月，俄罗斯政府签署《关于保障俄罗斯联邦信息技术行业加速发展的措施》，提出为信息技术领域提供财政资金支持与融资优惠等举措，推动国家信息技术行业快速发展。

在数字经济基础建设方面，2017年7月，俄罗斯政府出台了《俄罗斯联邦数字经济规划》，提出了规范数字经济领域的相关管理规定，培养数字经济所需的人才，保障相关领域的科研能力和技术储备，建设信息基础设施，保障信息安全等主要措施，为俄罗斯发展数字经济、提升公民生活水平创造条件。2017—2018年，俄罗斯政府先后颁布了《2017—2030年俄罗斯联邦信息社会发展战略》与《2024年前俄联邦发展国家目标和战略任务》，旨在发展数字化基础设施，加速俄罗斯联邦技术发展和技术创新，以确保俄联邦在国际上的竞争力与国家在数字经济领域的利益。

4. 印度

近年来，印度数字经济发展步伐不断加快。中国信通院发布的《全球数字经济白皮书》的测算数据显示，印度的数字经济规模在47个国家中排名第8位。印度数字经济的快速发展离不开印度政府对数字经济的大力支持，自2006年起，印度政府出台了一系列数字经济政策推动印度数字经济快速增长，主要包括数字经济基础建设与数字合作发展等内容。

数字经济发展需要电子商务、数字支付等技术的支持，为促进数字经济基础建设，2006年，印度政府正式启动"电子政务计划"，旨在改善并简化公共服务的提供和获取，为数字经济发展打下坚实基础。同年，政府推出唯一身份识别项目，为每个国民颁发UID编号，编号关联公民银行账户。在此基础上，政府进行了电子政务与电子交易的政策部署，推进了电子交易与电子认证等重要服务。2016年，为促进电子支付、数字交易发展，印度国家支付委员会在全国推行统一支付界面（UPI），同时宣布废钞令政策，减少了实体钞票的流动，在短期内加速了数字交易的推广。2017年，印度政府推出数字支付计划，并推行商品与服务税（GST）改革，通过数字化技术实现电子报税，并建立了一系列数字交易平台，包括商品与服务网络、海关电子数据交换系统、物流电子账单和电子拍卖平台、电子发票系统等，大大推进了数字经济的发展。2019年后，"数字印度"进一步深化，政府提出了升级数字贸易平台、提升公民数字素养、加强核心技术发展、推进数字经济发展等议题，进一步建设数字技术基础设施，为未来数字经济发展奠定了坚实的基础。

印度与世界各国的数字合作也日益密切，2021年，印度与欧盟建立了欧盟—印度互联互通伙伴关系，促进两个经济体在可持续数字、交通、网络、数据和资本流动等多方面实现双边合作与可持续发展。

9.3 中国发展数字经济的政策

9.3.1 中国数字经济政策

近年来,数字经济的蓬勃发展带动了经济新业态、提供了新产能,成为全球经济健康发展的关键一环。从1994年至今,中国的数字经济从产业萌芽到逐步发展、走向成熟,几十年的发展历程使数字经济与传统产业深度融合,成为影响中国经济发展的重要因素。与此同时,党和国家领导人对数字经济的发展也给予了高度关注,多次出台重要政策、作出重要指示,提出要鼓励创新,将数字经济与实体经济深度融合,拓展经济发展空间。

"十四五"规划中明确指出,要加快建设数字经济、数字社会、数字政府,创造数字经济发展的新优势,促进产业数字化转型,通过数字化转型来驱动生产方式、生活方式和治理方式的整体变革。20世纪90年代以来,党和国家高度重视信息产业数字经济的发展,相继出台了一系列重大战略和政策措施。参照《全球数字经济竞争力发展报告(2017)》以及相关的中国数字经济研究报告,我国数字经济相关政策的发展大致可以分为三个阶段:数字经济建设起步阶段(1994—2004年)、数字经济建设深化阶段(2005—2014年)与数字经济发展新阶段(2015年至今)。

1994年,中国正式接入国际互联网,标志着我国正式进入互联网时代,数字经济建设进入萌芽与起步阶段。这一时期的数字经济政策,以推动数字经济中信息产业和互联网产业基础设施建设、推动企业技术创新为主要内容。1999年1月发布的《国务院办公厅转发信息产业部国家计委关于加快移动通信产业发展若干意见的通知》指出,要将信息产业与多部门产业相结合,将企业作为信息技术创新的主体,促进我国信息化产业协调发展。2001年7月发布的《国务院办公厅转发国家计委等部门关于促进我国国家空间信息基础设施建设和应用若干意见的通知》提到,必须建设完善公益性、基础性空间信息系统及其交换网络系统,加强以空间信息系统为代表的重大信息化应用建设。2002年9月《国务院办公厅转发国务院信息化办公室关于振兴软件产业行动纲要(2002年至2005年)的通知》指出,要提高信息化基础产业企业的技术创新能力,从基金扶持、税收优惠、市场秩序、人才队伍建设等全方面、多层次地促进软件产业发展。

2003年,我国数字经济、信息经济发展逐渐步入正轨,进入高速发展阶段。针对不断出现的经济新形势、新业态,我国的数字经济政策在这一阶段主要以发展电子商务、规范信息资源共享、推动政府信息公开等内容为主。2005年3月,《国务院办公厅关于加快电子商务发展的若干意见》出台,从完善政策法规环境、加快配套体系建设、推进企业应用发展、提升技术和服务水平、提高应用意识等方面对电子商务的发展提出要求。《关于同意建立全国文化信息资源共享工程部际联席会议制度的批复》于2006年4月发布,要求建立全国文化信息资源共享工程部际联席会议制度,共同推进全国文化信息资源共享工程建设,推动文化资源信息化、数字化。2007年4月,国务院发布的《中华人民共和国政府信息公开条例》对政府政务公开和政务服务数字化提出了明确的要求,表明我国数字经济政策重点已经从关注信息化基础设施建设,转向关注电子商务和信息资源数字化的发展。

随着中国的数字经济逐渐进入成熟阶段,传统行业互联网化,同时,基于互联网的产业创新不断出现,互联网经济已成为我国经济发展的重要组成部分。自 2015 年 7 月《国务院关于积极推进"互联网+"行动的指导意见》发布以来,我国的数字经济政策随着数字经济的发展进入了新阶段,在这一阶段中,国家层面的政策可以分为"互联网+"发展相关政策、信息化发展相关政策、智能制造相关政策与数字经济发展规划四种类别(图 9-10、表 9-1)。

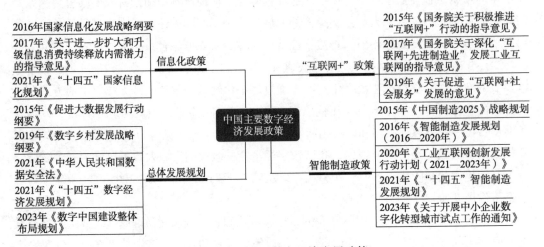

图 9-10 中国主要数字经济发展政策

表 9-1 中国主要数字经济发展政策

类别	时间	政策
"互联网+"发展相关政策	2015 年 7 月	《国务院关于积极推进"互联网+"行动的指导意见》
	2016 年 5 月	《国务院关于深化制造业与互联网融合发展的指导意见》
	2016 年 9 月	《国务院关于加快推进"互联网+政务服务"工作的指导意见》
	2017 年 11 月	《国务院关于深化"互联网+先进制造业"发展工业互联网的指导意见》
	2018 年 4 月	《国务院办公厅关于促进"互联网+医疗健康"发展的意见》
	2019 年 12 月	《关于促进"互联网+社会服务"发展的意见》
信息化发展相关政策	2016 年 7 月	《国家信息化发展战略纲要》
	2016 年 11 月	《"十三五"国家信息化规划》
	2017 年 8 月	《关于进一步扩大和升级信息消费持续释放内需潜力的指导意见》
	2019 年 12 月	《国务院办公厅关于印发国家政务信息化项目建设管理办法的通知》
	2021 年 12 月	《"十四五"国家信息化规划》
智能制造相关政策	2015 年 5 月	《中国制造 2025》战略规划
	2016 年 12 月	《智能制造发展规划(2016—2020 年)》
	2017 年 7 月	《新一代人工智能发展规划》
	2020 年 4 月	《关于深入推进移动物联网全面发展的通知》

续表

类　别	时　间	政　策
智能制造相关政策	2020年12月	《工业互联网创新发展行动计划（2021—2023年）》
	2021年3月	《"双千兆"网络协同发展行动计划（2021—2023年）》
	2021年7月	《5G应用"扬帆起航"行动计划（2021—2023年）》
	2021年12月	《"十四五"智能制造发展规划》
	2022年8月	《关于印发5G全连接工厂建设指南的通知》
	2022年10月	《中小企业数字化水平评测指标（2022年版）》
	2022年11月	《中小企业数字化转型指南》
	2023年5月	《科技成果赋智中小企业专项行动（2023—2025年）》
	2023年6月	《关于开展中小企业数字化转型城市试点工作的通知》
数字经济发展规划	2015年9月	《促进大数据发展行动纲要》
	2016年11月	《"十三五"国家战略性新兴产业发展规划》
	2019年5月	《数字乡村发展战略纲要》
	2020年8月	《关于加快推进国有企业数字化转型工作的通知》
	2021年6月	《中华人民共和国数据安全法》
	2021年12月	《"十四五"数字经济发展规划》
	2023年1月	《工业和信息化部等十六部门关于促进数据安全产业发展的指导意见》
	2023年2月	《数字中国建设整体布局规划》

1. "互联网＋"发展相关政策

自国务院出台关于"互联网＋"的指导意见后，中央政府有关"互联网＋"的政策文件和指导意见纷纷发布。2015年政府工作报告首次提出要制定"互联网＋"发展计划，推动互联网与工业、金融业、电子商务相结合。2016年，政府工作报告继续强调"互联网＋"发展对我国经济建设的重要意义，指出应推动"互联网＋"各行业加速融合，促进大众创业、万众创新。随后，政府工作报告（2017年）要求推动"互联网＋"与政务服务相结合，推进"互联网＋"与国家大数据战略，加强政务服务数字化、数字经济创新化。2018年，政府工作报告指出要深入推进"互联网＋农业"，要通过"互联网＋"发展的新业态增加就业。2019年、2020年、2021年政府工作报告要求深化"互联网＋监管"改革，发展"互联网＋教育""互联网＋医疗健康"，全面深化"互联网＋"产业，打造数字经济发展的新优势。

2015年7月发布的《国务院关于积极推进"互联网＋"行动的指导意见》（以下简称《意见》）指出，"互联网＋"战略旨在将互联网红利普惠经济社会各个领域，促进实体经济产业升级和技术进步，推动以互联网为基础的社会经济新业态发展，提出了到2018年，推动互联网与经济社会各领域的融合进一步加深，以及到2025年，基本建成"互联网＋"产业生态体系及新型经济模式的分阶段目标。此外，《意见》还提出了"互联网＋"的11项重点行动，为推动互联网与传统产业深度融合、打造数字经济新形式、新业态指明了方向。

第9章　发展数字经济的政策体系

2015年12月，习近平总书记在第二届世界互联网大会上发表重要讲话，指出中国将加强互联网基础设施建设与技术支持力度，推动互联网经济创新发展，积极推进"数字中国"建设，发展分享经济，推动互联网各类创新，推动全球网络互联互通、共享共治，共同促进全球数字经济发展。

为进一步推动"互联网+"与制造业深度融合，《国务院关于深化制造业与互联网融合发展的指导意见》于2016年5月发布，指出要共同推进"中国制造2025"与"互联网+"协同发展，提出到2018年建设完善制造业互联网"双创"平台，工业创新能力、生产能力均得到提高。该意见还针对制造业与互联网融合发展提出了7项主要任务与7项保障措施，确保"互联网+制造业"顺利融合，推动传统产业升级发展。2017年11月发布的《国务院关于深化"互联网+先进制造业"发展工业互联网的指导意见》明确指出工业互联网对未来工业发展具有深远影响，必须深入推进"互联网+先进制造业"，从夯实工业互联网网络基础、加快工业互联网平台体系建设、加强产业支撑、完善工业互联网生态体系等方面对深化"互联网+先进制造业"提出要求，进一步深化了推动互联网与传统制造业融合升级的时代要求。

党的十九大提出，要推动互联网、大数据、人工智能与实体经济深度融合，推动传统产业优化升级，发展共享经济，加强数字化技术创新，形成新的增长点与新动能，为建设网络强国、科技强国、数字中国、智慧社会提供有力支撑。

随着数字技术的深入发展，"互联网+"也更广泛地与政治、经济、社会各领域紧密结合。2016年9月，《国务院关于加快推进"互联网+政务服务"工作的指导意见》指出，为加快转变政府职能，推动政府服务高效透明，为人民群众办事提供更多便利，促进社会创新，激发市场活力，要加快推进"互联网+政务服务"工作，提升政务数字化服务质量，并从优化互联网政务服务、升级网络平台渠道、推进"互联网+政务服务"基础支撑等方面提出了指导意见。2018年4月发布的《国务院办公厅关于促进"互联网+医疗健康"发展的意见》旨在推动数字化信息化的现代医疗管理体系建设，提出"互联网+医疗健康"的发展方向，包括完善服务体系与支撑体系、加强行业监管和安全保障，并提出了14点具体意见。2019年12月，《关于促进"互联网+社会服务"发展的意见》指出，为满足人民群众多层次多样化需求，解决人民群众最关心最直接最现实的利益问题，促进社会服务数字化、网络化、智能化、多元化、协同化，要推动"互联网+社会服务"不断发展，要利用数字化、网络化实现社会服务资源均衡供给，提升社会服务能力，完善社会服务发展环境，建立健全"互联网+社会服务"体系建设。

2. 信息化发展相关政策

以建设网络强国的"三步走"为战略目标，2016年7月，中共中央办公厅、国务院办公厅发布了《国家信息化发展战略纲要》（以下简称《纲要》），强调将信息化建设视为构建现代化强国的关键环节，并以信息化推动现代化进程。《纲要》指出增强发展能力、提升应用水平、优化发展环境，是国家信息化发展的三大战略任务，是规范和指导未来国家信息化发展的重要纲领性文件。同年,《"十三五"国家信息化规划》(以下简称《规划》)颁布,强调要贯彻落实"十三五"规划纲要和《国家信息化发展战略纲要》。这一规划是"十三五"国家规划体系中的关键部分,旨在作为指导"十三五"期间全国各地区、各部门信息化工作的行动方针。《规划》指出,"十三五"时期是信息技术变革实现突破的关键阶段,是数字经济红利释放的重要阶段,必须加快信息化发展,拓展国家治理新领域,让互联网更好造福国家与人民。《规划》提出,到2020年"数字中国"建设要取得显著成就,要建设较为完善的信息产业生态体系,信息化能力具有国际竞争力,跻身世界前列。《规划》提出了16项重点任务和重点工程,指出要在新一代信息网络技术超前部署、北斗系统建设应用、应用基础设施建设、"互联网+政务服务"、美丽中国信息化、网络扶贫、新型智慧城市建设等12个领域优先行动。

聚焦生活类信息消费、公共服务类信息消费、行业类信息消费、新型信息产品消费四大领域,2017年8月国务院出台《关于进一步扩大和升级信息消费持续释放内需潜力的指导意见》,指出要以推进供给侧结构性改革为主线,从供给侧和需求侧两端发力,提升有效供给能力,创造良好消费环境,加速激发市场活力,充分释放消费潜力,提升我国经济发展内生动力。

在2018年4月全国网络安全和信息化工作会议上,习近平总书记提出重大论断,要抓住信息化发展的历史机遇,加快信息化发展,带动和提升工业化、城镇化、农业现代化发展,推动产业数字化,释放数字对经济发展的放大、叠加、倍增作用。2019年12月,《国务院办公厅关于印发国家政务信息化项目建设管理办法的通知》提出,建立国家政务信息化建设管理体系,将多部门、全口径纳入管理平台统一管理,形成国家政务信息化、数字化网络体系。

"十四五"时期,信息化进入加快数字化发展、建设数字中国的新阶段。《"十四五"国家信息化规划》明确了到2025年,数字中国建设实现决定性进展、信息化发展水平显著提高的目标,围绕发展目标提出了包括建设泛在智联的数字基础设施体系、建立高效利用的数据要素资源体系等在内的10项重大任务,确定了企业数字能力提升、前沿数字技术突破、数字贸易开放合作、数字乡村发展、数字普惠金融服务等10项优先行动。

3. 智能制造相关政策

以促进制造业创新发展为主题,以加快新一代信息技术与制造业深度融合为主线,以推进智能制造为主攻方向的指导思想,2015年5月,国务院正式印发《中国制造2025》战略规划,提出中国要以两化融合发展与"三步走"战略,重点关注5大工程、10大领域,最终实现从制造业大国向制造业强国转变的目标。随后,工业和信息化部出台了《智能制造发展规划(2016—2020年)》,指出发展智能制造是长期坚持的战略任务,要同步实施数字化制造普及、智能化制造示范引领,为培育经济增长新动能、为建设制造强国奠定扎实的基础,重点关注包括加快智能制造装备发展、关键技术创新、构建工业互联网基础等十大重点任务。

人工智能是数字技术的重要发展方向，2017年7月，国务院印发实施《新一代人工智能发展规划》（以下简称《规划》）。《规划》指出，人工智能技术的发展引发各产业连锁式突破，加速推进全社会智能化跃升，必须深挖人工智能技术潜力，加强专业人才培育，为我国经济发展注入新动能。《规划》提出了分三步走的人工智能发展战略，重点关注人工智能科技创新体系建设、关键技术发展、发展创新平台、培育高端人才等重点任务，力争实现到2020年人工智能总体技术和应用与世界先进水平同步，人工智能产业成为新的重要经济增长点的奋斗目标。

2018年8月，习近平总书记向首届中国国际智能产业博览会致贺信，指出我国正处在新一轮科技革命和产业变革蓄势待发的时期，必须加快推进数字产业化、产业数字化，共同推动数字经济发展，推进经济高质量发展、创造高品质生活。

随着移动物联、工业互联的不断深入发展，我国提出了一系列工业互联网政策。工业和信息化部在2020年4月发布了《关于深入推进移动物联网全面发展的通知》。该通知提出了推动2G/3G物联网业务向新一代网络迁移转网的要求，并呼吁建立NB-IoT（窄带物联网）、4G和5G协同发展的移动物联网综合生态体系，满足更高速率、低时延联网需求，推动新兴数字产业蓬勃发展，加速传统产业数字化转型。同年，工业和信息化部发布《工业互联网创新发展行动计划（2021—2023年）》（以下简称《计划》），强调中国工业互联网在2021—2023年将迎来快速成长期，为促进工业化和信息化在更广泛、更深入、更高水平上全面整合，《计划》提出了五个方面的发展计划，包括新型基础设施、融合应用成效、技术创新能力、产业发展生态和安全保证能力。《计划》还明确了到2023年的阶段性目标，即在新型基础设施建设方面要实现质量和数量的双重提升，大范围推广新模式和新业态以及显著提升产业的综合实力。

2021年3月，工信部印发《"双千兆"网络协同发展行动计划（2021—2023年）》，指出以千兆光网和5G为代表的"双千兆"网络是推进新型基础设施建设的重点领域，在推进投资与消费增长、加速制造业数字化转型等方面发挥重要作用，要求用3年时间基本建成全面覆盖城市地区和有条件乡镇的"双千兆"网络基础设施，实现固定和移动网络普遍具备"千兆到户"能力。

为加快5G技术与智能制造的深度融合，2021年7月，工业和信息化部联合多部门印发《5G应用"扬帆起航"行动计划（2021—2023年）》（以下简称《行动计划》）。5G融合应用正处于规模化发展的关键期，2021年《政府工作报告》提出要"加大5G网络和千兆光网建设力度，丰富应用场景"，《行动计划》指出，推动5G应用发展有利于加快高新技术融合赋能，有利于加快传统产业转型升级，有利于加快治理能力现代化，分别从产业基础强化、信息消费升级、行业应用深化等方面提出了8大专项行动，并提出在未来3年，我国要打造IT（信息技术）、CT（通信技术）、OT（运营技术）深度融合新生态，实现重点领域5G应用深度和广度双突破。2022年8月，工信部办公厅发布《关于印发5G全连接工厂建设指南的通知》，提出"十四五"期间面向制造业等重点行业领域，促进万家企业建设完善5G全连接工厂，建设完成1 000个分类分级、特色鲜明的工厂，树立100个标杆工厂，加快各地区各行业"5G+工业互联网"新技术新场景新模式向工业生产各领域的拓展，推动工业产业与5G全面融合、纵深发展。

2021年12月，《"十四五"智能制造发展规划》发布，内容包括"两步走、四大任务、六个行动、四项措施"四个部分，其中"两步走"是指到2025年，规模以上制造业企业大部分实现数字化网络化，重点行业骨干企业初步应用智能化；到2035年，规模以上制造业企业全面普及数字化网络化，重点行业骨干企业基本实现智能化的阶段目标。"六个行动"是包括智能制造技术攻关行动、智能制造示范工厂建设行动、行业智能化改造升级行动等内容在内的重点任务，以智能工艺、装备为核心，以数据为基础，推动我国制造业智能化、数字化不断深化发展。

中小企业是我国工业制造业发展的重要支撑，为推进中小企业数字化转型，财政部、工信部等部门先后发布了《中小企业数字化水平评测指标（2022年版）》《中小企业数字化转型指南》《科技成果赋智中小企业专项行动（2023—2025年）》《关于开展中小企业数字化转型城市试点工作的通知》等一系列政策，旨在深挖中小企业数字化痛点，强化科技成果有效供给，精准对接中小企业需求，推动中小企业逐步完成数字化转型。

4. 数字经济发展规划

数据已成为国家基础性战略资源，对国家治理与社会经济发展产生深远影响。为此，《促进大数据发展行动纲要》于2015年9月发布，明确了未来5~10年的发展目标。其中包括逐步建立健全精准治理、多方协作的社会治理新模式，以及实现经济运行新机制的平稳运行、高效安全等方面的目标，确立了加快政府数据开放共享、推动产业创新发展与经济转型等重点任务，为解决政府数据开放共享不足、产业基础薄弱、创新应用领域不广等问题提供行动纲领，推动我国大数据产业新形式新业态不断发展完善。

2016年9月，《二十国集团数字经济发展与合作倡议》在G20杭州峰会发布，首次明确定义了数字经济，并提出了一系列合作原则，包括创新、伙伴关系、协同、灵活、包容、开放和有利的商业环境、促进经济增长、信任和安全的信息流动等，并提出包括支持创业和促进数字化转型、促进电子商务合作等五大关键领域，为各国数字经济发展合作指明了方向。同年，国务院印发《"十三五"国家战略性新兴产业发展规划》，将数字经济列入战略性新兴产业，并提出到2020年发展成为5大产值规模10万亿元级的新支柱的发展目标。

数字经济发展已成为政府工作报告中的重要内容。2017年3月，国务院首次将数字经济写入政府工作报告中，提出要大力促进数字技术与农业、制造业、服务业等传统产业相结合，推动产业向信息化、数字化转型升级。2018年政府工作报告着眼于"互联网＋"相关政策，指出要深化大数据和人工智能等前沿领域的研发和应用，推进新兴数字产业蓬勃发展，推进工业强基、智能制造、绿色制造等重大工程，推动传统产业数字化转型升级。2019年政府工作报告关注新兴产业的发展，包括新一代信息技术、高端装备、生物医药、新能源汽车、新材料等新兴领域，并指出要促进平台经济、共享经济等新业态的快速发展。

2018年11月，习近平总书记在G20阿根廷峰会上指出，数字经济发展是大势所趋，要鼓励创新，鼓励数字经济与实体经济深入融合，挖掘经济新动能，促进世界经济协同向好发展。同年5月，《数字乡村发展战略纲要》发布，指出数字乡村是乡村振兴的发展方向，也是建设数字中国的重要内容，要构建以知识更新、技术创新、数据驱动为一体的乡村经济发展政策体系，发展农村数字经济，推进农业数字化转型，积极发展包括创意农业、认养农业、观光农业、都市农业等新业态，为乡村数字经济指明了发展方向。

2021年3月，十三届全国人大四次会议表决通过了《关于国民经济和社会发展第十四个五年规划和2035年远景目标纲要》的决议。"十四五"规划将数字经济作为新常态下我国经济发展的重点内容，指出要加快打造数字经济新优势，加强数字经济技术创新，推动数字产业化、产业数字化转型；加快建设数字社会、数字政府，以数字化转型整体驱动生产方式、生活方式和治理方式变革。

企业数字化转型是数字经济时代大势所趋，作为国民经济发展中的重要支柱，国有企业必须在数字化转型中起带头作用。2020年8月，《关于加快推进国有企业数字化转型工作的通知》（以下简称《通知》）发布，明确指出为国有企业数字化转型有利于提高国有企业的竞争力、创新力、控制力、影响力和抗风险能力，进一步增强产业基础能力和产业链现代化水平。《通知》从夯实数字化转型基础、推进产业数字化创新、全面推进数字产业化发展、打造行业数字化转型示范样板等方面促进国有企业数字化转型的顺利实施。

数据安全是数字经济平稳健康发展的重要保障。2021年6月，第十三届全国人民代表大会常务委员会第二十九次会议通过《中华人民共和国数据安全法》。作为我国关于数据安全的首部律法，数据安全法鼓励数据依法合理有效利用，保障数据依法有序自由流动，促进以数据为关键要素的数字经济发展，为数字经济的安全健康发展提供了有力支撑。2022年12月，工信部、网信办等十六部门联合发布《工业和信息化部等十六部门关于促进数据安全产业发展的指导意见》，提出到2025年我国数据安全产业规模超1 500亿元，到2035年数据安全产业进入繁荣成熟期的发展目标，并明确促进数据安全产业发展的七项重点任务。

2021年12月，国务院印发《"十四五"数字经济发展规划》，明确我国数字经济到2025年核心产业增加值占国内生产总值比例达到10%、数据要素市场体系初步建立、产业数字化转型迈上新台阶、数字产业化水平显著提升的发展目标，部署了大力推进产业数字化转型、加快推动数字产业化、强化数字经济安全体系等8个方面的重点任务，为我国数字经济未来发展指明了方向。

为全面部署我国新时期数字经济建设，中共中央和国务院于2023年2月颁布了《数字中国建设整体布局规划》，提出到2025年数字中国建设取得重要进展的发展目标，明确数字中国建设遵循"2522"整体框架，强调巩固数字基础设施和数据资源体系两大基础，推动数字技术与经济、政治、文化、社会、生态文明建设五大领域实现深度融合，深化数字技术创新体系和数字安全屏障"两大能力"，优化数字化发展国内国际"两个环境"，为未来数字中国发展指明方向。

在数字经济发展的新阶段，我国将数字经济列入国家经济战略布局，不断提升数字经济技术创新、产业升级能力,加速推动数字产业化与产业数字化,促进数字经济与实体经济深度融合,释放数字经济蕴含的巨大动能,推动数字经济有序健康发展。

9.3.2　中国典型地区数字经济政策

中国各地区数字经济发展情况不同,其政策发展方向各有特色。其中,省级层面上,北京市、上海市数字经济发展程度较高,浙江省、贵州省数字经济政策发展较早;地市级层面上,杭州市以电商为关键的数字产业发展为特色、广州市以数产融合为发展特色、南京市以数字人才输出为发展特色、赣州市具有较高的数字经济发展潜力,故选择以下 8 个典型地区作为案例。

1. 省级层面的相关政策

1)北京市数字经济政策

北京市数字经济体量全国领先,具有较为完善的基础设施,数字经济业态丰富、需求旺盛,对于全国其他城市的数字经济发展具有引领作用,其定位为建设成为全球数字经济标杆城市。为此,北京市政府也相继出台多项针对性措施,深入推进经济社会多领域数字经济发展,主要包括"互联网+"相关政策与数字经济贸易相关政策(图 9-11)。

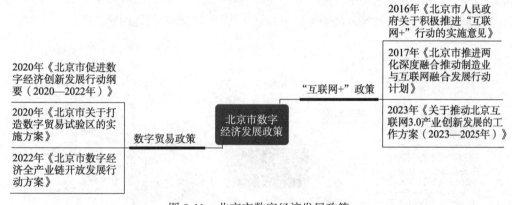

图 9-11　北京市数字经济发展政策

2016 年,北京市人民政府发布《北京市人民政府关于积极推进"互联网+"行动的实施意见》,指出要使互联网逐渐成为北京构建高精尖经济结构、促进京津冀共同发展、建立全国科技创新中心的重要推动力量,从产业转型、数字化管理、公共服务优化、发展创新平台等方面为发展"互联网+"指明了发展方向。2017 年,《北京市推进两化深度融合推动制造业与互联网融合发展行动计划》(以下简称《行动计划》)出台,正式提出要发挥北京市服务资源优势,大力发展数字经济。为实现到 2020 年北京市数字经济成为辐射引领京津冀协同乃至全国产业升级的新典范这一目标,《行动计划》部署实施了生产模式转型、服务模式创新、基础能力提升三大行动,为大力发展数字经济提供了保障。2023 年 3 月,北京市科委、中关村管委会与市经信局共同发布了《关于推动北京互联网 3.0 产业创新发展的工作方案（2023—2025 年）》，目标是建设一个具有国际影响力的互联网 3.0 科技创新和产业发展高地，为国际科技创新中心和全球数字经济标杆城市的建设提供支持。

为配合数字经济发展状况，引领数字经济发展，2020 年北京市政府发布了《北京市促进数字经济创新发展行动纲要（2020—2022 年）》等相关文件。同年 9 月，北京市政府正式发布《北京市关于打造数字贸易试验区的实施方案》，提出将北京打造成为具有全球影响力的数字经济和数字贸易先导区，要求完善数字经济投融资服务体系建设，吸引数字经济资本投资。2021 年 9 月 3 日，北京证券交易所成立，数字经济交易市场效果初步显现，未来北京证券交易所将成为优质中小数字企业的重要承接平台，为完善数字经济交易市场及投融资需求的保障。2022 年 5 月，北京市经济和信息化局印发《北京市数字经济全产业链开放发展行动方案》，明确"六个一批"的工作目标，提出 6 个方面、22 条改革措施，努力打造数据驱动的数字经济全产业链发展高地。

与时俱进、不断完善的系统性数字经济政策为北京市成为全球数字经济标杆城市指明了发展方向，指出了重点任务，引领北京市日益成为全国数字经济发展的领航城市。

2）上海市数字经济政策

上海市是我国数字经济发展的综合引领型城市，超强的经济实力、庞大的创新资源为数字经济的快速发展提供了丰沃的土壤。与此同时，上海市政府因时因地制定的一系列具有前瞻性的相关制度与政策，成为上海市数字经济快速发展的关键因素（图 9-12）。

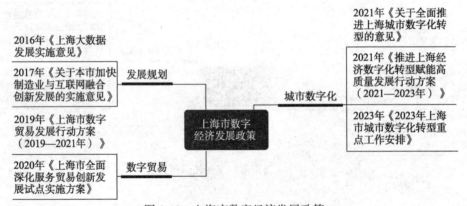

图 9-12　上海市数字经济发展政策

在数字经济发展规划方面，2016 年，上海市政府印发《上海大数据发展实施意见》及《上海市推进"互联网+"行动实施意见》，全面推进上海市大数据应用和产业发展，打造"互联网+"产业融合新模式和"大众创业、万众创新"的宽松生态环境，加快建设具有全球影响力的科技创新中心，为上海市数字经济发展打下牢固基础。2017 年发布的《关于本市加快制造业与互联网融合创新发展的实施意见》指出，要进一步加固和深化互联网和制造业的融合速度与应用步伐，打造"双创"服务平台，构建"双创"服务体系，推动企业跨界融合，加快了上海市产业数字化和数字产业化的发展速度。

在数字贸易发展政策方面，2019年，上海市推出全国首个数字贸易发展行动方案《上海市数字贸易发展行动方案（2019—2021年）》，提出要将上海加快建设成为全球范围内要素高效流动、数字规则完善、总部高度集聚的"数字贸易国际枢纽港"，为上海数字贸易进出口的蓬勃发展提供了制度保障。2020年，上海市政府出台《上海市全面深化服务贸易创新发展试点实施方案》，指出要有序推进数据跨境的安全流动，加大对数据安全的保护力度，探索建立长三角数据流动机制等。2021年11月25日，上海数据交易所成立，成为我国数据要素市场的关键基础设施，也是推动我国数据资源向数据要素、数据商品转化的平台。

在城市数字化转型政策方面，上海市"十四五"规划指出，全面推进城市数字化转型已成为社会发展的主要着力点。《关于全面推进上海城市数字化转型的意见》（2021年1月）提出要构建数据驱动的数据城市基本框架，科学有序推进"经济、生活、治理"全面数字化转型。2021年7月，《推进上海经济数字化转型赋能高质量发展行动方案（2021—2023年）》发布，旨在促进经济存量增效、增量创新、流量赋能、质量引领，力争到2023年建设成为世界级的创新型产业集聚区、数字经济与实体经济融合发展示范区、经济数字化转型生态建设引领区，成为数字经济国际创新合作的典范城市。上海市城市数字化转型工作领导小组办公室于同年5月出台了《2023年上海市城市数字化转型重点工作安排》，提出以"4448"施工图为抓手（制定法规、政策、图谱、方案4类文件，实施数字底座桩基、数据要素集聚、数字创新引擎、超级场景绽放4大专项行动，推进40个重点应用，持续建设8个市级示范区），打造数字经济升级版，建设智慧城市样板地，加快建成具有世界影响力的"国际数字之都"。

上海市政府制定的数字经济政策环环相扣、高低相和，既有高瞻远瞩的总领性文件，为数字经济规划好发展框架，又有与实际情况相配套的推进性政策，确保政策落地实施，为上海市建设成为国际数字之都奠定了坚实的制度基础。

3）浙江省数字经济政策

浙江省发展数字经济具有良好的先发优势，浙江省政府从顶层设计到企业培育都走在全国数字经济发展前列。早在2014年，浙江省政府就率先提出发展以互联网为主要内容的信息经济，出台了《关于加快发展信息经济的指导意见》，提出优先发展信息产业、电子商务，扩大信息消费，推进信息化和工业化深度融合的发展目标。2015年，浙江省发布全国首个《浙江信息经济发展规划（2014—2020年）》，进一步明确了数字经济发展的十大重点任务，为成为全国首个"信息经济发展示范区"指明了方向。2016年8月，浙江省发改委印发《浙江省信息化发展"十三五"规划（"数字浙江2.0"发展规划）》，以及随后出台的《浙江省人民政府关于加快发展信息经济的指导意见》等一系列环环相扣的政策文件，为浙江省发展数字经济创造了良好的政策环境。

2017年12月，浙江省委经济工作会议明确提出"把数字经济作为'一号工程'来抓"，要求进一步发挥浙江省"互联网+"的先发优势，做大做强数字经济，加快建设数字经济强省，为全国发挥示范和引领作用。随后，浙江省政府相继出台了《浙江省数字经济五年倍增计划》《浙江省新兴金融中心建设行动方案》《关于深入实施数字经济"一号工程"若

第9章 发展数字经济的政策体系

干意见》等配套政策。2020 年 7 月,《浙江省国家数字经济创新发展试验区建设工作方案》发布,提出推进试验区建设的 "5752" 体系,即围绕建设 5 区、组织实施 7 大工程、52 项主要任务,目标是到 2022 年,数字经济增加值达到 4 万亿元以上,占全省国民经济生产总值(GDP)比例超过 55%,基本建成全国领先的数字政府先行区、数字经济体制机制创新先导区、数字社会发展样板区、数字产业化发展引领区和产业数字化转型标杆区。2020 年 12 月,《浙江省数字经济促进条例》出台,这是全国第一部以促进数字经济发展为主题的地方性法规,为浙江省数字经济发展提供了制度保障。2021 年,《浙江省数字经济发展"十四五"规划》发布,指出要深入实施数字经济"一号工程",加快推进数字产业化、产业数字化、治理数字化、数据价值化协同发展,力争到 2025 年高水平建设国家数字经济创新发展试验区,加快建成"三区三中心",成为展示"重要窗口"的重大标志性成果。2022 年 2 月发布的《关于培育发展未来产业的指导意见》指出,浙江省要优先发展未来网络、元宇宙、仿生机器人等 9 个迅速发展的未来产业,并探索发展量子信息、脑科学与类脑智能灯等 6 个领域的未来产业,积极推进科创走廊和综合性国家科学中心建设。

浙江省政府发布的一系列数字经济相关政策,为浙江省数字经济发展创造了良好的政策环境,构建了完备的发展框架,指明了未来的发展方向,为浙江省发展成为全国创新示范中心提供了有力的制度保障。

4)贵州省数字经济政策

贵州省是全国首个发布省级数字经济发展规划的。贵州省政府高度重视数字经济发展,2017 年发布的《贵州省数字经济发展规划(2017—2020 年)》对数字经济的类型作了界定,首次创新提出了资源型、技术型、融合型和服务型"四型"数字经济,并明确到 2020 年要实现信息技术在三次产业中加快融合应用、数字经济发展水平显著提高、数字经济增加值占地区 GDP 的比例达到 30%以上的发展目标。以此规划为基础,贵州省政府出台了《关于推动数字经济加快发展的意见》,指出要以发展数字经济重点型态为方向,共享数字红利,推动数字经济加快发展,充分发挥信息技术在资源合理配置和高效利用中的重要作用,进一步深化贵州省数字经济发展。

2018 年,贵州省先后发布了《贵州省实施"万企融合"大行动打好"数字经济"攻坚战方案》及《贵州省人民政府关于促进大数据云计算人工智能创新发展加快建设数字贵州的意见》等文件,分别从推动大数据与传统产业深度融合、推动大数据与社会经济治理相融合的角度,为贵州省数字经济进一步发展指明了方向。2020 年发布的《贵州省数字经济发展"六个重大突破"推进落实工作方案》则提出要做实"四个强化"、加快"四个融合",奋力实现数字经济发展"六个重大突破",工作方案具体化、项目化、清单化,目标任务可检查、可考核,为进一步深化发展数字经济提供了坚实的保障。2021 年,《贵州省"十四五"数字经济发展规划》发布,为贵州省数字经济发展系统谋划了"五大发展方向+两大支撑+两大发展保障"任务框架,确保贵州在国家实施数字经济战略中抢到新机、找到落点、有效落实。

2022 年,国务院印发《关于支持贵州在新时代西部大开发上闯新路的意见》,自此"数字经济发展创新区"成为贵州发展的重要战略定位之一。以大数据为核心的数字经济已成为贵州的一张"亮丽名片",在贵州省数字经济的创新发展中,贵州省政府功不可没,其与时俱进、高低相和的政策制度,为贵州省数字经济发展培育了丰沃的发展土壤。

2. 地市级层面相关政策

1)杭州市数字经济政策

杭州市以打造"全国数字第一城"为发展目标,深耕数字产业,将数字产业化、产业数字化与城市数字化深度融合,即"三化融合",目标是实现建成具有国际一流水平的全国数字经济理念和技术策源地、企业和人才集聚地、数字产业化发展引领地、产业数字化变革示范地和城市数字治理方案输出地,即"一城五地"。为此,杭州市政府出台了一系列数字理念孕育、数字技术策源、数字产业升级、产业数字变革、数字人才集聚相关文件。

早在 2000 年,杭州市就提出了"构建数字杭州,建设天堂硅谷"的数字城市建设构想。2014 年,杭州市在全国率先将数字经济列为"一号工程",重点发展以互联网为核心的信息经济。2015 年 8 月,杭州市政府发布《杭州市智慧经济促进条例》,为发展智慧经济、数字经济提供了制度框架。

在 2016 年 G20 杭州峰会上通过了《G20 数字经济发展与合作倡议》,杭州成为国内首次提出"数字经济"概念的城市。杭州市人民政府办公厅于 2017 年 7 月发布了《"数字杭州"("新型智慧杭州"一期)发展规划》,提出到"十三五"期末要使数据资源成为杭州市经济转型和社会发展的新动能,基础设施更加扎实完善、政务服务更加高效协同、民生服务更加优质便捷、社会治理更加精细智能、产业经济更加高质低碳的发展目标。至 2019 年,《杭州市全面推进"三化融合"打造全国数字经济第一城行动计划(2018—2022 年)》《关于印发加快国际级软件名城创建助推数字经济发展若干政策的通知》等一系列数字经济发展相关文件发布,分别从发展软件和信息技术服务业、推进数字产业化和产业数字化方面提出了具体的行动规划。2021 年,杭州市政府发布《杭州市数字经济发展"十四五"规划》,提出到 2025 年建成"一城五地"的发展目标,明确了科技创新载体建设、科技创新能力培育、关键基础产业、优势支柱产业、未来产业、新经济、制造业数字化转型、数字生活新服务、数字乡村、城市大脑、数据治理体系构建、数字人才引培计划、区县(市)平台发展等 13 个重点发展方向,为未来五年杭州市数字经济发展指明了发展关键。2022 年 6 月,杭州市人民政府办公厅发布了《关于促进杭州市新电商高质量发展的若干意见》,主要目标是着重关注杭州市的发展重点电商企业,推动新电商产业生态不断壮大、打造新型产业链体系、建设完善全方位要素保障体系,助推以电商与互联网行业为关键的数字经济健康发展。2023 年 6 月,杭州市经信局发布《关于加快推进人工智能产业创新发展的实施意见(征求意见稿)》,提出到 2025 年全市可开放算力规模达到 5000PFLOPS(FP16)以上,培育人工智能高能级示范园区 5 个、人工智能赋能标杆企业 20 家的发展目标,旨在加速推动杭州市人工智能技术与产业发展。

2）广州市数字经济政策

广州市在数据要素流通、新兴数字产业及应用融合、数字基础设施建设共享、数字产业集群建设、产业数字化转型等领域处于国内领先位置，以发展成为数产融合的全球标杆城市为目标。广州市政府高度重视数字经济发展，出台多项政策助力以数产融合为核心的数字经济健康发展（图9-13）。

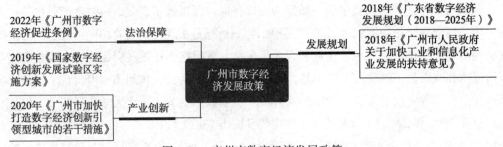

图 9-13　广州市数字经济发展政策

在数字经济发展规划方面，广东省政府于 2018 年颁布了《广东省数字经济发展规划（2018—2025 年）》，指出要以信息技术与实体经济深度融合为主战场，推动广东加快向制造强省、网络强省、数字经济强省转变，并提出信息通信、集成电路、新型显示、4K 电视、智能终端、高端软件、云计算、人工智能、区块链等重点发展产业。随后，广州市政府颁布了《广州市人民政府关于加快工业和信息化产业发展的扶持意见》，提出了 35 条政策措施，包括支持企业的扩大规模、提升竞争力，推动工业和信息化产业集聚、集群、集约发展，优化产业发展生态等，着力推进产业结构转型升级，大力发展数字经济，加快建设实体经济、科技创新、现代金融、人力资源协同发展的现代化产业体系，提升国家重要中心城市的产业能级，着重推进汽车、高端装备制造、NEM（新能源、新材料）、IAB（新一代信息技术、人工智能、生物医药）等关键领域的创新发展。

与此同时，广州市也将数字经济的发展与产业创新紧密结合。2019 年 10 月，《国家数字经济创新发展试验区实施方案》印发实施，在广东省、浙江省等全国六省区开展数字经济创新发展试验，广东省将以广州为核心创建全省试验区。随后，广州市政府制定发布了《广州市加快打造数字经济创新引领型城市的若干措施》，提出了"1 个目标、3 个定位、22 条措施"，即将加快打造数字经济创新引领型城市作为发展目标，以粤港澳数字要素流通试验田、全国数字核心技术策源地、全球数字产业变革新标杆作为发展定位，聚焦 3 个定位、未来技术、重点载体、设施完善、产业支撑、国际开放、关键要素等方面，研究提出了 22 条有效提升数字经济发展能级和创新能力的政策措施，为广州市数字经济发展提出了具体有效的发展规划。

除政策性发展规划外，广州市政府也为数字经济的发展提供了法治保障。2022 年 4 月发布的《广州市数字经济促进条例》（以下简称《条例》）是国内首部城市数字经济地方性法规，将为广州数字经济发展提供重要法治保障。《条例》要求推动广州人工智能与数字经济试验区建设，重点关注互联网、新一代移动通信、人工智能、大数据、云计算、物联网、区块链、虚拟现实、卫星导航、类脑智能等前沿技术领域，要求推动关键核心数字技术在设计、生产、物流、销售、管理、服务等制造全生命周期的应用。

3）南京市数字经济政策

南京市以建成国内领先的数字经济名城为发展目标，以数字人才供给输出为发展特色。据清华大学经管学院统计，2019年南京市是除北京外中国数字人才输出最多的城市，为我国数字经济发展提供了丰富的人才储备。

在数字经济规划方面，2020年，《南京市数字经济发展三年行动计划（2020—2022年）》发布，提出到2022年要实现建设成为数字经济关键核心技术创新高地、数字经济高端产业发展高地、城市数字化治理创新示范高地、数字经济高层次人才聚集高地的发展目标，指出要做好数字经济专项人才的引进培育和服务，关注云计算和大数据、数字贸易、数字直播等领域的人才培养。2021年，《南京市"十四五"数字经济发展规划》出台，提出以"四区·六地"为主线，争取创建全球一流数字经济名城，到2025年"数字南京"建设取得显著成效，数字经济核心产业增加值占地区生产总值比例超过10%，成为南京高质量发展的重要支撑。

2022年，南京市政府发布《南京市推进数字经济高质量发展实施方案》，旨在实现2025年建成领先的数字经济名城的发展目标，提出创建国家新型互联网交换中心，建设人工智能算力中心、工业互联网标识解析体系，建成5G基站超4万座、工业互联网标识解析二级节点18个；打造优势数字产业标杆，提升制造业"智改数转"水平，累计打造30个省级以上重点工业互联网平台，建成40个省级以上智能制造示范工厂等主要发展任务，进一步推进南京数字经济高质量发展。

在数字基础设施建设方面，2023年，南京市数字经济工作领导小组办公室印发《南京市5G应用创新引领行动计划（2023—2025年）》，提出到2025年实现建设5G基站4万个、每万人拥有5G基站数量超40个的目标，旨在推动5G在智慧产业、智慧城市、智慧家庭等领域的全面应用，促进5G等数字技术与产业转型、城市发展深度融合。

4）赣州市数字经济政策

赣州市紧邻泛珠三角城市群，以承接粤港澳大湾区数字经济相关产业转移为主要发展特色，是发展数字经济的潜力城市。赣州市政府围绕数字经济产业转移出台了一系列相关政策，为赣州市数字经济发展提供了良好的政策环境。

《赣州市大数据产业发展规划（2019—2023年）》指出，赣州市优越的区位和交通条件为赣州市加快承接东南沿海大数据产业转移提供了有利条件，要求大数据产业主要围绕"一个中心、四大平台"进行布局，通过承接转移而来的大数据产业，构筑赣州市数字经济发展新优势。随后，赣州市政府以江西省出台的《关于支持赣州打造对接融入粤港澳大湾区桥头堡的若干政策措施》为基础，从平台搭建、招商引资与科创飞地方面积极融入粤港澳大湾区数字产业上下游，与深圳市、广州市开展数字产业合作，重点建设"承接粤港澳大湾区成果转移转化基地"，以承接产业转移的方式积极推进赣州市数字经济发展。

2021 年，国家发展改革委发布《湘赣边区域合作示范区建设总体方案》，将赣州市列为重点建设城市。以此为契机，2021 年《赣州市"十四五"数字经济发展规划》发布，指出在数字经济时代新的产业价值链分工导向下，要着力把握新一轮产业转移机遇，着力打造数字经济产业集群，对接融入粤港澳大湾区桥头堡，主动参与大湾区数字产业延伸与数字资源辐射，积极承接大湾区数字产业转移，融入大湾区产业分工体系，将赣州市建设成为粤港澳大湾区数字资源延伸承载地。在市政府政策的指引下，赣州市各区、各部门也出台了数字经济相关政策，发布了《赣州经济技术开发区支持数字经济加快发展若干政策措施》《赣州市 2022 年科技创新赋能数字经济发展工作方案》等政策文件，因地制宜，提出了更具体、更具有实践价值的发展方案，为赣州市数字经济发展提供了坚实的制度保障。

1. 简述国际组织的数字经济发展愿景在促进全球数字经济发展中起到了什么作用。
2. 欧美国家与亚洲国家的数字经济发展战略有哪些异同点？
3. 阐述我国的数字经济政策体系。
4. 基于典型地区，结合发展现状，分析政策对地区数字经济发展的作用。

自学自测　扫描此码

本书参考文献

[1] 蔡翠红,张若扬."技术主权"和"数字主权"话语下的欧盟数字化转型战略[J]. 国际政治研究,2022,43(1):9-36+5.

[2] 蔡继明,刘媛,高宏,等. 数据要素参与价值创造的途径——基于广义价值论的一般均衡分析[J].管理世界,2022,38(7):108-121.

[3] 蔡跃洲,牛新星. 中国数字经济增加值规模测算及结构分析[J]. 中国社会科学,2021,42(11):4-30+204.

[4] 蔡跃洲,马文君. 数据要素对高质量发展影响与数据流动制约[J]. 数量经济技术经济研究,2021,38(3):64-83.

[5] 曹萍,张剑. 数字产品定价中传统经济学方法失灵原因及定价策略[J]. 经济与管理,2008,23(10):68-72.

[6] 陈嘉澍. 中美需在5G问题上寻求大国平衡之道[J]. 人民论坛·学术前沿,2021,10(11):101-105.

[7] 陈隽. 数字经济的消费者剩余理论模型[J]. 国外社会科学前沿,2022,65(5):58-66.

[8] 陈梦根,张鑫. 数字经济的统计挑战与核算思路探讨[J]. 改革,2020,33(9):52-67.

[9] 陈晓红,李杨扬,宋丽洁,等. 数字经济理论体系与研究展望[J]. 管理世界,2022,38(2):208-224+13-16.

[10] 丁曼. 数字经济与日本网络空间治理战略[J]. 现代日本经济,2020,39(1):1-12.

[11] 杜雪锋. 数字经济发展的国际比较及借鉴[J]. 经济体制改革,2020,38(5):164-170.

[12] 范黎波. 基于网络的信息产品的商务模式[J]. 经济研究,2001,47(10):38-45+51.

[13] 干春晖,钮继新. 网络信息产品市场的定价模式[J]. 中国工业经济,2003,21(5):34-41.

[14] 龚鹏博,胡碧霞,应寿英,等. 丘区种养循环模式的实践应用——以简阳生猪种养循环园区为例[J]. 现代化农业,2022,44(8):85-87.

[15] 郭金花,朱承亮. 数字化转型、人力资本结构调整与制造企业价值链升级[J/OL]. 经济管理:1-21. [2024-03-10]. http://kns.cnki.net/kcms/detail/11.1047.f.20240108.1306.014.html.

[16] 国家工业信息安全发展研究中心. 2022年数据交易平台发展白皮书[R/OL]. [2022-09-02]. https://www.cics-cert.org.cn/web_root/webpage/articlecontent_101006_1566684745956331521.html.

[17] 国家统计局.数字经济及其核心产业统计分类(2021)[R/OL]. [2021-05-27]. https://www.stats.gov.cn/sj/tjbz/gjtjbz/202302/t20230213_1902784.html.

[18] 国家统计局. 中华人民共和国国家标准(GB/T4754—2017)[EB/OL]. [2017-06-30]. https://www.mca.gov.cn/images3/www/file/201711/1509495881341.pdf.

[19] 国家信息中心. 中国产业数字化报告2020年[R/OL]. [2020-07-14]. http://www.sic.gov.cn/sic/83/260/0714/10538_pc.html.

[20] 国务院.国务院关于印发"十四五"数字经济发展规划的通知[EB/OL]. [2022-01-12]. https://www.gov.cn/zhengce/zhengceku/2022-01/12/content_5667817.htm.

[21] 何大安. 互联网应用扩张与微观经济学基础——基于未来"数据与数据对话"的理论解说[J]. 经济研究,2018,53(8):177-192.

[22] 何大安,许一帆. 数字经济运行与供给侧结构重塑[J]. 经济学家,2020,32(4):57-67.

[23] 胡鞍钢,周绍杰. 新的全球贫富差距:日益扩大的"数字鸿沟"[J]. 中国社会科学,2002,23(3):34-48+205.

[24] 胡洁, 韩一鸣, 钟咏. 企业数字化转型如何影响企业 ESG 表现——来自中国上市公司的证据[J]. 产业经济评论, 2023, 11(1): 105-123.

[25] 贾传昌, 朱建明, 高胜. 隐私经济学研究进展[J]. 经济学动态, 2022, 63(3): 139-157.

[26] 姜晓丹, 刘连臣, 吴澄, 等. 新一代信息技术环境下现代服务业的数字化和智能化演进[J]. 计算机集成制造系统, 2021, 27(11): 3049-3056.

[27] 解学梅, 王丽君. 用户参与对企业新产品开发绩效的影响机理: 基于在线社区视角[J]. 南开管理评论, 2019, 22(3): 91-102.

[28] 金雪涛, 李坤繁. 数字经济战略格局下英国创意产业的融合发展与转型[J]. 深圳大学学报 (人文社会科学版), 2020, 37(2): 65-73.

[29] 金元浦. 大数据时代个人隐私数据泄露的调研与分析报告[J]. 清华大学学报 (哲学社会科学版), 2021, 36(1): 191-201+206.

[30] 孔艳芳, 刘建旭, 赵忠秀. 数据要素市场化配置研究: 内涵解构、运行机理与实践路径[J]. 经济学家, 2021, 33(11): 24-32.

[31] 筷玩思维. 餐饮商户如何低成本高效复工? 乡村基、Tims 咖啡亮出新王牌[N]. 网易新闻, [2020-02-25]. https://www.163.com/dy/article/F686K6FA05199JFB.html.

[32] 蓝庆新, 彭一然. 日本"数字新政"战略动机与发展特征[J]. 人民论坛, 2020, 29(25): 128-131.

[33] 李川川, 刘刚. 发达经济体数字经济发展战略及对中国的启示[J]. 当代经济管理, 2022, 44(4): 9-15.

[34] 李海舰, 李燕. 对经济新形态的认识: 微观经济的视角[J]. 中国工业经济, 2020, 38(12): 159-177.

[35] 李海舰, 李真真. 数字经济促进共同富裕: 理论机理与策略选择[J]. 改革, 2023, 36(12): 12-27.

[36] 李海舰, 赵丽. 数据成为生产要素: 特征、机制与价值形态演进[J]. 上海经济研究, 2021, 40(8): 48-59.

[37] 李君, 邱君降, 成雨. 工业企业数字化转型过程中的业务综合集成现状及发展对策[J]. 中国科技论坛, 2019, 35(7): 113-118.

[38] 李括, 余南平. 美国数字经济治理的特点与中美竞争[J]. 国际观察, 2021, 42(6): 27-54.

[39] 李三希, 李嘉琦, 刘小鲁. 数据要素市场高质量发展的内涵特征与推进路径[J]. 改革, 2023, 36(5): 29-40.

[40] 李三希, 武玙璠, 鲍仁杰. 大数据、个人信息保护和价格歧视——基于垂直差异化双寡头模型的分析[J]. 经济研究, 2021, 56(5): 43-57.

[41] 李天宇, 王晓娟. 数字经济赋能中国"双循环"战略: 内在逻辑与实现路径[J]. 经济学家, 2021, 33(5): 102-109.

[42] 李向阳. 数字经济产业集中度对消费者福利的影响研究[J]. 社会科学, 2019, 41(12): 42-50.

[43] 李小雨, 周爱莲, 梁晓贺, 等. 区块链技术在农业领域应用的分析与思考[J]. 农业展望, 2021, 17(8): 136-142.

[44] 李晓华. 数字经济新特征与数字经济新动能的形成机制[J]. 改革, 2019, 32(11): 40-51.

[45] 李长江. 关于数字经济内涵的初步探讨[J]. 电子政务, 2017, 14(9): 84-92.

[46] 林艳, 张欣婧. 制造企业数字化转型不同阶段的影响因素——基于扎根理论的多案例研究[J]. 中国科技论坛, 2022, 38(6): 123-132+142.

[47] 刘洁, 张雪梅. 数字化转型对商业模式创新的影响研究——以格力电器为例[J]. 财会通讯, 2023, 44(4): 171-176.

[48] 刘军梅, 谢霓裳. 国际比较视角下的中国制造业数字化转型——基于中美德日的对比分析[J]. 复旦学报 (社会科学版), 2022, 64(3): 157-168.

[49] 刘淑春,闫津臣,张思雪,等.企业管理数字化变革能提升投入产出效率吗[J].管理世界,2021,37(5):170-190+13.

[50] 刘晓欣.数字经济时代的消费新趋势[J].国家治理,2021,8(24):16-18.

[51] 刘洋,董久钰,魏江.数字创新管理:理论框架与未来研究[J].管理世界,2020,36(7):198-217.

[52] 马化腾.互联网经济三步曲[M].北京:中信出版社,2017.

[53] 马蓝,王士勇,张剑勇.数字经济驱动企业商业模式创新的路径研究[J].技术经济与管理研究,2021,303(10):37-42.

[54] 牛东芳,沈昭利,黄梅波.东南亚数字经济发展:评估与展望[J].东南亚研究,2022,64(2):1-21+153-154.

[55] 欧阳日辉,荆文君.数字经济发展的"中国路径":典型事实、内在逻辑与策略选择[J].改革,2023,36(8):26-41.

[56] 潘家栋,肖文.新型生产要素:数据的生成条件及运行机制研究[J].浙江大学学报(人文社会科学版),2022,52(7):5-15.

[57] 戚聿东,蔡呈伟.数字化企业的性质:经济学解释[J].财经问题研究,2019,41(5):121-129.

[58] 戚聿东,肖旭.数字经济概论[M].北京:中国人民大学出版社,2022.

[59] 前瞻产业研究院.2023年中国工业计算机行业市场现状及竞争格局分析[R/OL].[2023-07-19].https://baijiahao.baidu.com/s?id=1771838691976201340&wfr=spider&for=pc.

[60] 任保平,杜宇翔,裴昂.数字经济背景下中国消费新变化:态势、特征及路径[J].消费经济,2022,38(1):3-10.

[61] 任保平.数字经济背景下增长要素扩展驱动我国经济增长模式的转型[J].经济与管理评论,2023,39(1):5-13.

[62] 史宇鹏,王阳,张文韬.我国企业数字化转型:现状、问题与展望[J].经济学家,2021,33(12):90-97.

[63] 搜狐网.数据被盗影响重大 Verizon 收购雅虎交易或将夭折[N].2016-10-14.https://www.sohu.com/a/121726564_114822.

[64] 孙伟平.人工智能与人的"新异化"[J].中国社会科学,2020,41(12):119-137+202-203.

[65] 谭洪波,耿志.数据要素推动经济高质量发展路径研究——基于新生产要素特征视角的分析[J].价格理论与实践,2023,43(9):46-51.

[66] 谭利伟,朱莹,温靖.农业产业数字化和数字产业化浅析[J].农业工程技术,2022,42(3):19-20.

[67] 田杰棠,刘露瑶.交易模式、权利界定与数据要素市场培育[J].改革,2020,33(7):17-26.

[68] 王春英,陈宏民,杨云鹏.数字经济时代平台经济垄断问题研究及监管建议[J].电子政务,2021,18(5):2-11.

[69] 王琳,陈志军.价值共创如何影响创新型企业的即兴能力?——基于资源依赖理论的案例研究[J].管理世界,2020,36(11):96-110+131+111.

[70] 王世强,陈逸豪,叶光亮.数字经济中企业歧视性定价与质量竞争[J].经济研究,2020,55(12):115-131.

[71] 王晓文,马梦娟.美国对华数字竞争战略:驱动因素、实现路径与影响限度[J].国际论坛,2022,24(1):78-97+158-159.

[72] 王永贵,汪淋淋.传统企业数字化转型战略的类型识别与转型模式选择研究[J].管理评论,2021,33(11):84-93.

[73] 王玉柱.数字经济重塑全球经济格局——政策竞赛和规模经济驱动下的分化与整合[J].国际展望,2018,10(4):60-79+154-155.

[74] 鲜祖德, 王天琪. 中国数字经济核心产业规模测算与预测[J]. 统计研究, 2022, 39(1): 4-14.

[75] 向书坚, 吴文君. 中国数字经济卫星账户框架设计研究[J]. 统计研究, 2019, 36(10): 3-16.

[76] 肖峰. 论技术的社会形成[J]. 中国社会科学, 2002, 23(6): 68-77+205-206.

[77] 肖旭, 戚聿东. 产业数字化转型的价值维度与理论逻辑[J]. 改革, 2019, 32(8): 61-70.

[78] 肖忠毅. 农业生产数字化转型的协同策略研究[J]. 农业与技术, 2022, 42(10): 168-171.

[79] 谢莉娟, 陈锦然, 王诗桦. ICT投资、互联网普及和全要素生产率[J]. 统计研究, 2020, 37(9): 56-67.

[80] 邢小强, 汤新慧, 王珏, 等. 数字平台履责与共享价值创造——基于字节跳动扶贫的案例研究[J]. 管理世界, 2021, 37(12): 152-176.

[81] 徐素秀, 张雨萌, 李从东, 等. 知识产权保护下数字产品定价策略研究——考虑利益共享与网络外部性的分析[J]. 价格理论与实践, 2020, 40(12): 115-118+164.

[82] 徐翔, 厉克奥博, 田晓轩. 数据生产要素研究进展[J]. 经济学动态, 2021, 62(4): 142-158.

[83] 闫俊周, 姬婉莹, 熊壮. 数字创新研究综述与展望[J]. 科研管理, 2021, 42(4): 11-20.

[84] 杨仲山, 张美慧. 数字经济卫星账户: 国际经验及中国编制方案的设计[J]. 统计研究, 2019, 36(5): 16-30.

[85] 姚惠娴. 数字经济对我国服务业的影响探究[J]. 商讯, 2022, 40(10): 159-162.

[86] 尹响. 印度数字经济的发展特征、挑战及对我国的启示[J]. 南亚研究, 2022, 38(2): 113-134+159-160.

[87] 尹振涛, 陈嫒先, 徐建军. 平台经济的典型特征、垄断分析与反垄断监管[J]. 南开管理评论, 2022, 25(3): 213-226.

[88] 余菲菲, 燕蕾. 创新社区中用户创新的创新效应及意见探究: 以海尔HOPE创新平台为例[J]. 科学学与科学技术管理, 2017, 38(2): 55-67.

[89] 运营研究社. 支付宝五福已有2.5亿人集齐, 背后有哪些流量新玩法? [N]. 腾讯新闻. [2021-02-14]. https://new.qq.com/rain/a/20210214A07POW00.

[90] 占南. 国内外个人信息保护政策体系研究[J]. 图书情报知识, 2019, 37(5): 120-129.

[91] 张冬杨. 俄罗斯数字经济发展现状浅析[J]. 俄罗斯研究, 2018, 37(2): 130-158.

[92] 张化尧, 金波, 许航峰. 数字经济的演进: 基于文献计量分析的研究[J]. 燕山大学学报(哲学社会科学版), 2020, 21(3): 107-114+144.

[93] 张莉, 中国电子信息产业发展研究院. 数据治理与数据安全[M]. 北京: 人民邮电出版社: 数据治理与数字化转型丛书, 201909.281.

[94] 张振刚, 张君秋, 叶宝升, 等. 企业数字化转型对商业模式创新的影响[J]. 科技进步与对策, 2022, 39(11): 114-123.

[95] 赵立斌, 张莉莉. 数字经济概论[M]. 北京: 科学出版社, 2021.

[96] 赵涛, 张智, 梁上坤. 数字经济、创业活跃度与高质量发展——来自中国城市的经验证据[J]. 管理世界, 2020, 36(10): 65-76.

[97] 智研瞻产业研究院. 中国企业信息化市场前瞻与投资战略规划分析报告[R/OL]. [2022-10-08]. https://baijiahao.baidu.com/s?id=1746089644143719374&wfr=spider&for=pc.

[98] 中国电子学会. 中国机器人产业发展报告(2022年)[R/OL]. [2022-08-23]. https://dsj.guizhou.gov.cn/xwzx/gnyw/202208/t20220823_76224575.html?eqid=a4ddbbe20009bbe200000006642ecc48.

[99] 中国互联网络信息中心. 第52次中国互联网络发展状况统计报告[R/OL]. [2023-08-28]. https://www.cnnic.cn/n4/2023/0828/c88-10829.html.

[100] 中国人民银行. 非金融机构支付服务管理办法[EB/OL]. [2010-06-14]. https://www.gov.cn/flfg/

2010-06/21/content_1632796.htm.

[101] 中国日报官方账号. 公安部:今年以来破获电信网络诈骗案件37万余起发案数持续下降[N]. 中国日报网, 2021-12-31. https://baijiahao.baidu.com/s?id=1720653576934243091&wfr=spider&for=pc.

[102] 中国信通院. 中国数字经济发展报告（2022 年）[R/OL]. [2022-07-08]. http://www.caict.ac.cn/kxyj/qwfb/bps/202207/P020220729609949023295.pdf.

[103] 中国信通院，中国网络空间研究院，北京市金杜律师事务所. 数据治理研究报告——数据要素权益配置路径（2022 年）[R/OL]. [2022-07-18]. http://www.caict.ac.cn/kxyj/qwfb/ztbg/202207/t20220715_405971.htm.

[104] 中国信通院. 全球数字经济新图景（2020）[R/OL]. [2020-10-14]. http://www.caict.ac.cn/kxyj/qwfb/bps/202010/t20201014_359826.htm.

[105] 中国信通院. 中国数字经济发展和就业白皮书（2018 年）[R/OL]. [2019-04-16]. http://www.caict.ac.cn/kxyj/qwfb/bps/201904/t20190416_197842.htm.

[106] 中国信通院. 中国数字经济发展白皮书[R/OL]. [2021-04-25]. http://www.caict.ac.cn/kxyj/qwfb/bps/202104/t20210423_374626.htm.

[107] 中国信通院. G20 国家数字经济发展研究报告（2017 年）[R/OL]. [2017-12-13]. http://www.caict.ac.cn/kxyj/qwfb/bps/201804/t20180426_158496.htm.

[108] 中国信通院. G20 国家数字经济发展研究报告（2018 年）[R/OL]. [2018-12-19]. http://www.caict.ac.cn/kxyj/qwfb/bps/201812/t20181218_190857.htm.

[109] 中国信通院. 全球数字产业战略与政策观察（2021 年）[R/OL]. [2022-01-28]. http://www.caict.ac.cn/kxyj/qwfb/ztbg/202201/t20220128_396349.htm.

[110] 中国信通院. 中国数字经济发展与就业白皮书（2019 年）[R/OL]. [2019-04-18]. http://www.caict.ac.cn/kxyj/qwfb/bps/201904/t20190417_197904.htm.

[111] 中国信通院. 2015 中国信息经济研究报告[R/OL]. [2015-09-30]. http://www.caict.ac.cn/kxyj/qwfb/bps/201804/t20180426_158204.htm.

[112] 中国信通院. 全球数字经济白皮书（2023 年）[R/OL]. (2024-01-09)[2024-02-29]. http://www.caict.ac.cn/kxyj/qwfb/bps/202401/t20240109_469903.htm.

[113] 中国信通院. 中国数字经济发展白皮书（2017 年）[R/OL]. [2017-07-13]. http://www.caict.ac.cn/kxyj/qwfb/bps/201804/t20180426_158452.htm.

[114] 中国信通院. 中国数字经济发展白皮书（2020 年）[R/OL]. [2020-07-03]. http://www.caict.ac.cn/kxyj/qwfb/bps/202007/t20200702_285535.htm.

[115] 中国信通院. 中国数字经济发展研究报告（2023 年）[R/OL]. [2023-04-24]. http://www.caict.ac.cn/kxyj/qwfb/bps/202304/t20230427_419051.htm.

[116] 中国信通院. 中国信息经济发展白皮书（2016 年）[R/OL]. [2016-09-20]. http://www.caict.ac.cn/kxyj/qwfb/bps/201804/t20180426_158344.htm.

[117] 中华人民共和国国家互联网信息办公室. 二十国集团数字经济发展与合作倡议[R]. [2016-09-29]. https://www.cac.gov.cn/2016-09/29/c_1119648520.htm.

[118] 中华人民共和国生态环境部. 2022 中国生态环境状况公报[R/OL]. [2023-05-29]. https://www.mee.gov.cn/hjzl/sthjzk/zghjzkgb/202305/P020230529570623593284.pdf.

[119] 钟华. 企业 IT 架构转型之道[M]. 北京：机械工业出版社，2017.

[120] 朱太辉，龚谨. 产业数字化发展的内涵与路径[J]. 清华金融评论，2022，10(2)：93-96.

[121] 朱秀梅，林晓玥. 企业数字化转型：研究脉络梳理与整合框架构建[J]. 研究与发展管理，2022，34(4)：141-155.

[122] Acemoglu D, Restrepo P.Automation and New Tasks: How Technology Displaces and Reinstates Labor[J].Journal of Economic Perspectives, 2019, 33(2):3-30.

[123] Acquisti A, Taylor C, Wagman L. The economics of privacy[J]. Journal of Economic Literature, 2016, 54(2): 442-92.

[124] Yellen A J L .Commodity Bundling and the Burden of Monopoly[J]. Quarterly Journal of Economics, 1976, 90(3):475-498.

[125] Ahmad N, Ribarsky J. Issue paper on a proposed framework for a satellite account for measuring the digital economy[C]//5th IMF Statistical Forum. 2017.

[126] Ahmad N, Ribarsky J. Towards a framework for measuring the digital economy[C]//16th conference of the international association of official statisticians. 2018, 1: 1-33.

[127] Marken A .The Long Tail Why the Future of Business is Selling Less of More[J]. Hyperion, 2006, 24(3): 274-276.

[128] Dennis Carlton, Jeffrey Perloff. Modern industrial organization[M]. Scott, Foresman, 1989.

[129] Audretsch D B, Heger D, Veith T .Infrastructure and entrepreneurship[J]. Small Business Economics, 2015, 44(2): 219-230.

[130] Bakos Y, Brynjolfsson E .Bundling and Competition on the Internet[J]. Marketing Science, 2000, 19(1): 63-82.

[131] Barefoot K, Curtis D, Jolliff W, et al. Defining and measuring the digital economy[J]. US Department of Commerce Bureau of Economic Analysis, Washington, DC, 2018, 15: 210.

[132] Brynjolfsson E, Collis A .How Should We Measure the Digital Economy?[J]. Harvard Business Review, 2019, 97(6): 140-148.

[133] Brynjolfsson E, Smith M D .Frictionless Commerce? A Comparison of Internet and Conventional Retailers[J]. Management Science, 2000, 46(4): 536-585.

[134] Brynjolfsson E, Eggers F, Gannamaneni A. Measuring welfare with massive online choice experiments: A brief introduction[C]//AEA Papers and Proceedings. 2014 Broadway, Suite 305, Nashville, TN 37203: American Economic Association, 2018, 108: 473-476.

[135] Brynjolfsson E, Hu Y J, Smith M D. Consumer Surplus in the Digital Economy: Estimating the Value of Increased Product Variety at Online Booksellers[J]. Management Science, 2003, 49(11): 1580-1596.

[136] Bu F, Wang X. A smart agriculture IoT system based on deep reinforcement learning. Future Generation Computer Systems, 2019, 99(10): 500-507.

[137] Bukht R, Heeks R. Defining, conceptualising and measuring the digital economy[J]. Development Informatics working paper, 2017 (68).

[138] Bureau of Economic Analysis. Defining and Measuring the Digital Economy[R/OL]. [2018-03]. https://www.bea.gov/research/papers/2018/defining-and-measuring-digital-economy.

[139] Chamberlin E H. The Theory of Monopolistic Competition: A Re-Orientation of the Theory of Value[M]. Oxford University Press, 1969.

[140] Davidson S, De Filippi P, Potts J. Economics of blockchain[J]. Available at SSRN 2744751, 2016.

[141] European Commission.DESI (Digital Economy and Society Index) 2015[R/OL]. [2015-02-24]. https://digital-strategy.ec.europa.eu/en/library/desi-2015-country-profiles.

[142] Gawer A. The rise of the platform enterprise: a global survey[M]. Center for Global Enterprise, 2016.

[143] Fairfield J A T, Engel C. Privacy as a public good[J]. Duke LJ, 2015, 65(3): 385-457.

[144] Farrell J. Can privacy be just another good[J]. J. on Telecomm. & High Tech. L., 2012, 10: 251.

[145] Goolsbee A, Petrin A. The Consumer Gains from Direct Broadcasting Satellites and the Competition with Cable Television[J]. Econometrica, 2004, 72(2): 351-381.

[146] Gregory Vial.Understanding digital transformation: A review and a research agenda[J]. Journal of Strategic Information Systems, 2019, 28(2): 118-144.

[147] Hausman J A. Exact consumer's surplus and deadweight loss[J]. The American Economic Review, 1981, 71(4): 662-676.

[148] Hayek F A. The use of knowledge in society[M]//Modern Understandings of Liberty and Property. Routledge, 2013: 27-38.

[149] Helfat C E, Raubitschek R S. Dynamic and integrative capabilities for profiting from innovation in digital platform-based ecosystems[J]. Research policy, 2018, 47(8): 1391-1399.

[150] Hess T, M, Christian B A, Wiesboeck F. Options for Formulating a Digital Transformation Strategy[J]. MIS Quarterly Executive, 2016, 15(2): 123-139.

[151] Karl SR, Maximilian W. Building dynamic capabilities for digital transformation: An ongoing process of strategic renewal[J]. Long Range Planning, 2019, 52(3): 326-349.

[152] Kranzberg M. Technology and History: "Kranzberg's Laws"[J]. Technology and Culture, 1986, 27(3): 544-560.

[153] Kshetri N. Big data's impact on privacy, security and consumer welfare[J]. Telecommunications Policy, 2014, 38(11): 1134-1145.

[154] Laufer R S, Wolfe M. Privacy as a concept and a social issue: A multidimensional developmental theory[J]. Journal of social Issues, 1977, 33(3): 22-42.

[155] Lei G, Luying X, Junyi W, Jingwen L. Digital transformation and financing constraints of SMEs: evidence from China[J]. Asia-Pacific Journal of Accounting & Economics, 2023, ahead-of-print: 1-21.

[156] Maslow A H. A theory of human motivation[J]. Psychological Review, 1943, 50(4) : 370-396.

[157] Moulton B R. GDP and the Digital Economy: Keeping up with the Changes[J]. Bureau of Economic Analysis, US Department of Commerce, 1999: 34-48.

[158] Nambisan S, Lyytinen K, Majchrzak A, Song M. Digital Innovation Management：Reinventing Innovation Management Research in a Digital World[J]. MIS Quarterly, 2017, 41(1): 223-238.

[159] OECD. Measuring the Digital Economy—A New Perspective[R/OL]. [2014-12-08]. https://www.oecd.org/sti/measuring-the-digital-economy-9789264221796-en.htm.

[160] OECD. Measuring GDP in a Digitalised Economy[J]. OECD Statistics Working Papers, No. 2016/07.

[161] OECD. OECD Digital Economy Outlook 2022[R/OL]. [2022-11]. https://www.oecd.org/economic-outlook/november-2022/.

[162] Verhoef P C, Broekhuizen T, Bart Y, et al. Digital transformation: A multidisciplinary reflection and research agenda[J]. Journal of Business Research, 2021,122: 889-901.

[163] Rajiv Kohli & Nigel P. Melville.Digital innovation: A review and synthesis[J]. Information Technology for Development, 2022, 28(1): 56-80.

[164] Rubenfeld J. The right of privacy[J]. Harvard Law Review, 1989: 737-807.

[165] Shaeffer J, Keever C N. Privacy As a Collective Norm[J]. Loy. LA Ent. L. Rev., 2021, 41: 253.

[166] Spiekermann S, Acquisti A, Böhme R, et al. The challenges of personal data markets and privacy[J]. Electronic Markets, 2015, 25(2): 161-167.

[167] Stigler G J. The economics of information[J]. Journal of Political Economy, 1961, 69(3): 213-225.

[168] Tapscott D. The digital economy, promise and peril in the age of networked intelligence[J]. Journal of Policy Analysis and Management, 1999, 18(1): 156-168.

[169] Tirole J. The theory of industrial organization[M]. MIT press, 1988.

[170] Turcan R V, & Juho, A. What happens to international new ventures beyond start-up: An exploratory study[J]. Journal of International Entrepreneurship, 2014, 12(2): 129-145.

[171] United Nations Conference on Trade and Development (UNCTAD). Digital Economy Report 2019[R]. [2019-09-04]. https://unctad.org/system/files/official-document/der2019_en.pdf.

[172] Vial G. Understanding digital transformation: A review and a research agenda[J]. Managing Digital Transformation, 2019, 28(2): 118-144.

[173] Westin A F. Privacy and freedom[J]. Washington and Lee Law Review, 1968, 25(1): 166.

[174] Xu H, Gupta S. The effects of privacy concerns and personal innovativeness on potential and experienced customers' adoption of location-based services[J]. Electronic Markets, 2009, 19(2): 137-149.

教师服务

感谢您选用清华大学出版社的教材！为了更好地服务教学，我们为授课教师提供本书的教学辅助资源，以及本学科重点教材信息。请您扫码获取。

▶▶ 教辅获取

本书教辅资源，授课教师扫码获取

▶▶ 样书赠送

国际经济与贸易类重点教材，教师扫码获取样书

 清华大学出版社

E-mail: tupfuwu@163.com
电话: 010-83470332 / 83470142
地址: 北京市海淀区双清路学研大厦B座509

网址: https://www.tup.com.cn/
传真: 8610-83470107
邮编: 100084